중국
인도

중국

세계의 강대국으로 부상하는 아시아의 두 거인

크리스 오그덴 지음 | 김은지 옮김

인도

시그마북스
Sigma Books

중국 인도

발행일 2018년 7월 10일 초판 1쇄 발행

지은이 크리스 오그덴

옮긴이 김은지

발행인 강학경

발행처 시그마북스

마케팅 정제용, 한이슬

에디터 권경자, 김경림, 장민정, 신미순, 최윤정, 강지은

디자인 최희민, 김문배

등록번호 제10-965호

주소 서울특별시 영등포구 양평로 22길 21 선유도코오롱디지털타워 A404호

전자우편 sigma@spress.co.kr

홈페이지 http://www.sigmabooks.co.kr

전화 (02) 2062-5288~9

팩시밀리 (02) 323-4197

ISBN 979-11-89199-07-4(03340)

이 도서의 국립중앙도서관 출판예정도서목록(CIP)은 서지정보유통지원시스템 홈페이지(http://seoji.nl.go.kr)와

국가자료공동목록시스템(http://www.nl.go.kr/kolisnet)에서 이용하실 수 있습니다. (CIP제어번호: CIP2018016446)

* 시그마북스는 (주)시그마프레스의 자매회사로 일반 단행본 전문 출판사입니다.

차례

감사의 말 9

서론: 세계의 강대국 그리고 급부상하는 중국과 인도 10

제 1 장
국내 결정 요인

핵심적인 정치적 차원 35 | 세대 간의 진화 41 | 외교 정책 결정의 주요 토대 47

그 밖의 요소와 민족주의의 역할 54 | 정체성, 특이성 그리고 복잡성 62

제 2 장
전략적 문화와 정체성

분석적인 관점 68 | 자국에 대한 인식 73 | 전략적 사고의 적응성 80

대전략의 흔적 86 | 원칙, 대응 그리고 전략적 비전 93

제 3 장
군사력과 핵 문제

군대의 역할 101 | 군사력 109 | 핵전력 118 | 국내 안정 122

관념적 권력과 물질적 권력의 조합 127

제 4 장
경제적 동인

개혁 이전 시기 137 | 경제적 변화 144 | 경제력의 영향 152
갈등과 문제점 156 | 상호의존도, 해석과 인식 162

제 5 장
주변국과의 관계

전략적 우선순위 172 | 주요 논쟁 177 | 광범위한 지역적 관계 188
근접성, 매력 그리고 초월성 198

제 6 장
다자간 상호작용

다자주의에 대한 태도 변화 208 | 국제적 참여 219 | 지역적 협정 227
수용, 영향력 그리고 질서 확립 235

제 7 장
미국 패권주의와의 관계

냉전 245 | 냉전 이후 250 | 교류와 문제점들 258
우월성, 상호작용 그리고 진화 269

결론: 최종 평가와 앞으로의 포지셔닝 272
참고 300

감사의 말

이번 프로젝트를 진행하면서 폴리티의 루이스 나이트와 다시 한번 함께 일하게 되어 즐거웠다. 유능한 조수 네카네 타나카 갈도스와 그녀의 전임자인 파스칼 포쉐론의 도움을 많이 받았다. 박학다식한 조언을 때맞춰 해준 루이스와 집필 단계에서 귀중하고 안목 있는 의견을 제시해준 여러 익명의 검토자들에게도 감사의 말을 전한다. 이 책에 담긴 주요 아이디어를 떠올릴 수 있도록 지난 5년간 열띤 토론과 논의에 기꺼이 참여해준 세인트앤드루스대학교 국제관계대학 학부생과 대학원생에게도 감사의 말을 전하고 싶다(국제관계학3046, 국제관계4528, 국제관계학4545 그리고 국제관계학5040 수업을 들은 학생들에게 감사의 말을 전한다). 또한 초기 원고를 검토해준 야샤 지텔에게 감사의 말을 전한다. 마지막으로 새롭게 떠오르는 신흥 강대국인 중국과 인도를 비교하는 아이디어를 처음으로 떠올리게 해준 샐리 커밍스에게 감사하다고 말하고 싶다.

에든버러에서

세계의 강대국 그리고 급부상하는 중국과 인도

최근 급부상하고 있는 중국과 인도는 향후 수십 년간 세계 지정학에 중요한 영향력을 행사할 것이다. 이 책은 국제 체계에서 동시에 신흥 강대국으로 조명받는 이 두 나라를 비교 분석한다. 또한 아시아에서 가장 영향력 있는 두 나라인 중국과 인도가 권력정치의 정의와 묘사, 본질에 미치는 영향을 평가한다. 또한 이러한 현상에 필수적인 요소들을 역사적, 이론적 관점으로 살펴보는 한편 우리가 가지고 있는 강대국에 대한 폭넓은 이해와 정의를 연구함으로써 두 나라의 과거, 현재 그리고 앞으로의 세계적 입지를 보다 포괄적이고 자세하게 이해할 수 있을 것이다. 중국과 인도는 뛰어난 경제적 역량과 갈수록 늘어나는 군사비 지출, 점점 커지는 외교적 영향력을 바탕으로 비장한 각오를 드러내며 급부상하고 있다. 오늘날 국제정치의 핵심 역할을 하고 있는 두 나라에 특히 더 주목해야 하는 이유는 바로 중국과 인도라는 거대한 나라가 동시에 부상하고 있다는 점 때문이다. 또한 아시아라는 매우 복잡한 지역에서 두 나라 모두 지리학적 존재감을 드러낸다는 사실 역시 중요하다. 따라서 중국과 인도를 함께 분석함으로써 공통의 목표를 이루기 위해 노력하는 두 나라 사이의 유사점과 차이점을 살펴볼 수 있을 뿐만 아니라 아시아를 중심으로 흘러가고 있는 21세기에 강대국이 의미하는 바를 한층 더 깊이 이해할 수 있다.

그동안은 서구식 패권 패러다임, 즉 과거와 현재의 강대국들과 마찬가지로 인도와 중국이 전통적 자원 축적과 군사적 수단을 발판 삼아 세력을 확장할 것이라는 예상이 지배적이었다. 그러나 이 책은 두 나라 모두 국내의 정치적, 문화적 가치와 역사적 정체성이 지위 상승에 대한 야망과 세계관을 이끄는 중요한 원동력임을 강력하게 주장한다. 두 나라가 앞으로 독자적인 행보를 통해 강대국의 입지를 다질 것이라는 점은 의심할 여지가 없다. 그에 따라 이 책은 중국과 인도의 지배계층이 이와 같은 목표를 잘 이해하고 있을 뿐만 아니라 실제로 실현하기 위해 노력할 것이라는 사실이 얼마나 중요한지를 강조한다. 현재 중국과 인도는 모두 민족주의 지도자의 통치 아래에 있다. 중국은 시진핑이, 인도는 나렌드라 모디가 이끌고 있다. 두 지도자는 모두 급부상한 자국의 입지를 공공연하게 과시하며 그에 따른 존경과 경의를 요구하고 있다. 이들은 결코 간과할 수 없는 자국의 중요성을 내세우며 이제는 두 나라가 정상의 위치에 올랐음을 주기적으로 공표하고 있다. 또한 그동안 여러 강국이 그래왔듯이, 전 세계적인 영향력 행사에 대한 의지를 공공연하게 밝혀왔다. 이들의 수많은 전임자 역시 비슷한 행보를 보였지만, 다소 소극적이었다. 앞으로 분석을 통해 살펴보겠지만, 이는 곧 인도와 중국이 여러 강대국으로 구성된 다극화된 세계 질서를 꿈꾼다는 것을 의미한다. 하나의 우세한 패권국을 지향하는 서양식 관점과는 차이가 있다. 중국과 인도의 비전은 본질적으로 미국이 세계적인 지배력을 지속하는 데 큰 위협이 된다.

결정적인 것은 키신저의 말처럼 중국은 "자국이 급부상 중이라고 생각하지 않으며, 오히려 권력을 되찾는 것이라고 생각한다 ······ 세계 질서를 흔드는 비정상적인 현상이 아니라 정상적인 정세로 되돌아가는 것이라고 말이다(2012:546)." 인도 역시 마찬가지다. 인도의 지도자는 영국의 식민 통치 시절 이전에 세계 강대국이었던 그 옛날 인도의 영광을 재현하겠다는 의지를 밝히기도 했다. 표 1에서 서기 1년부터 2008년에 이르는 오랜 기간 동안 세계 GDP 중 인도가 차지

표 1. 세계 GDP 비율(1~2008년)

	1	1000	1500	1700	1820	1900	1950	1975	2000	2008
중국	25.5	22.7	24.9	22.3	32.9	11.1	4.6	4.8	11.8	17.5
유럽	13.7	9.0	17.8	21.8	26.6	34.2	26.2	25.1	20.6	17.1
인도	32.0	27.8	24.4	24.5	16.0	8.6	4.2	3.3	5.2	6.7
일본	1.1	2.6	3.1	4.1	3.0	2.6	3.0	7.6	7.2	5.7
러시아	1.5	2.3	3.4	4.4	5.4	7.8	9.6	9.4	3.5	4.4
미국	0.3	0.4	0.5	0.8	1.8	15.8	27.3	21.1	21.9	18.6

출처: 매디슨 프로젝트, 2013.

중국 인도

하는 비율을 살펴볼 수 있는데, 이는 인도의 뿌리 깊은 정서를 이해하는 데 도움이 된다.

: 강대국에 대한 일반적 이해

흔히 '강대국'이라는 표현을 쓴다. 그러나 국제관계의 틀 안에서는 강대국의 구체적인 필수 요소에 대한 의견 일치가 부족하다. 강대국이라는 개념은 물질적, 관념적 측면에 따라 주안점이 달라지는 여러 국제관계 이론의 중심 내용을 반영한다. 그러나 흔히 사용되는데도 불구하고 이 개념이 무엇을 가리키는지는 정확하지 않다. 레비의 말처럼 "강대국의 중요성에 대한 인식이 널리 퍼지고 있는 데 비해 이 개념을 어떻게 활용할지에 대한 분석은 정확하지 않다(1983:10)." 이러한 불확실성의 균형을 맞추기 위해 국제 계급 사회에서는 상위층에 자리 잡은 엘리트 국가들을 묘사하는 표현으로 강대국이라는 단어를 쓰기 시작했다. 주요국, 강국 또는 열강이라는 표현으로 대체되기도 한다.* 이런 용어는 소국, 지역 강국, 약소국 같은 표현과 정반대의 뜻이 있으며, 여러 국가 간 차이점과 순위, 상대적인 우세 또는 열세, 예외성을 나타낸다. 강대국이라는 개념은 국제 체계에 있어 필수적이며 특정 시대를 대변하기도 한다. 강대국이 없었다면 지금의 국

---

* 이 책에서는 주로 '강대국'이라는 표현을 쓴다. 그러나 '주요국'도 동일한 뜻을 가지고 있다.

제관계 또한 존재할 수 없다.

이렇듯 강대국 역할의 중요성에 대해서는 논란의 여지가 없다. 그러나 강대국이라는 단어가 세계 최고에 속하는 국가들을 가리키는 표현으로 그 쓰임새가 점차 확장하면서 강대국의 필수 요소 또한 많이 늘어났다. 학문적 관점에 따라 차이는 있지만, 결국 강대국을 결정짓는 것은 서로 밀접하게 연결된 여러 변수와 기준, 지표다. 이러한 요소의 조합에는 물질적(주로 객관적), 지각적(주로 주관적) 특성을 대표하는 하드 파워와 소프트 파워가 모두 포함된다. 따라서 강대국이란 종합적으로 "여러 결정 요인을 동반한 전반적인 특성(부잔, 2004:60)"이라고 할 수 있다. 유형적, 무형적 요소 외에도 국제관계가 점차 발전하면서 단순히 전쟁과 정복, 통상 같은 전통적인 요소만 포함하는 데 그치지 않고 테러리즘, 환경파괴, 초국가적인 범죄 등 비전통적인 지표를 공유하기에 이르렀다. 복잡성을 한층 더 가중하는 여러 결정 요인의 조합은 구조적 요소의 영향을 받는다. 예컨대 구성 국가가 국제 체계의 본질과 제한적인 공통의 구성 요소를 어떻게 이해하는지 등을 들 수 있다.

이렇듯 고려할 점이 더욱 많아졌기 때문에 강대국의 경쟁적 본성에 더욱 집중할 필요가 있다. 뛰어난 군사력에 초점을 맞추는 학자들과 국가적 책임을 포함해 경제적, 제도적 역량을 중요시하는 학자들 사이에 논쟁이 벌어지는 것을 볼 수 있다. 전자의 경우 대부분 현실주의를 기반으로 하고, 후자는 대개 진보주의 성향을 띤다. 반면 강대국의 관념적 원천과 관련된 견해도 있다. 국가의 정체성, 일반적인 규범, 인식 등을 자세히 살피는데, 다양한 종류의 구성주의와 고전적 현실주의 개념을 반영한다. 또한 이러한 기초 개념이 국가와 물질적 역량을 연결하는 역할을 하므로 국내적 요인과 역사, 가치를 분석해야 한다고 주장한다. 앞서 설명한 여러 견해의 구체적인 내용은 아래에 보다 자세히 나와 있는데, 특히 이 책이 제시하는 분석의 기초가 되는 네 가지 기둥을 소개한다. 이러한 요소들은 중국과 인도를 분석적인 시각으로 바라보는 데 있어 매우 중요하다. 또한 한층 더 구체적이고 특화된 방식으로 두 나라를 이해할 수 있을 것이다. 나아가 이 책은 강대국에 대한 인식이 종종 특정 시기를 직접적으로 나타내는 점에 주목한다. 따라서 강대국이라는 개념은 역사적으로 의미 있는 여러 물질적, 관념적 이해를 한데 모으는 역할을 하며, 이러한 개념을 바탕으로 국제 체계 안에 무수히 많은 권력의 원천이 퍼져나간다. 강대국은 정의와 구성 행위자 그리고 국제 체계 면에서 조정할 수 있다.

물질적 역량

강대국은 자급자족할 수 있고, 다른 나라로부터 독립을 지킬 수 있으며, 자력으로 자국과 동맹국의 안보를 보장할 수 있어야 한다. 이것이 바로 강대국의 본바탕이다. 자급자족이란 자국의 군사, 경제, 영토, 관념을 모두 보호하는 것을 말한다. 강대국에 대한 전통적 현실주의 개념의 경우 이와 같은 자치권이 결국 군사력에서 비롯된다고 주장한다. 극단적 현실주의자는 이러한 인식을 바탕으로 강대국이 "세계에서 가장 막강한 나라를 상대로 재래식 전쟁을 일으키는 데 총력을 다할(미어샤이머, 2001:5)" 수도 있다고 설명한다. 우세한 나라

일수록 뛰어난 군사력을 보유하고 있다는 점에서 알 수 있듯이, 우리는 각 나라의 물리적인 힘을 비교하고 순위를 부여한다. 구조적 현실주의 개념의 경우 경제력을 포함한 물질적 역량이 전 세계에 걸쳐 어떻게 분포되어 있는지를 굉장히 중요하게 여긴다. 이러한 시각은 전쟁을 일으키는 행위 자체가 중심적 요소로 평가되던 시기를 전형적으로 반영한다. 강대국이라는 입지와 전쟁, 나아가 다양한 종류의 군사력 사이에 끈끈한 연결고리가 있다는 것이다. 따라서 일부는 영토를 정복하고 지배하는 수단으로 육군 병력을 강조하는 반면, 일부는 특히 접근성과 상업 그리고 무역이라는 이익을 가능케 하는 해상 병력에 집중한다. 물리적 지형에 얽매이지 않고 전쟁 규모를 확장하기 위해 공군력이 필수라고 주장하는 이들도 있다. 다양한 종류의 군사력에 "현대 강대국의 필수 조건(다닐로비치, 2002:46)"인 핵무기를 추가할 수 있다. 물론 핵무기의 확산이 강대국의 권위를 실추시키고 세계적 불안정성을 심화시킬 수 있다는 점을 간과해서는 안 된다.

따라서 이러한 현실주의적 견해는 대규모의 육군과 더불어 공군과 해상 병력 등 여러 종류의 군사력을 강대국의 필수 조건으로 여긴다. 이러한 힘의 수단에는 공간적 요소가 포함되어 있어 강대국이 국경을 넘어 영향력을 행사하고 "지역이 아닌 대륙 또는 세계를 기준으로 자국의 이익을 고려(레비, 1983:16)"하도록 한다. 강대국은 다른 여러 나라 및 지역과 밀접한 관계를 맺고 있다. 그들의 입지는 다른 나라와의 관계에 그대로 반영되며 그 덕분에 강대국은 상대적으로 작은 나라에 영향을 미치거나 행동을 바꾸도록 유도할 수 있다. 이와 같은 관계적 특성을 보다 잘 이해하기 위해 여러 학자는 물질적 강대국을 객관적으로 수량화하는 작업을 시도했다. 18세기와 19세기의 패권국을 살펴보면서 로드스타인은 각 나라의 보병 수를 파악했고(1968:14), 모델스키는 세계 체계 내 동원 가능한 군사력의 5퍼센트를 강대국이 차지한다는 점을 밝혔다(1974:2). 주목할 점은 이와 같은 결론이 다른 종류의 힘과도 관련 있다는 사실이다. 학자들에 따르면 강대국은 세계 체계가 운용할 수 있는 총 역량의 10퍼센트 이상을 담당해야 한다(겔러&싱어, 1998). 결론적으로 강대국에 대한 물질주의적 해석은 다른 여러 요인과 서로 맞물려 있으며 경제적 자원의 제어와 증산을 통해 이러한 힘을 더욱 강화할 수 있다고 설명한다. 한 국가의 효과적인 군사 규모는 경제적 능력에 따라 달라지며, 경제력을 나타내는 총 재산은 인구 증가에 따른 생산력 제고를 통해 축적할 수 있다.

로버트 A. 달은 하나의 힘이 다른 힘과 서로 얽혀 있는 이 상호연결성을 '한계점에 도달한 불평등'이라는 개념으로 풀어냈는데, "부와 같은 자원에 대한 통제는 지식과 사회적 지위, 군사적 위세 등 다른 자원에 대한 통제와 밀접하게 연결되어 있다(모델스키, 1972:176)." 나아가 경제력은 비물질적인 능력을 비롯한 다른 형태의 힘으로 전환할 수 있는 대체 가능한 요소로 간주된다. 군사력과 마찬가지로 한 나라가 보유한 경제 자원의 상대적인 규모는 국제적 입지, 특히 개발 단계와 자급 가능 정도 그리고 혁신 및 기술적 수용력 등을 가늠하는 데 큰 영향을 미칠 수 있다. 경제적 우세로 인한 이익은 그야말로 어마어마하다. 산업노동자가 비산업노동자보다 더 많은 물건을 생산하면 그로 인한 자본 원천을 또다시 투입해 경제력을 더 성장시킬 수 있기 때문이다. 오늘날 냉전 시대 이후의 국제 시스템은 경제학의 논리에 따라 움직이며, 경제적 역량은 다른 나라를 상대로 하는 외교적 수단이 될 뿐만 아니라 손쉽게 정치적 능력으로 전환할 수 있다. 실제로 국제 시스템 내에서 가장 부유한 나라들이 가장 큰 지분과 목소리, 영향력을 가지고 있다. 이러한 나라들은 대체로 에너지 소비율이 높기 때문에 에너지 안보를 확보하고 필요한 비용을 마련하기 위해 시장과 투자처를 찾을 수 있는 국제 시스템에 활발하게 참여할 수밖에 없다. 그 결과 더 많은 나라와 더욱 밀접한 관계를 맺는 것이다. 폴 케네디는 이를 가리켜 "경제적 및 생산적 균형과 국제 시스템 내 강대국 입지가 변화하면서 나타나는 인과관계(1988:xxiv)"라고 말했다.

구조적 중심성

학자들의 연구 결과에 따르면, 강대국은 국제 사회에서의 뚜렷한 입지 외에도 "체제를 결정하는(코헤인&나이, 1977:295-296)" 성질도 가지고 있다. 오늘날 더욱 세계화된 무역관계를 바탕으로 지역을 벗어난 영향력이 더욱 강화된 강대국의 관심사는 전 세계를 향하고 있다. 따라서 더욱 막강한 물질적 능력을 바탕으로 국제 시스템 내에서 중심적인 역할을 도맡는다. 이와 같은 자유주의적 관점에서 보자면 강대국은 또한 "자국뿐만 아니라 국제 시스템 내에서 상대적으로 입지가 약한 나라에 영향력을 미치는 기본적인 규칙과 권한을 정하고 시행(길핀, 1981:30)"할 수 있다. 그들이 가진 물질적 능력이 엄청난 위력과 통제권을 부여하기 때문이다. 1815년의 빈, 1919년의 베르사유,

1945년의 포츠담 등 역사적으로 위기를 겪었던 시기들을 살펴보면 강대국이 이러한 사건들을 기회 삼아 자신들이 원하는 대로 세상을 이끌 뿐만 아니라 나아가 "국제 시스템의 생활 반경(비슬리, 2012:5)"을 정한다는 점을 알 수 있다. 즉, 위기의 순간이 닥치면 강대국은 국제 사회의 질서를 유지하고 평화와 안보를 보장해야 한다. 국제 공공재를 관리하는 것 또한 강대국의 의무다. 그뿐만 아니라 협상에 정당성과 효과성을 부여하는 데 강대국의 막강한 영향력이 반드시 필요하다.

이러한 이유 때문에 강대국은 종종 "구조적 힘(스트레인지, 1987:565-566)"이라고도 간주되는데, 국제 시스템이 원활하게 움직이는 데 필요한 특정 가치와 이해관계가 이들에게 달려있기 때문이다. 물질적(군사력과 경제력) 그리고 관념적(가치와 신념) 역량을 모두 아우르는 이러한 힘은 "건축학적(모델스키, 1972:152)"이라고 할 수 있는데, 특히 국제기관 설립에 영향을 미친다. 중요한 이익과 가치를 보호하는 다자간, 지역 간 기구는 강대국이 힘을 행사하는 더 포괄적인 수단으로도 작용한다. 즉, "강대국 관리 통제주의(비슬리, 2012:4-5)"의 역할을 하는 것이다. 이러한 역할을 만들고 또 도맡는다는 점에서 강대국은 엘리트 국가임을 자처한다. 또한 강대국은 자국이 국제 문제에 있어 핵심 행위자이며 국제 정세를 정의할 수 있는 능력을 가지고 있다고 생각한다. 예를 들어 강대국은 실질적 역량을 바탕으로 하나의 특정 기관을 통해 막강한 영향력을 행사한다. 이러한 우월성은 상대적으로 약한 나라가 더 강한 나라를 어떻게 받아들이는지에도 영향을 미치는데, 일반적으로 유엔 안전보장이사회의 상임이사국 등 특권이 주어지는 나라가 곧 강대국이라고 여겨진다. 이러한 과정은 여러 국가가 공동된 목적과 야망, 비전, 힘의 분배에 동의하면 다자간 체제 형성을 통해 정당화되고 합법화된다. 다자간 체제 속에서 강대국이라는 존재감은 곧 세계 최고라는 사회적 인식을 강화할 뿐만 아니라 결정적으로 권력의 실질적, 지각적 측면을 결합한다. 광범위하게 분포된 실질적 힘과 비교적 범위가 좁은 관념적 힘에 의존하는 약소국은 파트너 또는 동맹이라는 외교적 필요성을 고려할 때 앞서 설명한 강대국들의 입지를 함께 따져볼 수밖에 없다.

가치관과 정체성

강대국이라는 입지와 역할에는 군사적, 경제적, 구조적 요소 외에도 여러 다른 요인이 작용한다. 앞서 설명한 바와 같이 근대에 들어선 이후부터는 다수의 인구와 그에 따른 상대적 발전 수준이 군사적, 경제적 능력에 비해 더 필수라고 여겨졌다. 또한 국방력을 한층 더 강화하는 데 도움이 되는 환경적 조건이나 국토의 크기 등 지형학적 특성을 포함하는 지역적 위치와 기후, 육지와 해상 국경을 기준으로 주변국의 크기와 수, 해안 접근성, 식민지 보유 여부, 대사관의 수, 시장과 무역로에 대한 접근성과 통제권 등을 고려할 수 있다. 결정적인 것은 식민지 시대 이후에 적극적으로 영토를 취하는 나라에 대한 인식이 1945년 이전과는 급격하게 달라졌다는 점이다. 또한 세계화는 공간과 영토가 가지는 문자적인 의미를 크게 약화시켰다.

한 나라를 둘러싼 역학관계 또한 국력을 최대한으로 활용하는 데 매우 중요하다. 물론 패권을 장악하려면 내부적인 결속력과 관료주의적 능력이 뒷받침되어야 한다. 따라서 정치적 능력과 기관, 발전은 모두 "정치적 관할권 아래 주요 지배계층이 사회 깊숙이 침투해 최대한 많은 국민 또는 시민을 통제할 수 있는가와 정부가 자국의 사회로부터 자원을 추출할 수 있는가(오르간스키&쿠글러, 1980:72)"에 달렸다. 내부 안정과 효율적인 행정은 이러한 정부의 능력을 보완하고 민간, 군사, 정보 그리고 정치적 국내 기반 시설의 대외적 기능을 한층 더 향상한다. 모겐소의 말처럼 "한 국가의 외교적 자질은 이러한 요소들을 한데 모으는 역할을 한다(1973:146)." 한편 전략적 문화와 대전략이라는 개념은 이러한 견해에 중요한 영향을 미친다(제2장 참고).

이와 같은 해석은 국제정치가 내부적 요소가 아닌 외부적 요소에 의해 결정된다고 주장하는 구조적 현실주의자의 시각과 대조를 이룬다. 고전적 현실주의자와 구성주의자의 굳건한 믿음처럼 가치관과 원칙, 국민적 도덕성은 강대국을 결정짓는 매우 핵심적인 요소임에 틀림없다. 이러한 주장의 중심에는 "권력은 사회관계를 바탕으로 행위자의 역량을 형성하고 주변 상황과 운명을 결정하는 것(바넷&듀발, 2005:42)"이라는 개념이 깔려있다. 여기서 한 국가의 자아상이 중요한데, 강대국에 대한 열망이 곧 권리에 대한 주도적인 요구, 국제적 의무를 적극적으로 수용하는 태도, 국제 시스템의 관리자라는 자아개념 등을 망라하는 독특한 행보로 이어지기 때문이다. 나아가 앞장서서 자국의 역할을 만들고 받아들이려면 지도층과 국민 사이에 다른 나라보다 나은 위신과 높은 지위를 확보해야 한다는 세계관이 형성되어야 하는데, 바로 중국과 인도에서 이러한 점을 살펴볼 수 있다. 자국의 입지를 스스로 결정하려는 자부심의 본질을 보여주며, 결과적으로 물질적 능력이 곧 자국의 영향력을 평가하는 잣대가 된다.

따라서 강대국이라는 입지는 대개 자기반성적이자 자체 검증 가능한 선택 기준을 전제로 구성된 관념이자 개념이라고 볼 수 있다. 즉, "강대국이 된다는 것은 곧 강대국처럼 행동하는 것이다(돔케, 1989:161)." 그러므로 한 국가가 강대국으로 거듭나게 된 과정을 살펴보면 강대국이라는 용어가 어떻게 쓰이기 시작했으며, 어떻게 국제 예양으로 수용되고 있는지를 알 수 있다. 강대국에 대한 인식은 국제적 관행과 상호작용 그리고 그로 인한 사회적, 제도적 또는 구조적 이해를 통해 더욱 깊게 자리 잡는다. 강대국은 국제 체계에 가장 많은 투자를 하는 만큼 그에 따른 이익 구조에도 가장 관심이 많다. 때문에 국제 체계의 바탕이 되는 가치를 형성하는 데 노력을 기울인다. 그러나 세계 패권을 손에 쥐려면 상대적 우위의 필수 조건인 자기희생적 요소와 사회적 인정을 다른 나라로부터 이끌어내야 한다. 인식의 역할과 더불어 특히 중국과 인도에 대한 분석에 있어 향후 성과가 중요하다는 말이다. 결과적으로 강대국이란 "사회적 분류로, 하나의 집단 내 구성원들에 의해 결정된다(허렐, 2006:4)." 이러한 인식과 수용은 새로 부상하는 강대국의 사회화 수단으로 사용되며, 나아가 우리의 구성주의적 분석에 타당성을 더한다. 가장 중요한 점은, 기존의 강대국에 새로 등장하는 잠재적 강대국의 "정당성을 인정하거나 거부할 능력(싱어&스몰, 1972:21)"이 있으며, 강대국 도전 국가 또한 다른 국가들의 가치관을 따름으로써 동의를 이끌어내기 위한 일종의 게임을 의도적으로 펼친다는 것이다.

다시 강조하자면, 강대국은 곧 "다른 나라의 인식과 인상에 의해 차별화된 입지를 얻는다(레비, 1983:17)." 강대국이라는 위치는 해당 국가가 현재 또는 미래에 가지고 있는 실제 또는 허구의 물질적 역량을 기반으로 한다. 동시에 국가적 가치관과 원칙, 규범, 인식 그리고 이 모든 것의 기초가 되는 역사 또한 매우 중요하다. 이러한 가치관은 해당 국가의 자아개념과 강대국에 대한 이해, 특정 요소에 부여하는 중요성, 나아가 내부적 기관의 본질에 영향을 끼친다. 또한 가치관에 따라 국제 시스템에 대한 관점도 달라진다. 전반적으로 국제 시스템은 그 안에 존재하는 주도적인 가치관을 반영한다. 국제 제도에 있어 사회적 인식의 역할을 고려하는 동시에 중요성을 결코 간과할 수 없는 가치관을 살펴봄으로써 우리는 또 다른 종류의 권력인 소프트 파워에 대한 논의를 시작할 수 있다. 일반적으로 "강요하거나 비용을 지불하는 대신 국가적 문화, 정치적 이상, 정책을 통해 간접적인 영향력을 행사해 원하는 것을 얻는 능력(나이, 2004:x)"으로 정의되는 소프트 파워는 비물질적이며 관념적이다. 결국 다른 나라가 제시하는 세계관과 더불어 그 안에 녹아 있는 가치관을 받아들여야 강대국이라는 정당성을 확립할 수 있다. 국제사회의 신뢰만 뒷받침된다면 강대국은 외교적, 대중적으로 다른 나라의 행보에 막대한 영향을 미칠 수 있다. 하지만 일부 학자들은 소프트 파워만의 효율성은 제한적이라고 설명한다. 원칙과 규범을 "무력으로 전환하면 엄청난 효과를 거둘 수 있기 때문이다(A. J. P. 테일러, 1952:44)." 이러한 견해는 강대국의 정의 또는 파악에 있어 여러 다른 종류의 권력들이 밀접하게 연결되어 있다는 점을 잘 보여준다.

: 중국과 인도에 대한 분석

앞서 설명한 내용을 바탕으로 우리는 새롭게 떠오르는 신흥 세력인 중국과 인도에 대한 분석에 있어 "국제관계 내 강대국의 기능이 자연스러운 요소처럼 보일 수도 있으나 사실은 특정한 역사적, 물질적, 관념적 과정의 산물이며 따라서 언제든지 변할 수 있다(비슬리, 2012:10)"는 점을 이해해야 한다. 이 책은 권력을 물질적, 관념적 측면으로 나눌 수 있다는 견해를 바탕으로 대체로 국내에서 도출된 국가 고유의 가치관, 규범, 정체성이 국가와 국가가 보유한 하드 파워 또는 물질적 역량 사이에 개입하는 주요 변수라는 점에 주목하는 구성주의적 해석을 다룬다. 이는 곧 권력을 단순히 물질적 요소로만 보는 것이 불가능하다는 결론으로 이어진다. 또한 강대국의 의미와 필수 조건을 고려할 때 국가 자체를 살펴봐야 한다. 이와 같은 핵심을 강조하기 위해 이 책은 먼저 국내의 결정 요인과 전략적 문화를 조명한다. 강대국의 특성상, 경험을 토대로 이러한 기준을 측정하기 어렵다는 사실에 기반해 이 책은 "단순히 정치만 포함한 한정적인 견해라는 비판을 받는 현실주의에서 벗어나 권력에 대한 매우 광범위한 해석(윌리엄스, 2005:109)"을 다루며 강대국의 복잡성을 다시 증명한다.

해석에 따라 강대국의 구성 요소가 달라지는 것처럼, 이러한 접근법은 다차원성, 다중관계성, 상호연결성을 추구한다. 다닐로비치는 물질적 역량, 공간적 범위, 공식적 그리고 비공식적 지위가 모두 모여 "삼차원(2002:28)"을 이룬다고 설명한 바 있다. 돔케 역시 세 가지 조건을 꼽았는데, 강대국은 다른 나라에 양보하지 않아야 하고 전 세계에 관심을 가져야 하며 "편의에 따라 약소국을 부당하게 대우하기도(1989:161-162)" 한다. 그런가 하면 레비는 "다섯 가지 요소(1983:16-18)"로 군사력, 지역적보다는 국제적 관심, 강대국으로서의 행보, 해당 국가에 대한 다른 국가의 인식, 국제적 기관으로서의 인정을 언급했다. 반면 왈츠는 "인구 규모와 영토 크기, 부존자원, 경제력, 군사력, 정치적 안정성과 역량"을 "다섯 가지 기준(1979:131)"으로 내세웠다. 마지막으로 네이어와 폴이 제안한 "열 가지 미덕(2003:32)"은 강대국이 갖추어야 할 요소들을 가장 자세하게 소개한다. 여기에는 총 네 가지의 하드 파워, 즉 군사력, 경제력, 기술력, 인구학적 역량과 여섯 가지의 소프트 파워, 즉 규범, 문화, 국제 포럼의 리더십, 국력, 전략과 외교 방향, 국가 지도력이 포함된다. 이는 물질적, 제도적, 관념적 해석을 모두 통틀어 점진적으로 발전하고 있는 국제관계를 가장 잘 보여주며, 이 책의 전반에 걸쳐 보다 자세하게 나와 있다.

중국과 인도에 대한 이 책의 분석은 강대국의 정체성과 보편성, 본성과 관련된 역사적 특수성을 다룬다. 특히 "경제 변화가 새로운 강국의 탄생을 예고했다(1988:xxii)"는 폴 케네디의 말은 오늘날 인도와 중국의 급부상이 우리에게 던지는 의미를 돌아보게 한다(제4장 참고). 뿐만 아니라 경제 서열의 변화가 곧 전반적인 국제 계급의 변화로 이어지는 상대적 또는 관계적 권력 분배의 중요성을 강조한다. 그동안 보아온 강대국의 성장, 몰락, 이동이 이러한 주장을 뒷받침한다. 중국의 명 왕조, 오스만 제국, 인도에 자리 잡은 오스만 이슬람 분파인 무갈 왕조, 모스크바 대공국, 일본 제국 그리고 1500년 유럽 국가들은 모두 한때 막강한 권력을 자랑했다. 그 후 1660년부터 1815년까지 프랑스와 영국, 러시아, 오스트리아, 프러시아가 앞장서서 유럽 중심으로 전 세계를 이끌었다. 20세기부터는 미국과 소련처럼 광활한 영토를 가진 나라가 패권을 얻었는데, 이에 독일(1945년 이전), 일본, 중국, 유럽연합 등이 도전장을 내밀었다. 이러한 과정에는 경제력을 확보하는 시점과 이를 통해 강력한 힘을 얻게 되는 시점 사이에 필연적으로 "지체 시간"이 발생한다(P. 케네디, 1988:xxv). 권력의 이동은 또한 무역과 제조 환경에도 다양한 영향을 미치는데, 그 중심이 1500년대부터는 지중해에서 북서 유럽과 대서양으로, 1880년대에는 유럽에서 전 세계로, 1980년대와 1990년대에는 선진국에서 개발도상국으로, 2000년대부터는 중국과 인도로 옮겨가고 있다.

: 분석의 기초적 기둥

앞서 밝힌 토대를 기반으로 이 책은 21세기 초 중국과 인도가 아시아의 신흥 세력으로 성장한 배경을 살펴보기 위해 총 네 가지 분석적 기둥을 활용한다. 중요한 점은 이 기초적 기둥이 구조적, 행동적, 진화적 기준선을 동시에 아우른다는 것이다. 이를 통해 인도와 중국의 현 정세를 보다 정확하게 파악할 수 있다.

상호연결성
강대국의 핵심이 되는 수많은 변수는 실재하는 구조적, 주관적인 지수를 종합적으로 나타내며 서로 밀접하게 연결되어 있다. 이를 통해 발생하는 시너지 효과는 국제 시스템과 구성 국가가 각자의 구성 요소 역할을 다하며 상호 간에 영향을 끼친다고 주장하는 구성주의적 해석을 뒷받침한다. 이러한 견해는 또한 인도와 중국의 내외부, 즉 대내외 영역이 물질적, 제도적, 관념적 측면에 있어 지속적으로 상호작용하고 있음을 보여준다.

인식

국가와 국제 시스템을 포함한 여러 요소가 서로 뒤얽혀 있는 만큼 이들 사이에 어떤 상호작용이 일어나는지가 중요하다. 인식, 특히 집단 구성원으로부터의 사회적 인정과 정당성은 가장 필수적인 요소다. 자국에 대한 인식과 다른 국가의 인식이 대립적이고 변증적이며 공통된 방식으로 성립된다. 동시에 유사점과 차이점을 파악함으로써 중국과 인도가 국제 시스템과 다른 국가를 어떻게 바라보고 있는지를 살펴볼 수 있다. 또한 국제 시스템에서 자국의 위치를 어떻게 생각하는지와 이러한 해석이 공통성과 격차를 어떻게 강화하는지를 보여준다.

진화

여러 역사적 시기와 구조적 환경을 거치며 자리 잡아온 강대국은 그 정의, 행동, 우세한 조건 면에서 계속 진화하고 있다. 이 과정에서 역사의 역할이 중요한데, 여러 국가는 경험을 통해 축적한 지식과 이해를 바탕으로 서로 관계를 맺기 때문이다. 나아가 이는 구성주의적 견해의 필수 전제 조건이다. 구성주의적 견해는 한 국가의 안보 정책과 관련된 주요 요소를 분석하는 데 도움을 준다. 뿐만 아니라 시간이 지나면서 국가가 어떠한 변화를 겪게 되는지를 잘 보여준다. 국제 시스템의 규범과 관행을 살펴보고 우리가 강대국이라는 개념에 부여하는 정의와 본질을 자세히 들여다볼 수 있다.

공통성

물리적으로 가까운 위치에서 급격하게 성장해온 중국과 인도는 경험과 관점, 욕구, 가치관이 놀라울 정도로 비슷하다. 이러한 요소는 강대국의 과거와 현재, 미래를 설명하는 데 매우 유익하다. 제국주의 시대가 막을 내린 후 아시아의 패권을 쥐게 된 두 나라가 어떻게 행동하느냐, 더 나아가 두 나라에 대한 다른 나라의 인식은 어떠한가가 21세기 국제 시스템의 역할과 본질에 큰 영향을 끼칠 것이다. 그렇다면 이 두 나라를 전통적인 서양적 관점, 새롭게 등장하는 동양적 관점, 또는 두 가지를 적절히 섞은 관점 중에서 어떤 관점으로 바라봐야 할까? 관점에 따라 세계적 그리고 지역적으로 어떤 결과가 일어날까?

: 구조

국제관계의 여러 가지 해석 또는 접근법을 살펴본 후에는 제1장으로 넘어가 국내의 주요 정치적 결정 요인을 먼저 다룰 것이다. 그런 다음 제2장에서는 중국과 인도의 전략적 사고를, 제3장에서는 두 나라를 군사력과 핵무기 측면에서 살펴본다. 제4장에서는 두 나라가 급성장하는 과정에서 경제적 역량이 어떠한 역할을 했는지를 분석한다. 제5장에서는 주변국과의 관계를 살펴본다. 또한 남아시아에서의 인도의 위상과 동아시아에서의 중국의 위상을 연구한다. 국제사회 그리고 다자간 기구와의 상호작용은 제6장에서 다루며, 현재 국제 시스템의 최강자인 미국과의 관계는 제7장에서 살펴본다. 마지막으로 결론에서는 각 장에서 도출한 결과들을 종합해 중국과 인도의 현재 그리고 앞으로의 국제적 지위에 대해 설명한다. 또한 이 두 나라가 강대국이라는 개념의 본질과 정의에 미칠 영향도 함께 들여다본다. 이 책은 명확하고 단도직입적인 설명을 통해 두 나라의 외교 및 안보 정책을 개념화하는 가장 좋은 방법에 대한 경험적 또는 이론적 견해를 제시할 뿐만 아니라, 두 나라의 행동 또는 상호작용이 강대국에 대한 국제관계학적 논의에 어떤 영향을 미치는지를 보여준다.

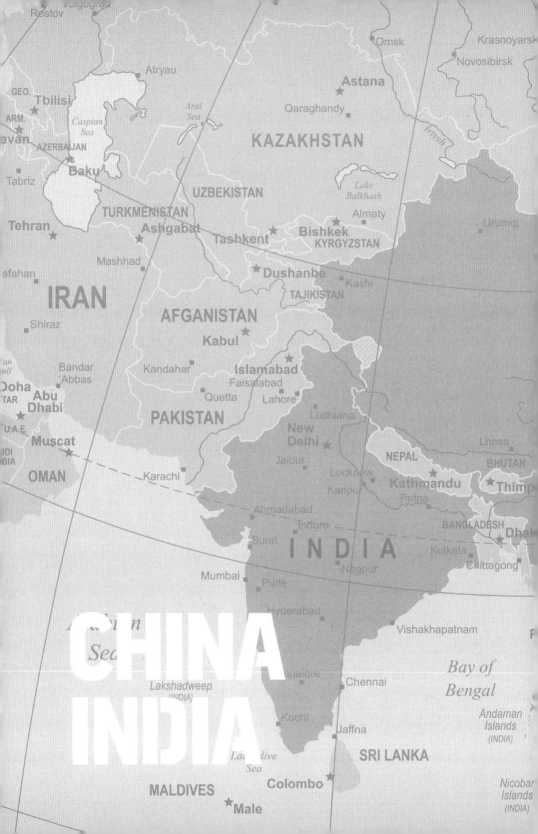

제 1 장

국내 결정 요인

이번 장에서는 중국과 인도의 외교 정책을 누가 어디에서 어떻게 결정하는지에 대해 알아본다. 그러나 외교 정책을 구상하고 결정해 펼쳐나가는 과정과 관련해 강대국의 관념적 해석은 국내 요인과 구조, 인식을 포함한다는 점을 기억해야 한다. 중요한 국내적 요소들은 나라 안팎의 상황을 연결하는데, 이는 나라 또는 기관이 행하는 외교 정책의 고유성을 보여주는 동시에 "다른 국가와의 이해관계를 도모하기 위한 국가 차원의 노력의 본질(굽타&슈클라, 2009:2)"을 대변한다. 물질주의적이고 현실주의적 해석은 대개 국내 요소들을 충분히 고려하지 않는다. 반면 이번 장에서는 개인 또는 집단 형태의 핵심 세력 간 상호작용과 국제 체계의 본성에 주목한다. 이러한 접근은 외교 정책이 "다른 국가의 행동을 바꾸고 국제 환경에 발맞춰 자국 활동을 조정하기 위한 목적으로 공동체에 의해 진화된 여러 활동의 시스템(1972:6)"이라고 정의한 모델스키의 주장과 일맥상통한다.

국제관계를 통해 알 수 있는 외교 정책에는 해당 국가의 국내적 가치, 중심 생각, 정책 선례가 포함된다. 그리고 이는 국내적인 맥락에서 조절되고 통제되며 심지어는 제한된다. 역사적 관점에 따라 다소 의견이 달라질 수 있으나, 국가의 자아개념은 정치적 엘리트와 지도자의 한 세대에서 다음 세대로 선날뇌느보 나라 안에서 일어나는 정치적 상황을 짚어보는 것이 중요하다. 이러한 점에서 "국제적 결과를 도출하는 데 공유된 의미와 상호주관적인 구조는 물질적인 이익만큼이나 중요할 수 있다(피에르크, 2007:3)." 국내 요인은 또한 모든 지도자가 정당성과 지위, 정치적 중심성을 확보하는 데 유의미하다. 식민지 시대를 거친 후 나날이 발전과 근대화를 이루며 신흥 강대국으로 성장하고자 하는 중국과 인도, 바로 우리가 주목하는 이 두 나라의 경우 최근 들어 특히 이러한 요인이 시사하는 바가 크다.

이번 장에서는 먼저 중국과 인도의 정치 체계가 어떻게 기능하는지를 면밀히 살펴본다. 그리고 입법과 행정을 포함한 두 나라의 주요 통치 구조를 전반적으로 짚는다. 민주주의 국가인 인도와 독재 정권을 유지하고 있는 중국의 의사 결정 과정을 설명하고 세대를 거치며 나타난 변화를 분석한다. 또한 외교 정책에 영향을 미치는 두 나라의 주요 정당과 그들의 다양한 이념적 편견을 먼저 살펴본 후 각 정당 관료의 역할에 대해 논의한다. 그런 다음 외교 정책 수립에 더 크고 다양한 영향력을 행사하는 비정부적 요인을 고려한다. 여기에는 토착민 안전 보장 공동체와 대중 매체의 확산 등이 포함된다. 그리고 중국과 인도의 상대적인 국내외 상황을 결부하는 동시에 외교 정책 문제로 대두되는 민족주의에 대한 고찰로 이번 장을 마무리한다.

: 핵심적인 정치적 차원

국내의 제도적, 정치적 역량은 국가가 정치적 어젠다를 시행하는 동시에 특정 외교 정책 수립 제도를 통해 대외적인 입지를 확고히 하는 수단이다. 자국을 후진국과 차별화하고 강대국이라는 지위를 정당화하려면 국가는 반드시 "이익을 나라 밖으로 확장할 수 있는 의지와 능력(란티네, 2013:21)"을 갖추어야 한다. 그리고 이를 위해서는 높은 수준의 제도적 역량과 정치적 자유의지라는 두 가지 조건이 모두 성립되어야 한다. 국가의 주요한 정치적 차원에 대한 폭넓은 이해는 또한 "이익의 바탕에는 정체성이 있다(헤, 2009:117)"는 구성주의적 관념을 뒷받침한다. 이념처럼 손에 잡히지 않는 무형의 요인에 대한 공감을 통해 서구식 이념과 개념이 강대국이 무엇인지에 대한 오늘날의 견해와 분리할 수 없을 정도로 단단하게 맞물려 있다는 점(스즈키, 2008:51)을 알 수 있다. 또한 인도와 중국이 신흥 세력으로 떠오르면서 이 두 나라의 단독적이거나 어쩌면 집합적인 특정 가치가 서서히 편중된 시선에 이의를 제기할 것이라는 점을 명확하게 알 수 있다.

독재 정권을 바탕으로 한 중국의 정치 체제에 있어 "정부 기구와 중국 공산당 구조의 구분"은 "무시해도 좋을 정도로 미미"하다(란티네, 2013:24). 중국 공산당은 중국의 최고위 정치적 행위자다. 사실상 중국은 고도로 중앙집권화되고 계급적이며 복종적인 일당 독재국으로, 중국 공산당은 이미 정해진 상의하달 제도를 바탕으로 하는 이른바 노멘클라투라[nomenklatura] 제도를 통해 주요 제도적 인사권을 전면적으로 통제한다. 지배구조 또한 동일한 체제로 운영된다. 따라서 중국 공산당은 "국가의 정치적 리더(브라운, 2013:6-7)"라는 역할로 간주하는데, 1949년 중화인민공화국의 탄생 후부터 이런 핵심 위치를 고수해왔다. 그 결과 근대 중국의 정치, 경제, 외교, 사회 문제 전반을 국가가, 곧 중국 공산당이 장악하고 있다. 또한 중국 공산당은 정치적 패권을 확립하는 방법을 주기적으로 모색하고 있다. 대표적인 예로 개국 지도자인 마오쩌둥이 1960년대 말에 기존의 국가 기구와 당 기관을 대부분 해체한 다음 재건한 문화대혁명을 들 수 있다.

1911년 신해혁명의 불씨가 된 반란과 민족 갈등, 불안정성 그리고 1800년대의 경제 위기 속에서 탄생한 중국 공산당은 1920년대에 이르러 정식으로 창당되었다. 이 시기에 중국은 전쟁의 쓰라린 패배를 겪었는데, 두 번의 아편전쟁(1839~1842년, 1856~1860년)에서는 영국에, 청일전쟁(1894~1895년)에서는 일본에 완패했다. 특히 청일전쟁의 패배는 1937년 일본이 중국을 침략하는 사건으로 이어졌다. 또한 교역 상으로는 미국, 프랑스, 독일에 양보해야 하는 불리한 처지에 놓였다. 1919년 6월 베르사유조약 체결 당시 독일 통치 아래에 있던 산둥 지방이 일본에 넘어가는 부당한 대우를 받자, 중국 공산당은 자국의 국제적 위상이 하락하고 있음을 확신했다. 베르사유조약에 대한 반발은 반제국주의를 외치는 5·4운동으로 이어졌으며 나아가 1921년 중국 공산당 창당의 토대가 되었다. 이와 같은 일련의 사건들이 일어난 시기를 '굴욕의 한 세기'라고 부르며, 이를 계기로 마오쩌둥은 자국민에게 국제 사회에서 다시 한번 "우뚝 서야 한다(D. 스콧, 2007)"고 호소했다. 1945년 일본의 항복과 1949년 민족주의 성향의 국민당이 무릎을 꿇으면서 끝난 내전 승리를 기반으로 중국 공산당은 정당성을 주장해왔다. 이후 1990년대까지 일어난 전쟁에서는 고도로 단련된 지도자들이 당을 이끌었다.

중국의 과거는 중국 공산당의 외교 정책과 자아상의 토대를 다지는 데 도움이 되었다. 마오쩌둥은 권력관계와 위협에 대한 인식을 바탕으로 정책을 수립하겠다는 뜻을 내비치며 "가난한 중국을 부유한 나라로 만드는 것, 즉 권리를 박탈당하는 나라에서 권리를 누리는 나라로 바꾸는 것(루이스, 1963:261)"을 목표로 삼았다. 중국 공산당의 긴 개혁의 역사는 조직의 밑바탕이 되는 원리를 구상하는 데도 도움을 주었다. 중국 공산당은 기본적으로 레닌주의적 원칙을 따랐기 때문에 소비에트 연방의 구조와 유사한 점이 많았다. 세 가지 중요한 이념이 중국 공산당 조직의 틀을 뒷받침했는데 민주집중제, 소수자에 대한 보호, 마오쩌둥의 집권이 끝난 후에 자리 잡은 집단지도체제가 바로 그것이다. 민주집중제란 소수의 지도자가 반드시 이행해야 하는, 즉 강제성이 있는 결정을 내리는 것을 뜻한다. 소수자에 대한 보호는 의견의 다양성과 이를 표출하는 자유를 보장하는 동시에 일치된 의견에 따라 모든 결정을 내리는 것을 의미한다. 마지막으로 집단지도체제는 한 사람의 지도자에게 권력이 집중되는 것을 방지한다. 이런 레닌주의적 관점에 중국의 전통적인 세계관이 더해져 중국 고유의 "마르크스주의의 중국화(네이슨&로스, 1997:33)"가 발현했다.

당원 수가 8,500만 명(신화사, 2013)이 넘는 중국 공산당은 최장기 집권을 자랑하는 정당으로, 인도 인민당 다음으로 세계에서 두 번째로 규모가 크다. 중국 공산주의청년단의 현재 단원 수는 8,600만 명이 넘는다. 그럼에도 불구하고 공산당에 가입하기 위한 경쟁은 여전히 치열하다. 중국 공산당은 2010년 가입을 신청한 2,100만 명 중에서 단 14퍼센트만 단원으로 받아들였다(BBC, 2011). 중국 공산당의 당원 자격과 그로 인해 누릴 수 있는 혜택은 총 인구의 6.2퍼센트에 속하는 이들에게만 주어진다. 중국 공산주의청년단의 단원 수까지 고려하면 추가적으로 6.3퍼센트의 사람들이 혜택을 누리게 된다. 당원뿐만 아니라 가족과 친척 또한 혜택의 수혜자가 될 수 있다. 공공기관은 주로 공산당 당원으로 꾸려진다. 정당 국가의 특성상 중국에는 중국 공산당과 중국 정부가 공존한다. 그리고 이는 필연적으로 상호보완적인 역학관계를 형성하며, 이를 통해 인구 일부가 중국 공산당의 장기 집권하에 기득권을 확보하게 된다. 시진핑을 포함해 중국 공산당 고위급 간부의 자제를 가리키는 고간자제高干子弟는 중국 공산당의 집권이 세대를 거쳐 이어져 오고 있음을 보여주는 예다. 최근 들어 중국 공산당은 당원 조건을 더 다각화하여 다양한 배경, 연령대, 출신지, 유학을 포함한 학력, 인맥을 뜻하는 관시關係 등을 고려하고 있다. 공산당은 또한 2001년부터 자본주의적 이념을 가진 사람에게도 당원 자격을 허락하고 있다. 이는 1978년 시작된 재정 개방의 결과로, 현재의 국제적 입지를 다지는 데 경제 성장이 크게 기여했음을 알 수 있다(제4장 참고). 이와 같은 다각화는 "저 멀리 서양의 공산주의 집단과 똑같은 운명(브레슬린, 2009:821)"을 겪지 않기 위해 중국 공산당이 정치적인 합의 도출을 꾀하고 있음을 시사한다.

근대 인도의 정치 체계, 구성, 핵심 사고방식 역시 1947년 독립 이전에 경험한 식민지 역사의 영향을 많이 받았다. 여러 면에서 인도는 식민지 이후 확립한 정체성에 집중하는 나라라고 할 수 있다. 마하트마 간디와 인도의 초대 총리인 자와할랄 네루와 같은 초기 지도자들은 영국 동인도 회사에서부터 시작해 영국령 인도제국으로 3세기에 걸쳐 이어진 제국주의의 그늘에서 벗어나기 위해 고군분투했다. 현재 인도 최대 정당인 인도 국민회의파와 앞서 언급한 인도 인민당은 모두 1947년 이전에 설립되었다. 인도 국민회의파는 1885년 출범하였고, 인도 인민당의 힌두 민족주의 뿌리 역시 비슷한 시기에 등장했다. 두 정당 모두 영국으로부터 독립하기 위한 정치 투쟁에서 핵심적인 역할을 했는데, 이러한 경험은 향후 인도가 정치적 독립과 외부 위협에 대한 자결권 확보를 위해 외교 정책을 펼치는 데 영향을 미쳤다(오그덴, 2014a:21-74).

대영제국은 근대 인도에 여러 유산을 남겼다. 대내적으로 인도의 정치 체계와 사법 제도에서 대영제국의 흔적을 찾을 수 있다. 특히 최다 득표자가 당선되는 선거 제도를 바탕으로 하며 상원과 하원으로 구성된 다당제 민주주의가 대표적인 예다. 인도 국회의 상원은 라자 사바, 하원은 로크 사바라고 불리며, 각각 245명과 545명으로 구성되어 있다. 2014년 치러진 총선거는 현재까지 민주주의가 행사된 사례 중에서 가장 큰 규모로, 총 8억 3,400만 명의 유권자 중 66.3퍼센트가 투표에 참여했다(ECI, 2015). 뿐만 아니라 인도는 주권 공화국으로 국가 원수는 대통령이지만 집행권은 총리와 내각에 있다. 비군주식 연방 의회와 독립된 사법부, 단일 유권자 제도를 기반으로 한다. 표면적으로는 사회적, 정치적 권리가 보장된다. 인도 국민회의파의 마지막 총리인 만모한 싱(2004~2014년)은 인도에서 오랫동안 지속된 아시아 민주주의가 "곧 국제적 공익(자카리아, 2009)"이며 국제 사회에서 인도의 위상을 높였다고 평가했다. 이 외에 카슈미르를 둘러싼 파키스탄과의 영토 분쟁과 상대적으로 크기가 작은 주변국 및 인도양 지역에 대한 지배적 성향 등 비교적 부정적인 영국의 유산을 많이 찾아볼 수 있다(제5장에서 보다 자세하게 다룬다).

대내적인 정통성 유지라는 목표는 1947년 이후 등장한 지도자들에게 동기로 작용했다. "자치권 확보를 중요시하는 정치적 문화(강글리&파르데시, 2009:5)" 속에서 역대 총리들은 자국의 입지를 대내외적으로 보호하고 강화하기 위해 노력했다. 인도 정치 체계의 특징을 잘 보여주는 여러 주요 원칙을 적용했는데, 과거 인도의 행보를 보면 쉽게 이해할 수 있다. 예컨대 인도는 다양한 인종과 종교로 구성된 나라임에도 불구하고 평등과 관용, 진보주의를 기반으로 "문명이 시작된 이후부터 통합이라는 꿈(네루, 1946:55)"을 꾸었고, 다수결에 반대하며 세속적인, 즉 일반적이고 포괄적인 정치 통일체를 추구해왔다. 반식민지주의와 반제국주의를 고수하며 세계 속에서 인도의 독특함에 주목한 만모한 싱은 "인도처럼 다양성과 복잡성을 가진 나라, 10억 명의 사람들이 민주주의의 틀 안에서 사회적, 경제적 구원을 추구하는 나라는 세계 어디에도 없다(로즈, 2006)"고 강조했다.

지금은 정치적으로 완전히 성숙한 하나의 독립체로서의 모습을 갖췄지만, 독립 이후부터는 주로 인도 국민회의파가 인도의 민주적 절차를 지배하다시피 했다. 그 결과 오늘날까지 독특한 네루주의가 이어져 오고 있다. 1947년부터 1996년까지 인도 국민회의파가 선거에서 진 적은 단 한 번뿐이다. 2014년까지 치른 열여섯 번의 총선거 중 열한 번 승리를 거두었다. 1998년부터 2002년까지 인도 인민당이 이끌었던 국민민주동맹은 인도 국민회의파가 아닌 다른 정당이 정권을 잡은 최초의 시기였다. 또한 2014년 인도 인민당 소속의 나렌드라 모디가 압도적인 승리를 거두면서 역사상 처음으로 비주류 정치적 독립체가 과반수당의 자리에 올랐다. 인도 인민당은 지역과 주를 기반으로 하거나 카스트를 바탕으로 구성된 정당이 생겨나고 여러 공산주의 집단 역시 여전히 존재감을 드러내는 등 인도 전역에 걸쳐 정치가와 관련 조직이 점차 확산되던 1980년대에 서서히 정치적 기반을 다졌다. 2015년 3월, 인도 인민당의 당원 수는 8,800만 명에 도달했다. 이로써 인도 인민당은 세계에서 규모가 가장 큰 정당으로 거듭났다. 그러나 서류 및 심사 절차가 얼마나 철저하게 이루어지는지에 대해 의심의 목소리가 존재하며, 특히 중국 공산당의 당원 가입 절차와 비교하며 의문을 제기하는 이들도 있다(발라찬드란&두타, 2015). 반면 인도 국민회의파는 2015년 3월 당원 수 4,000만 명을 기록했는데(푸칸, 2015), 이는 인도 총 인구의 3.2퍼센트에 해당한다. 인도 인민당의 당원 수는 총 인구의 7퍼센트다.

⠿ 세대 간의 진화

두 나라 모두 비교적 일관성 있게 정치 체제를 유지해왔다. 중국에서는 일당 통치를 지속한 반면 인도에서는 다당제 민주주의가 자리 잡았다. 외교 정책을 구상하고 실행하는 측면에서는 두 나라가 시간이 지나면서 상당 부분 진화했다. 독립 이전의 경험과 정책 결과를 설명해야 하는 지도자의 역할을 반영하듯 이러한 해석은 "국제관계에 대한 의사 결정자의 생각과 가장 밀접하게 연결된 요인이 바로 세계 역사(저비스, 1969:470)"라는 점을 잘 보여준다. 관념적 원천이 어떻게 시작되어 변화하고 진보하는지에 대한 연구와도 맞닿아 있으며 왜 문화와 정체성이 "이익을 정의하고 국가의 안보 정책과 국제적 불안정을 결정짓는 행위자를 구성하는 데 도움이 되는 중요한 요인(카첸스타인, 1996:537)"인지를 강조한다. 다시 말해 대내적, 대외적 측면이 어떻게 연결되어 있는지와 외교 정책의 틀 안에서 이 두 가지 요소가 어떻게 구성되고 서로 영향을 미치는지를 중요하게 살펴본다.

인도의 초대 총리이자 인도 외교 정책의 주요 설계자인 자와할랄 네루는 공개적이고 분명하며 이상주의적인 국제주의의 압박 때문에 평화와 협력, 개발, 평등을 기반으로 한 세계 질서를 구상했다. 초대 외무부 장관의 역할도 겸한 그는 개성 강한 지도자들이 군림했던 시대를 헤쳐나가야만 했다. 에드워드 쉴즈는 이를 가리켜 "훌륭한 지능을 타고난 소수가 각 나라의 비슷한 위치를 차지하는(파워, 1964:261)" 시기라고 말했다. 영국이 통치했던 식민지 역사와 국가적 위상을 높이고자 하는 염원으로부터 많은 영향을 받은 네루는 "나는 서양 또는 동양이 세상을 지배하는 것을 원치 않는다. 우리는 무기가 없다면 막대기를 들고 싸울 것이다. 절대로 외부의 위협에 굴복하지 않을 것이다(랄한, 1983:232)"라고 말했다. 이러한 자국의 이익을 중요시하는 계몽사상은 더욱 포괄적인 푸르나 스와라지 정책을 압축한 것이라고 할 수 있다. 완전한 독립과 자치를 주장하는 푸르나 스와라지 정책은 반식민지주의, 반제국주의, 민주화 원칙으로부터 직접적인 영향을 받았다.

인도의 새로운 지배계층은 주요 원칙으로 비폭력(아힘사), 경제적 자립(스와데시), 강대국 외교로부터 동떨어진 적극적 중립주의를 내세웠다. 특히 적극적 중립주의는 비동맹 정책의 기반이 되었다(제6장 참고). 중립적인 태도를 고집하거나 국제 문제에서 아예 등을 돌리는 대신 인도의 영향력을 한층 더 강화하기 위해 채택한 비동맹 정책은 냉전 기간 자리 잡은 양극 체계로부터 거리를 두기 위한 시도였다. 인도의 주요 가치관을 보호하는 동시에 잘 보여주는 이런 관점은 외교 정책에도 영향을 미쳤으며, 특히 군사력 증강과 관련해 물질적 권력이 차지하는 몫을 크게 줄였다. 이런 초창기 가치관은 국민의 본보기가 되었다. 인도의 엘리트들은 자국이 "아시아에서 안정적으로 진보하는 유일한 나라이므로, 당연히 아시아 국가들의 지도자다. 인도의 잠재력은 세계에서 인정을 받고 있다(월퍼트, 1996:446)"고 주장했다. 이러한 측면에서 볼 때 인도의 주요 외교 정책 원리는 독립 직후 수십 년간 인도의 행보에 영향을 주었을 뿐만 아니라 "현재 또는 앞으로 국가적 역량과 야망이 일치하는 시점이 오면 강대국으로서의 규모와 역량을 암묵적으로 확보(네이어&폴, 2003:127)"한다는 목적을 가지고 있었다. 이에 민주주의라는 개념은 새로운 차원을 더했다. 민주주의 도입 과정이 강압적이거나 주도적이지는 않았으나, "자유와 법이라는 가치를 아직 완벽하게 검증하지 못한 세계 인구 3분의 2에게 인도 국민의 경험은 중요한 의미를 전달(인도 정부, 1973:468)"한다. 1962년 중국과의 국경 분쟁에서의 치욕스러운 패배와 1964년 네루의 죽음 이후 그의 딸인 인디라 간디가 지도자 자리를 이어받으며 인도의 외교 정책은 이상주의에서 벗어나 현실 정치에 기반을 두는 방향으로 변모했다.

이후 인도는 "행동의 자유를 침해할 수 있는 그 어떤 안보나 외교 협의를 피함으로써 신중한 태도로 자치권을 보호하는 자유 국가(나랑&스타니랜드, 2012:90)"의 입장을 고수했다. 그러나 1980년대 인디라 간디와 그녀의 아들 라지브 간디의 통치하에 인도의 외교적 행보는 더욱더 능동적이고 적극적으로 탈바꿈했다. 수십 년간 내부에만 초점을 맞추며 경제 자립 사회주의를 유지해온 인도가 서서히 자유주의를 기반으로 하는 경제 원칙을 받아들이면서 1990년대 인도의 외교 정책은 다갈래 외교를 통해 실용적 사실주의를 추구했다. 그러나 네루주의적 이상주의와 주요 원칙이 완전히 사라진 것은 아니었다. 이러한 개념은 배제되기보다는 주로 경시되었다고 할 수 있다. 대신 "이러한 케케묵은 생각에 의문을 던지고 국익을 위한 선택을 내릴 준비가 된 새로운 인도(모한, 2004:14)"가 빈자리를 메웠다. 인도는 글로벌 시대 속에서 민주주의의 혜택을 기꺼이 누리며 국제 시스템에 대한 경계를 늦췄다. 또한 국가 발전과 현대화를 꾀하고 국방력과 다자간 소통 능력을 키움으로써 궁극적으로 국제 시스템 내에서 인도의 강력한 위상을 되찾기 위해 노력했다. 뿐만 아니라 무역을 늘리고 에너지 안보를 강화하는 경제 성장에 초점을 맞췄다. 힌두 민족주의 성향을 띠는 인도 인민당이 특히 이러한 목적을 달성하기 위해 힘썼는데, 나렌드라 모디는 그의 지지자들에게 "이 나라가 운명을 타고났음을 장담한다(『인디언 익스프레스』, 2014)"고 말했다.

마오쩌둥에서 덩샤오핑, 장쩌민, 후진타오, 시진핑으로 이어지는 중국 공산당의 세대별 지도자 간에도 인도처럼 지속성과 진화가 절정에 다다르는 것을 볼 수 있다. 역대 지도자들은 자국의 문명 역사에 대한 자부심과 외부 권력에 휘둘린다는 굴욕감을 바탕으로 "전통적인 주권 중심의 자주적인 강대국으로서의 정체성(존스턴&에번스, 1999:252)"을 꾀하며 안정과 통제에 중점을 두었다. 마오쩌둥은 1950년대 초 "우리는 자립을 최우선 정책으로 정했다. 대외 원조는 부차적인 목표다(1998:155)"라고 말하기도 했다. 중국은 사회주의적 국가이자 헤게모니에 반대하는 입장을 고수하기 위해 자국이 강압적인 외부 국가의 피해자인 듯한 이미지를 앞세웠다. 이는 또한 미국과 소련이라는 두 강대국이 냉전을 벌이면서 형성된 이분법적인 권력 체계에 저항하기 위함이었다. 이러한 행보에서 중국 외교 정책의 정체성을 살펴볼 수 있는데, "중국의 엘리트가 정책 입안 과정을 어떻게 이해하는지와 다른 국가와의 관계에서 중국의 이미지를 어떻게 표현하는지에 있어 외교 정책의 정체성이 두드러진다(화이팅, 1995:296)."

과거 25년 동안 이어진 투쟁의 세월을 반영하듯, 중화인민공화국의 초대 지도자가 펼쳤던 외교 정책은 본질적으로 매우 행동주의적이었다. 중국을 이끈 엄청난 카리스마의 혁명 지도자들 중에서도 가장 손꼽히는 인물은 바로 마오쩌둥이다. 그 뒤를 이은 덩샤오핑 역시 마오쩌둥처럼 이데올로기를 기반으로 한 외교 정책을 펼쳤다. 이러한 접근은 1980년대 초까지 국내 정치의 본질이 되었던 전체주의적 사상을 잘 보여준다. 반제국주의와 반식민지주의 정서, 나아가 국내의 정치적 성공에 힘입은 중국은 다양한 혁명 운동을 지지하면서 자국이 이뤄낸 혁명을 타국에 전파했다. 아시아와 아프리카, 라틴 아메리카에 정치적 영향력을 행사하는 것이 곧 중국 외교 정책의 핵심 목표로 자리 잡았다. 1954년 저우언라이가 발표한 '평화공존 5원칙'은 중국의 외교적 행보를 뒷받침했다. 영토 보전과 자주성을 지지하고 다른 국가를 침략하거나 국내 사정에 개입하지 않고 상호이익을 위해 평등하게 협력하며 마지막으로 평화적인 공존을 모색한다는 다섯 가지 원칙은 향후 60년간 중국 외교 정책의 근간이 된다.

중국은 이러한 이데올로기적인 도그마티즘을 고수하며 자연스럽게 "미국과 동맹국의 배제, 차별, 불신(용, 2008:36)"을 지속했다. 때문에 중국은 굉장히 고립되고 친공산주의 국가와만 제한적인 관계를 맺었다. 이러한 접근법이 국제적으로 불리하다는 점을 깨달은 덩샤오핑은 내부적으로 문화대혁명이 끝나고 1976년 9월 마오쩌둥이 사망하자 자유주의적 경제 성장을 기반으로 한 정책을 시작했다(제4장 참고). 내부 안정을 강화하고 중국 공산당의 정치적 세력을 재정당화하며 중국의 국제적 입지를 드높여 결과적으로 국가 번영을 이루기 위해 계획된 덩샤오핑의 개혁으로 인해 중국은 이념적인 "구속복(셔크, 2007:15)"을 벗어던지게 되었다. 이러한 정치적 방향성은 굴욕의 한 세기로 인해 초래된 국가적 나약함을 극복하는 계기가 되었다. 중국이 무역과 시장, 투자 측면에서 기회를 모색하며 서서히 세계 경제 속으로 진입함에 따라 중국 외교 정책의 혁명적 특징이 크게 완화되었다. 대신 훨씬 실용적이고 보수적이며 공평한 정책을 펼쳤는데, 이는 "마오쩌둥 시대 이후 경제 근대화에 초점을 맞췄던 중국의 이해계산이 진화(존스턴&에번스, 1999:237)"하는 결과로 이어졌다.

그 뒤를 이은 지도자들 역시 경제 성장이라는 목표 달성에 전념

중국 인도

했다. 이를 통해 국가적 번영과 정치적 정당성뿐만 아니라 동아시아 주변국들과 안정적인 관계를 꾀했다(제5장 참고). "개인주의적인 하향식 의사 결정(글레이저&손더스, 2012:598)"을 고집하며 장관과 관료와의 상의를 중요시하지 않았던 마오쩌둥과 덩샤오핑에 비해 장쩌민과 후진타오는 기술관료적이고 관료중심적이며 합의지향적이라는 평가를 받는다. 인도의 네루주의식 이상주의가 등한시된 것과 마찬가지로 이념주의의 영향력은 "수동적인 방식에서 벗어나 지도자가 목적에 따라 카탈로그에서 정책을 고르는 방식(로빈슨&샴보, 2004:45)"으로의 변화를 이끌어냈다. 그 결과 중국 외교 정책의 밑바탕에 실용주의가 깊게 자리 잡았다. 중국 공산당의 5세대 지도부를 이끄는 시진핑은 훨씬 더 적극적으로 외교 정책을 펼치고 있으며 특히 경제적, 군사적 힘을 통해 다시 한 번 세계의 패권을 잡겠다는 '중국몽'과 '중국 르네상스'라는 비전을 강력하게 밀고 나가고 있다.

: 외교 정책 결정의 주요 토대

덩샤오핑 이후 지도자들은 장관과 관료들의 의견을 보다 적극적으로 수용했다. 외교 정책도 더 이상 "명령에 따라야 하는 중앙집권화적 정권 아래 결정(M. 모리슨, 2012:78)"되지 않았다. 그러나 근대에 들어 계속된 경제 개혁은 여전히 중국 공산당의 주도하에 진행되고 있다. 결과적으로 중국은 공산당의 정치적, 국가적, 이념적 색깔과 동떨어진 집단의 활동을 지속적으로 금지하고 있다. 그 예로 영토 갈등을 겪고 있는 티베트나 신장의 잠재적 분리주의자와 중국 민주당처럼 공산당의 이념에 반기를 드는 정치, 사회 및 종교 집단 등을 들 수 있다. 더욱 강화된 검열과 인터넷 통제, 전반적인 감시는 중국 공산당의 지배욕과 불안정한 상황 그리고 그로 인해 당의 정당성과 권력이 변화하는 것에 대한 우려를 보여주는 증거인 셈이다. 이러한 인식으로 중국 공산당은 오늘날까지 중국 정치를 지배하고 있으며 나아가 외교 정책을 수립하는 과정에도 영향력을 행사한다. 장쩌민이 남긴 '사회주의적 유산'은 법의 지배보다는 법에 의한 지배라는 개념을 바탕으로 하며 추가적으로 정치적, 사회적, 법적 개혁을 모두 국가의 통제, 따라서 사실상 중국 공산당의 통제하에 두고 있다.

중국 공산당의 조직 구조는 마치 거대한 피라미드와 같은 계급적 틀을 기반으로 한다. 계급이 올라갈수록 소수의 간부가 주요 직책을 맡는다. 이 피라미드의 윗부분에 존재하는 조직이 바로 "중국 공산당의 성과를 평가하고 새로운 정치국을 선출하며 향후 5년간의 주요 국사를 결정하는 중요한 역할을 하는(브라운, 2013:10)" 전국대표대회다. 당원 수가 2,200명가량인 전국대표대회는 5년에 한 번씩 대회를 개최하고 주로 중앙위원회와 같은 최고위급 지도부에서 결정한 사안을 비준하는 상징적인 역할을 한다. 당의 수뇌부라고 할 수 있는 중앙위원회는 200여 명의 당원으로 이루어지며 해마다 회의를 열어 중요한 정책 변경을 발표한다. 또한 중앙위원회는 한 계급 위에 있는 조직인 정치국이 내린 결정을 자동적으로 인가하는 역할을 한다. 20~25명으로 구성된 정치국은 매달 모인다. 그리고 그 위에 공산당에서 가장 강력한 힘을 가진 상무위원이 자리하고 있다. 2016년부터

7명의 상무위원이 활동 중인데, 민주집중제 사상을 적용하고 의견 일치를 도출하기 위해 상무위원은 늘 홀수로 선출한다. 매주 회의를 통해 당론을 결정하는 상무위원은 "의견 일치라는 목적을 이루기 위한 가장 순수한 의사 표현(브라운, 2013:6)"을 대변한다. 공산당과 여러 정부 기관의 최고위급 간부들이 상무위원을 맡는데, 소내각으로서 외교부 장관과 상무부 장관, 중국 인민해방군 및 기타 주요 정부 기관으로부터 외교 정책과 관련된 보고를 받고 의사 결정을 내린다.

입법 기관 중에서 외교부는 가장 중요한 관료 조직으로, 정치국과 상무위원회에서 결정한 외교 정책들이 도입되거나 법제화될 수 있도록 이를 즉각적으로 해석하고 시행한다. 또한 비교적 규칙적인 업무나 실무자 수준에서 이루어지는 정책 도입을 감독하고 상대적인 소국과의 관계를 관장하는데, 특히 장쩌민 시대에 들어서면서부터 그 중요성이 부각되었다. 무역이 다시금 중국 외교 정책 기조의 중심에 서고 중국이 세계화로 인한 이익에 눈뜨면서 무역과 투자, 양자 간 또는 다자간 무역 협정을 담당하는 기관인 상무부와의 긴밀한 협의 역시 중요해졌다. 이 외에 정치국 상무위원회에 영향을 미치는 주요 기관으로는 중국 공산당과 그 외 정치 세력을 연결하는 동시에 대화의 장을 제공하는 중국 인민정치협상회의, "공권력의 집행 기관 (보, 2013:19)"으로서 외교 정책을 포함한 국가적 정책 기조를 지자체에 전달하고 정부 기관을 총괄하는 중국 국무원, 국가 체계 전반에 영향력을 행사하는 공산당 소속의 소규모 정책 집단 등이 있다.

중국의 외교 정책에 큰 영향을 끼쳐온 중국 인민해방군은 중국 공산당 창당 이후 군사력의 역사를 고스란히 반영한다. 1920년대 홍군에서 유래된 인민해방군은 문화대혁명(1966~1976년) 시기와 1989년 천안문 사태 때 내부 정세를 안정화하는 데 필수적인 역할을 했다. 오늘날에는 중국의 국경과 해상을 보호하고 무역과 영토 분쟁 등에 있어 이익을 도모한다. 그러나 서서히 중국 공산당과 분리되면서 인민해방군의 영향은 "예전에 비해 줄어들었다(램튼, 2001:61)." 그 결과 정치적인 측면보다는 전문적인 군대의 모습을 갖추게 되었다. 그럼에도 인민해방군은 "정치적인 힘이 총열에서 나온다는 말처럼, 당이 총을 지휘하되 총은 절대로 당을 지휘해서는 안 된다는 것이 우리의 원칙이다(블라스코, 2013:28)"라는 마오쩌둥의 격언처럼 여전히 중국 공산당에 충성을 다하고 있다. 중국 국무원에 속하는 국방부는 명목상의 기관에 지나지 않는다. 대신 국가적인 방위 정책은 중앙군사위원회에서 결정된다. 정부와 공산당에 하나씩 설립되어 있는 중앙군사위원회는 민간인 신분의 고위급 간부가 이끌며 공산당의 총서기가 의장직을 맡는다. 2016년에는 시진핑이 총서기로서 중국 군대의 총사령관이었다. 1997년 이후부터는 인민해방군 소속의 간부 중 단 한 명도 중앙정치국 상무위원 자리에 오르지 못하고 있다.

인도 정치 체계의 본질 역시 권력의 중심에 선 집단에 외교 정책 수립과 관련된 상당한 권한을 부여한다. 때에 따라 과반수 여당 또는 연립정부가 이에 해당한다. 이는 "국가적 안보 문제에 있어 중앙 정부의 역할이 지나치게 커지는(S. P. 코헨, 2002:95)" 결과로 이어지는데, 여기서 말하는 중앙 정부란 대개 총리를 가리킨다. 독립 이후 지속된 네루의 영향 중 하나로 이러한 개념은 그의 뒤를 이은 대부분의 지도자를 통해 계승되었다. 실질적으로 보자면 총리와 외무부 장관, 내무부 장관, 재무부 장관 등 주요 인사들로 이루어진 소규모 집단이 국무총리실을 통해 외교 정책의 기조를 결정한다. 예컨대 인디라 간디는 '키친 캐비닛'을 통해 "외교 정책의 수립에서 도입까지 모든 과정을 거의 전면적으로 통제(삭세나, 1996:398)"할 수 있었다. 또한 1998년 실행한 핵무기 실험(제3장 참고)은 아탈 바즈파이 총리의 지원하에 권한을 부여받은 소수에 의해 결정되었다. 인도는 내각 위주의 정부 제도를 따르고 있지만, 총리가 가진 힘은 그야말로 어마어마하기 때문에 조약에 대한 서명이나 전쟁 수행을 포함한 모든 결정을 내릴 때 의회의 의견을 구하지 않아도 된다. 이런 맥락에서 인도의 외교 정책은 실제로 일어나고 있는 현 상황보다는 일부 고위 지배계층의 관점을 나타낸다는 비판을 받기도 한다.

이를 토대로 인도의 외교 정책 수립 과정이 "매우 중앙집권화되어 있고 비공식적이며 소수의 엘리트가 즉석적이고 수동적으로 주도한다(하드그레이브&코샤넥, 2008:477)"는 것을 알 수 있다. 일부 전문가는 이처럼 소수에게 주어진 지나친 지배력은 "인도의 독특한 위치를 전혀 고려하지 않은 수동적이고 방어적인 접근법이며 인도의 국익을 도모하는 데 걸림돌이 될 수 있다(팬트, 2009a:95)"고 주장한다. 이처럼 계획 없이 충동적으로 결정되는 외교 정책에서는 명확하고 포용적인 틀을 전혀 찾아볼 수 없다. 그러나 네루 시기 이후부터는 협의 과정이 훨씬 개선되었으며 이제 인도의 지도자들은 관료를 "부하가 아닌 파트너(베너, 1984:204)"로 여긴다. 정부 기관 외에도 인도 국민회의파와 인도 인민당, 공산주의 집단과 같은 인도의 주요 정당들 역시 오랫동안 외무부 관료 출신 인사들과 외교관 등을 위주로 외교 정책위원회를 꾸려왔으며 이를 통해 전반적인 외교 정책에 영향력을 행사해왔다. 작은 규모의 지역 정당은 외교 정책에 직접적으로 개입할 수 없지만, 지역적 위치에 따라 초국경적 문제 또는 민족 간의 갈등 등에 초점을 맞춰 중앙 정부를 대상으로 로비 활동을 펼치기도 한다. 주요 사안의 경우 의회의 토론을 거쳐야 하거나 협의를 구해야 하는데, 한 예로 2008년 미국과 체결한 핵 협력 협정을 들 수 있다.

장기간에 걸쳐 총리실에 속한 소수의 고위급 간부들이 선호하는 외교 정책 기조가 "관료 체계 내 기관으로 퍼져나갔다(나랑&스타니랜드, 2012:80)." 그 결과 인도 외교 정책의 핵심이 되는 몇몇 조건이 지속적으로 반복되었다. 이러한 배경에 중요한 영향력을 행사하는 정부 기관이 바로 인도 외교부로, 국무총리실에 의해 설립된 이후 연설문 작성, 연구 활동, 정책 대안 제공 등의 기능을 하고 있다. 인도 외교부 장관의 개인적인 카리스마 역시 중요한 요소로, 그가 "외교관들로부터 존경받을 수 있어야 그가 만들고 추진하는 정책이 효과적으로 도입될 수 있으며, 그렇지 않으면 실무자가 정책 수립을 도맡고 장관은 그저 허수아비에 지나지 않는 상황이 벌어진다(밀러, 2013:14)." 이러한 역학관계에 관료적 타성 또한 영향을 미칠 수 있는데, 냉전이 끝난 이후 인도의 외교 정책 체계가 국제 사회의 새로운 현실에 빨리 적응하지 못했던 것을 예로 들 수 있다. 몇몇 획기적인 정책을 시도하기도 했지만, 인도 외교부는 효율적이면서도 상당 부분 저개발된 정부 기관이다. 그 규모가 점차 커지고 있지만 중국과 비교했을 때 외교관의 수가 절반밖에 되지 않는다. 나아가 미국과 비교했을 때는 외교관의 수가 20분의 1 수준이다(마키, 2009:83-84).

인도 외교부 외에도 여러 관련 기관이 인도 국무총리실에 상당한 영향력을 행사한다. 무역부, 재무부, 외교부, 내무부, 국방부와 더불어 인도의 국내 정보기관인 정보국과 해외 정보기관인 RAW[Research and Analysis Wing]가 각각 내무부와 내각사무처를 통해 정보를 제공한다. 모든 대내외 조직을 통틀어 인도 국가안보위원회가 "국가 안전을 책임지는 가장 상위 기관(오그덴, 2014b:22)"의 역할을 한다. 국무총리실의 핵심 인사와 주기적으로 국방 검토를 실시하는 전략 정책 조직, 정보기관을 통해 수집된 모든 정보를 분석하는 사무국, 자문위원회, 국가안보보좌관으로 구성된다. 최근 들어서는 "국가안보보좌관/국가안보위원회, 국무총리실, 외교부가 체계적인 환경과 비체계적인 환경에서 주기적으로 교류한다(라마찬드란, 2013:3)." 반면 군대의 영향력은 비교적 적은 편이며 특히 정책 수립에 있어서는 다소 소외되어 있다. 실제로 "동일한 중요성 또는 영향력을 가진 군대는 없다(코헨, 2002:114)." 식민지주의와 관련 있는 역사적 요소들과 군사 쿠데타에 대한 지배계층의 두려움이 이러한 결과로 이어졌다. 그러나 2010년대에 들어선 이후 국방 예산과 근대화, 국제적 역할 강화에 대한 고위급 논의가 계속되고 있다(제3장 참고). 인도 군대의 최고사령관은 대통령이지만, 사실상 국무총리가 그 역할을 수행한다.

중국과 인도의 정치적 엘리트와 관료적/제도적 구조 사이의 관계를 이해하는 데 있어 몇 가지 주의할 점이 있다. 중국의 경우, 정치 체계의 맨 꼭대기에 권력이 쏠린다. 후견인-피후견인 관계, 파벌주의, 유산 보호에서 비롯된 중국 정치의 비공식적 특성, 즉 관시가 이러한 현상을 더욱 두드러지게 한다. 한 세대에서 다음 세대로 지도력을 넘기는 방법이 제도화되어 있지 않기 때문에, 내부에서 관찰되는 불안성이 성치적 불확실성으로 이어진다. 이를 보여주는 사례로 2012년 시진핑이 권력을 잡으면서 발생한 보시라이 사건을 들 수 있다(시앙, 2012). 또한 향후 중앙정치국 상무위원회의 구성 인원과 더불어 새로운 지도자가 내세울 정책을 미리 예상하기 어렵다. 반면 인도는 "친족과 상속받은 지위를 바탕으로 계층화된 족벌주의 체계를 부추기는 인도 사회 특유의 세습적 측면(오그덴, 2014b:18)"과 관련된 문제를 마주하고 있다. 이처럼 뿌리 깊은 구조적 요인으로 인해 지지율이 두터운 특정 지역, 이른바 표밭이 생겨나고 세대 간에 정권이 상속되면서 장기 집권이 가능해졌다. 대표적인 예가 4세대에 걸쳐 인도 국민회의파를 이끈 네루와 간디 가문이다. 또한 정치가들의 범죄 관련 행위는 인도 정치 체계의 정당성과 안정성을 약화하며, 외교 정책 수립 과정이 비효율적이고 불투명하다는 불신을 야기한다.

: 그 밖의 요소와 민족주의의 역할

지난 수십 년간 외교 정책과 관련해 중국과 인도의 교류가 더욱 활발해지고 광범위해짐에 따라 관련 정책을 수립하는 데 영향을 미치는 행위자 또한 늘었다. 정책 수립 과정에서 이념적인 요소들을 많이 배제하는 동시에 상호 간에 실용적인 방법을 강구한 결과다. 정책 결정 과정에 더욱 다양한 사람들이 참여한다는 사실은 대내적 환경과 여론의 발전 정도와 국제 체계의 구조적 변화를 보여준다. 그뿐만 아니라 외교 정책에 있어 아시아의 떠오르는 신흥 세력인 두 나라가 누리는 특권과 치밀한 계산에 영향을 미친다. 이러한 견해는 자유로운 경제 성장과 점점 가속화되는 세계화, 나아가 다자간 기관이 가지고 있는 특정 규범과 가치관을 적극 활용해 내부적으로 근대화와 개발을 이루겠다는 두 나라 간 공통의 목표와도 관련 있다(제6장 참고).

중국 공산당이 여전히 정치적인 핵심 역할을 하고 있지만, "국제 관계에 대한 인식에 큰 영향을 미쳤던 중앙집권적이고 폐쇄적인 중국 지배계층의 영향력은 줄어들었다(란티네, 2013:19)." 이런 변화의 원인 중 하나로 덩샤오핑 이후의 지도자들이 혁명보다는 과학적이고 기술관료적인 배경을 가지고 있다는 점을 들 수 있다. 수직적 권위주의에서 수평적 권위주의로의 변화에도 주목해야 하는데, 외교 정책에 참여하는 사람의 수와 권한이 강화됨에 따라 전체적인 과정이 집단성을 띠게 되었다. 또한 중국 내에서도 더 넓은 지방이 외교 경제 정책에 더 큰 입김을 불어넣게 되었다. 이런 요소들을 고려하면 국제 수준의 의사 결정 대부분이 관료 협의를 통해 이루어진다는 점을 알 수 있다. 1990년대부터 발달한 시각 매체와 인쇄 매체 덕분에 이제 중국 사회에서 외교 정책은 한층 더 공개적으로 논의되며, 관광산업과 해외 유학, 나아가 인터넷 사용 등과 결부되고 있다. 2015년 중국의 인터넷 사용자 수는 6억 4,900만 명 정도다(맥커디, 2015). 이는 곧 "지도자가 상반된 정책 중 한 가지를 고를 때 여론을 더욱 많이 의식(글레이저&메데이로스, 2007:302)"하게 되었음을 보여준다.

결과적으로 중국 중앙정치국 상무위원회와 외교부는 학계와 자문위원, 싱크탱크 등 대부분 다른 나라와 교류 경험이 있는 다양한 비정부 인사들의 의견을 더욱 활발하게 활용하고 있다. 특히 싱크탱크는 덩샤오핑 집권 시절 부활했다. 이러한 집단의 가장 큰 성과 중 하나인 '평화적 부상'과 '평화적 발전'이라는 미사여구는 공산당과 관련된 연구 기관인 중국개혁포럼China Reform Forum에서 만든 것이다. 그러나 싱크탱크가 활동하는 구조적 여건상 이른바 '난로 연통' 현상이 일어날 수 있으며, 그 결과 중복되거나 미완성된 연구로 이어질 수 있다(란티네, 2013:24). 중국 공산당이 이러한 조직 내에서 계속 고위급 간부를 선출한다는 점 역시 정보의 독립성을 저해하고 있다.

인도 또한 중국과 비슷한 행보를 보였다. 지난 20년 동안 인도의 외교 정책 수립 과정에 참여할 수 있는 폭이 훨씬 광범위해졌다. 세계화되어가는 국제 사회에서 점진적인 경제적 자유주의를 추구하는 인도의 목표를 가장 잘 보여주는 것이 바로 외교 정책이다. 이러한 외교 정책에 국내 요인들이 미치는 영향은 더욱 커졌다. 정책 수립 과정이 더욱 복잡해짐에 따라 오늘날 인도에는 "행정적 의사 결정과 국내의 수요 사이에 밀고 당기는 긴장(R. 차우드후리, 2012:104)"이 존재한다. 여기서 인도의 민주주의적 기반이 중요한 역할을 하는데, "선거 경쟁이 치열해지면서 등한시되었던 유권자의 표를 얻어야 선거에서 승리할 수 있게 되었으며 승패를 좌우하는 소수 유권자가 중요하게 생각하는 외교 정책이 더욱 우선시되었다(카푸르, 2009:290)." 인도 인민당의 부상으로 인해 인도 국민회의파의 장기 집권이 막을 내리고 인도 국내 정치권에 균열이 생기면서 다양한 지역 기반의 정당과 카스트 기반의 정당이 탄생했다. 그뿐만 아니라 정치적 논의에 있어 여론의 중요성이 한층 더 강화되었다.

이러한 이유에서 일반 대중, 언론, 재계, 학계 또는 재외 인도인을 비롯한 다양한 국내 집단들이 외교 정책 논의 과정에서 보다 큰 발언권을 얻게 되었다. 이와 같은 인도의 본질적인 구조적 상호작용은 곧 외교 정책과 관련한 의사 결정이 "국내 위기와 상황에 밀접하게 연결되어 있으며 이로 인해 영향받는다(J. 차우드후리, 1993:469)"는 것을 의미한다. 예전에는 인쇄 매체를 통해 외교 정책이 논의되었는데, 1990년대 시각 매체와 디지털 매체가 등장하면서 토론이 더욱 활발해졌다. 또한 이런 매체가 영어 사용을 보편화하면서 인도인들은 더 많은 세계 뉴스와 다양한 시각을 접하게 되었다. 국방부와 연관된 국방연구분석연구소Institute of Defence Studies and Analyses를 포함해 몇몇 주요 싱크탱크와 대규모 안보 공동체도 이러한 변화에 기여했다. 2014년 9월, 인도의 이동전화 사용자 수는 8억 1,200만 명이었다(인도통신규제기구TRAI, 2014). 반면 인터넷 사용자 수는 2015년 3억 5,400만 명에서 2017년 5억 300만 명으로 증가할 전망이다(M. 스리바스타바, 2015). 전반적으로 이런 요인들은 인도의 전통적 외교 정책 타성을 방해한다. 그러나 동시에 "인도를 세계에서 가장 크고 부유하며 다양한 비서구 민주주의로 부각시키려 하는 인도의 정책 입안자(I. 테일러, 2012:789)"에게 도움이 될 수 있다. 인도는 국가 차원에서 인터넷을 감시한다는 점 역시 고려할 필요가 있다(오그덴, 2014b:69).

인도와 중국에 있어 민족주의는 외교 정책을 결정하는 중요한 요소다. 또한 민족주의라는 개념은 두 나라가 함께 강대국으로 거듭나고 있다는 점에서도 시사하는 바가 크다. 역사적 예외론을 강조하고 민족주의와 역사적 기억을 연결시키는 것은 지도자층이 국민을 동원하는 필수적인 요소라고 할 수 있다. 이러한 과정은 선택적일 수밖에 없다. 어니스트 르낭은 "역사를 잊어버리거나 잘못 기억하는 것은 나라를 세우는 과정에서 매우 중요한 단계다(파념, 2004:445)"라고 말하기도 했다. 이와 더불어 외교 정책 기조를 파악하는 데 도움이 되는 특정 원칙들을 고려한다면 민족주의가 "국가를 만들기 위해 인공물과 창작물, 사회공학(홉스봄, 1991:10)"으로 구성되어 있다는 점을 알 수 있다. 역사와 정체성 그리고 신화가 "특수한 결속력을 생성하는 상상된 공동체를 현실화(1991:21)"한다는 베네딕트 앤더슨의 설명은 이 책이 기반으로 하는 구성주의적 견해를 잘 나타낸다. 이와 같은 관찰은 특히 중국과 인도와 관련 있다. 두 나라 모두 식민지 시절 이후 해방과 독립을 위한 투쟁을 통해 정체성을 확립했기 때문이다.

인도 또는 중국의 국가적 구성 요소는 특정 정치적, 영토적 자아 개념과 더불어 사회적, 문화적, 역사적 영향력에 의해 결정된다. 그리고 이러한 구성 요소는 두 나라 외교 정책의 본질과 일관성, 초점을 크게 좌우한다. 중국의 지도자들은 굴욕의 한 세기라는 미사여구를 활용해 민족주의를 표현하고 오랫동안 지속된 외부의 공격으로부터 중화인민공화국을 '구한' 중국 공산당의 역할과 "중국 민족주의의 절대 잊지 못할 역사적 측면(S. 쉔, 2004:124)"을 강조했다. 공산당은 주로 국제 체계를 상대로 중국은 피해자라는 이미지를 부각하며 국가적 자긍심 회복과 강대국 입지 확보를 핵심 정책으로 삼았다. 특히 일본과 미국을 비롯한 국제 체계가 이러한 외교적 활동의 주요 대상이 되었으며, 동시에 자국의 영토 보전을 중점 사안으로 다루었다. 중화인민공화국의 유일한 통치기관인 중국 공산당의 이런 활동은 국가 안전과 번영을 보장한다. 실제로 시진핑은 2012년 전국대표대회의 연설에서 "역사의 배턴을 이어받아 중화민족의 위대한 부흥을 실현하기 위해 계속 노력함으로써 중화민족이 전 세계 국가들 사이에서 더욱 강하고 힘 있게 서도록 하겠다(BBC, 2012a)"고 말했다.

많은 사람이 현재 중국에 실용적 민족주의가 자리 잡았다고 생각한다. 부정적인 측면이 강했던 굴욕의 한 세기에서 벗어나 "관념과 국가에 대한 충성을 기반으로 번영을 이루기 위해 필요한 안정성을 구축(란티네, 2013:34)"하고 있다는 것이다. 또한 "중국이 강대국으로 거듭날 운명이라는 인식에서 비롯된 자부심이 커지면서 지정학적 이익을 추구하기 위한 민족주의 역시 고조되고 있다. 이러한 현상은 국내외를 막론하고 관찰된다(바라반체바, 2012:154, 163)." 장쩌민이 내세운 삼개대표론 중 선진 문화와 2008년 올림픽과 2010년 세계엑스포를 개최하면서 볼 수 있었던 부흥이라는 목표가 이러한 주장을 뒷받침한다. 그러나 국내에서 많은 인기를 얻고 있는 민족주의 정서는 한편 중국 지배계층에 불안감을 안겨줄 수 있다. 특히 높은 경제 성장을 통해 견고하게 다져온 오늘날 중국 공산당의 정당성이 위협받을 수 있다. 2010년 중국 정부가 댜오위댜오(센카쿠열도)를 둘러싼 논쟁 때문에 벌어진 반일 시위 제지에 실패하면서 중국 국내 상황이 더욱 예측 불가능해졌다. 이런 의미에서 민족주의는 양날의 검이라고 할 수 있는데, 평화로운 경제적 그리고 사회적 진전과 국제 사회를 향한 강경한 입장 고수, 맹렬한 국가적 야심 사이에서 올바른 균형을 찾으려는 지배계층에 걸림돌이 될 수 있기 때문이다.

인도의 민족주의는 국가적 자아실현과 외부 압력 사이의 선택도 고려하지만, 대개 논쟁의 여지가 있는 국내 문제가 주를 이룬다. 이러한 문제의 대부분이 다른 종교 집단 사이의 폭력 사태로 이어진다. 많은 사람이 "이러한 변동성이 인도 정치 체계에 불확실성을 더하며, 이는 나아가 정책 입안 과정과 정책 시행에도 영향을 미친다(오그덴, 2014b:19)"는 점에 주목한다. 힌두교와 이슬람교 사이에 벌어졌던 폭력 사태로 인해 영국령 인도는 1947년 현재의 인도와 파키스탄으로 분리되었다. 오늘날에도 비슷한 분쟁을 곳곳에서 목격할 수 있다. 1992년 12월, 인도 인민당이 아요디아에서 이끌었던 민족주의 및 종교 시위가 힌두교와 이슬람교의 폭동으로 이어졌고 총 1,200명의 사람들이 목숨을 잃었다. 또한 2002년 인도 인민당은 2,000여 명의 사망자를 낸 폭력 사태에 연루되기도 했다. 이와 같은 극단적인 정치적 폭력 행위는 민족주의가 국가의 안보와 외교 정책에 어떤 영향을 미칠 수 있는지 잘 보여준다. 1984년 10월 31일, 인디라 간디가 시크교 경호원에게 피살당했다. 암리차르에 있는 황금사원에서 자치권을 요구하던 시크교 무장 세력을 축출하기 위한 공격 명령을 내린 후였다. 그녀의 아들인 라지브 간디 역시 비슷한 운명을 피하지 못했다. 그는 스리랑카를 둘러싼 타밀족과 신할라족의 요구를 중재하려다가 1991년 5월 21일 자살 폭탄범에 의해 피살되었다. 두 경우 모두 인도 국민회의파의 묵인 아래 대규모 집단 폭력으로 이어졌다.

힌두교 민족주의 정서를 기반으로 하는 인도 인민당은 1990년대 세계화의 물결을 거스르며 급부상했다. 당시 인도가 추진한 시장 주도적 자유주의 경제를 반대했던 이들에게 인도 인민당의 등장은 그야말로 희소식이었다. 인도 인민당은 민족주의가 "현대 사회가 개인에게 너무 많은 것을 요구하는 시기에 특히 유의미한 원칙(킨발, 2002:79)"이라는 점을 앞장서서 보여주었다. 또한 특정 국내적 요인과 구조적 요인에 대한 구체적인 대응 방안으로 가치관과 정체성이 형성된다는 점을 강조했다. 인도 인민당이 추구했던 민족주의는 나라 밖으로도 표출되었다. 1998년 핵실험이 가장 대표적인 예로, 이를 통해 인도는 "권력과 힘, 자신감을 얻었다(오그덴, 2014a:125)." 2014년 정권을 잡은 인민당의 나렌드라 모디는 한발 더 나아가 21세기는 "인도의 세기(고웬&라크슈미, 2014)"가 될 것이라고 공표하기도 했다. 주로 파키스탄과 중국과 관련된 영토 분쟁(제5장 참고)으로 인한 인도의 국토 보존 노력은 국가의 물리적인 자아실현을 원하는 지배계층의 민족주의 성향을 더욱 견고하게 했다. 인도의 민족주의는 또한 반기업 정서를 반영하고 있는데, 그 뿌리는 식민지 시절로 거슬러 올라간다. 전통적으로 반서구 감정과 반미 감정이 강한 인도의 민족주의는 외부 세력이 인도 고유의 가치관과 문화를 위협할 것이라고 여긴다. 또한 이러한 정서는 경제 성장과 함께 확산된다(제4장 참고).

⋮ 정체성, 특이성 그리고 복잡성

중국과 인도 모두 외교 정책의 수립 과정에 다양한 요소가 영향을 미친다. 초창기 지도자의 경험이나 그들이 남긴 선례부터 그들의 정치적 가치관과 원칙, 정치 체계의 상대적 본질과 구조 그리고 근대 사회에 들어 영향력이 공통적으로 늘어나고 있는 관련자까지 여러 가지 점을 고려해야 한다. 이처럼 다각화된 과정은 주로 특정 인물이나 지도자의 주도하에 이루어졌는데, 그 결과 시대에 따라 다른 정책들이 쏟아졌다. 지정학의 바탕이 되는 구조적 본질 역시 정책 방향에 영향을 미쳤다. 두 나라의 외교 정책이 국제 시스템과 보다 밀접하게 연결됨에 따라 재계와 학계, 언론 등 대중적이고 비정부적 의견에 힘이 실리기 시작했다. 이러한 트렌드와는 반대로 인도와 중국 내에서 극히 소수의 정치적 엘리트 계층이 외교 정책과 관련된 주요 행위자 역할을 고수했는데, 중국은 중앙정치국 상무위원회가, 인도는 국무총리실과 국가안보위원회가 이를 담당했다. 그럼에도 불구하고 여론은 여전히 두 나라에서 통치 집단이 정당성을 확보하는 데 중요한 요소다. 중국과 인도의 외교 정책 수립 과정이 이제 한층 더 적극적인 모습을 띠고 있으며 관련자 역시 많아졌다고 볼 수 있다. 그러나 입안 과정은 아직도 납득하기 어려운 경우가 대부분이며 관련자와 구조에 관련한 정보 역시 불명확하거나 허위일 수 있다.

국내적 요인은 상호작용과 선례, 역사를 통해 형성되는 국가적 정체성이 외교 정책과 관련해 국가와 지배계층, 기관이 지향하는 가치관, 원칙, 행동에 큰 영향을 미친다. 그러나 이런 요인들이 모든 국가에 적용되는 것은 아니다. 국가적 특이성에 주목해야 하는데, 이는 특정 국가의 특정 정책이 고유의 경험과 역사적 선례에 의해 결정됨을 뜻한다. 따라서 국가마다 다른 관점으로 접근해야 강대국에 대한 이해를 넓힐 수 있다. 대내외 구조적 요인 모두 매우 중요하다. 인도와 중국의 지도자가 국제 시스템에 대해 어떤 생각을 하느냐에 따라 그들이 그리는 강대국의 꿈도 달라진다. 이렇듯 두 요소는 서로 밀접하게 연결되어 있다. 이러한 통찰력은 각 나라가 서로 영향력을 행사하는 국제관계의 본질을 잘 보여주며 강대국의 정의, 본성, 실현에 있어 국내 요인을 이해하는 것이 중요하다는 점을 강조한다.

앞서 우리는 두 나라의 지도자에 따라 외교 정책 원칙이 어떻게 발달했으며, 외교 정책 과정에 관여하는 관련자와 그들의 영향력이 어떻게 확장되었는지를 살펴보았다. 이를 통해 알 수 있는 점은 중국과 인도가 외교 정책을 인식하고 결정하며 시행하는 방법이 진화하고 있다는 것이다. 양국이 추구하는 목표에는 변함이 없지만, 시간이 지남에 따라 그 수단이 달라지고 있다. 중국 공산당의 경우 지속적으로 정치적 정당성을 확립하고 통치 집단으로서의 중심적 역할을 유지하기 위해 이러한 개념을 활용한다. 균형과 평형을 바탕으로 중화민족의 힘과 발전, 안전을 위한 궁극적인 결정권자로서의 핵심적인 입지를 다지고자 하는 것이다. 이러한 적응력은 공산당이 경제를 앞세워 새로운 정당성을 주장하는 데 도움이 되었다. 인도의 경우 단일 정당의 장기 집권을 추구하지는 않지만, 주요 정치 집단인 국민회의파와 인민당이 전통적인 측면을 유지하면서 꾸준히 변화를 꾀하고 있다. 즉 "인도의 권력 행사 능력은 인도 국민의 자유와 안전을 보장하며 복지를 개선하는 수단이자, 인도의 외교 및 국내 정책의 자주성을 보존하고 강화하는 도구(치오치아리, 2011:63)다." 하지만 "국가는 절대로 역사를 외면할 수 없다. 역사를 잊는다면 과거를 제어할 수 없을지도 모르기 때문이다(래리, 2007:134)"라는 점 역시 기억해야 한다.

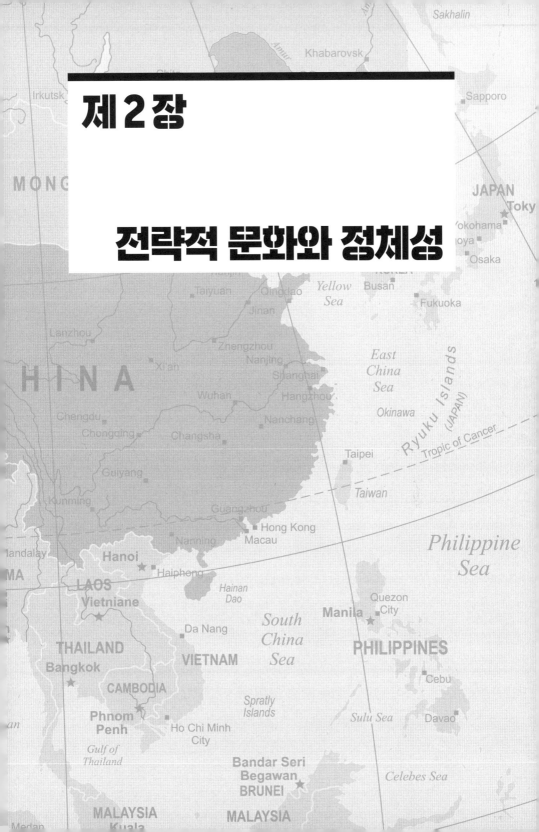

제 2 장

전략적 문화와 정체성

전략적 문화라는 개념은 고정된 구조적 현실주의 해석과 일맥상통한다. 구조적 현실주의는 모든 국가가 획일적인 행위자라고 정의한다. 따라서 특정 국가에만 해당하는 개별적인 정체성과 그 형성 과정은 경시한다. 이와 같은 관념적 해석은 국제관계가 "문화 또는 선입견의 제약을 받지 않는(스나이더, 1977:v)" 방식으로 전개된다고 생각하는 대신 해당 국가의 가치관과 원칙, 행동을 무엇보다도 중요하게 고려한다. 제1장에서 다룬 국내적 요인과 더불어 전략적 문화에 대한 깊이 있는 분석은 외교 정책과 국내 정책 사이의 경계를 강조함으로써 대내외적 측면을 보다 포괄적으로 고려하는 데 도움이 된다. '국가만의 고유한 방식'이라는 개념을 설명한 그레이의 말처럼, 전략적 문화는 "특정 지역을 기반으로 한 안보 공동체에 적용되며 사회적으로 형성되고 전파되는 전제조건, 사고방식, 전통 그리고 선호 운영 방식, 즉 행동"을 뜻한다(1999:51). 이처럼 역사를 통해 생겨나 상호작용을 통해 더욱 견고해지는 국가 고유의 정체성은 다양한 인지적 편향을 압축한 형태라고 볼 수 있다. 그리고 이는 이전 지도자에서 다음 지도자로 전달된다. 역사에 뿌리를 두고 시간이 지나도 고스란히 전해지는 이러한 여러 가지 가정은 국가의 주도하에 퍼져나가며, 사람 간의 교류를 통해 더욱 단단해진다. 즉, "서로 해야 할 일을 하고 해야 할 말을 하면서 우리의 세상을 만든다(오너프, 1998:59)"는 것이고, 이를 통해 국제 안보의 관행을 결정한다.

때문에 인도와 중국에서 외교 정책에 상당한 영향을 주는 전략적 문화 또는 정체성을 살펴볼 수 있는지 확인해야 한다. 두 나라가 중요한 전략적 견해 및 관행을 세우는 데 핵심이 되는 주된 사고방식과 지정학적 상호관계, 역사적 경험에 주목함으로써 먼저 외교 정책의 목표와 그로 인해 얻을 수 있는 이익을 분석할 수 있다. 한층 더 강화된 국제적 입지와 위상은 두 국가에서 공통적으로 찾아볼 수 있는 특징이다. 인도와 중국은 이를 바탕으로 국제 사회에서 더욱 큰 목소리를 내고 있다. 그런 다음 두 나라가 전략적 사고방식을 어떻게 받아들이고 진화시켰는지를 살펴본다. 또한 중국과 인도가 협업을 기반으로 한 일관성 있고 적극적인 방법으로 외교 정책을 추진하고 있는지, 나아가 국제 시스템의 역학관계에 적응하는 데 역사적 경험이 얼마나 큰 영향을 미쳤는지를 알아본다.

: 분석적인 관점

왈츠는 "군사력 또는 경제력만으로는 강대국으로 거듭날 수 없다. 정치적, 사회적, 경제적, 군사적, 지형적 자산을 모두 합해 다른 국가보다 효과적인 방법으로 활용해야 한다(1981:3)"고 말한 바 있다. 국가의 전략적 문화 또는 안보 정체성은 이러한 상호연결성을 가능하게 하며 국력의 관념적 측면과 물리적 측면 사이에 존재한다. 이러한 다양한 요소를 통틀어 대전략이라는 개념으로 정리할 수 있는데, 이는 국익을 달성할 수 있도록 주요 군사적 요소와 비군사적 요소를 효율적으로 통합하는 국가 지도층의 능력에 달려있다. 이러한 전략을 가리켜 대전략이라고 부르는 이유는 단순히 운영 단계를 넘어 "국제적 목표를 달성하기 위한 원칙적 논리이자 매우 중요한 논리(골드스타인, 2005:17)"이기 때문이다. 적극적인 구상은 구조적 단체를 조직할 뿐만 아니라 원하는 대로 국제 시스템에 영향력을 행사할 수 있어 강대국이라는 입지를 구체화하는 데 도움이 된다.

인도의 최초 외교 정책가였던 크리슈나 메논은 대외 활동이 "국제관계라는 분야에서 국내 정책이 반영되는 것에 지나지 않는다(브레커, 1968:4)"고 말한 바 있다. 이러한 관계를 이해한 일부 학자들은 제1장에서 다룬 역사적 특수성과 국가적 신념, 그 외 국내 요인에 주목하며 인도의 현재 전략적 행동의 원인을 분석하기 위해 노력해왔다. 역사를 따라 거슬러 올라가보면 그 끝에 카우틸랴의『아르타 샤스트라』가 있다. 기원전 350년에 만들어진 이 고대 문서는 국정, 경제, 군사 전략과 관련이 있다. 보슈는 카우틸랴를 가리켜 "최초의 위대한 정치적 현실주의자(2002:31)"라고 평가했다. 카우틸랴는『아르타 샤스트라』를 기반으로 외교 정책을 구체화했는데, 각국의 권력에 따라 다른 정책을 적용했다. 또한『아르타 샤스트라』는 하나의 원을 중심으로 관계가 지속적으로 회전한다는 만다라 개념을 내포한다. 네루는 영토 보존과 관련된 결정을 내릴 때 이를 고려한 것으로 알려졌다. 지역적 우월성을 내세우고 제로섬 방식으로 협상에 임하는 인도의 특성 또한 이런 개념을 밑바탕으로 하고 있다(제5장, 제6장 참고). 이 고대 문서는 "국정은 세월의 영향을 받지 않는다(가우탐, 2013:21)"는 점을 잘 보여준다. 그러나 『아르타 샤스트라』와 오늘날 정책을 지나치게 연결시키지 않도록 주의해야 한다. 국내 요인과 구조적 한계는 끊임없이 진화하기 때문이다.

많은 사람이 주로 근대 시기를 위주로 인도의 전략적 문화를 설명하려고 노력해왔다. 핵무기(제3장 참고)와 관련해 전략적 문화는 "대내외 자극에 대한 국가의 대응을 결정하는 중간 구조(바스러, 2001:185)" 역할을 하며 국가 안보 전략에 영향을 미친다. 이 외에도 다양한 철학적, 신화적 배경을 바탕으로 원시 철학과 문화적 가치와 연결되어 있다고 주장하는 의견도 있다. 예를 들어 시간에 구애받지 않는 목표 설정, 이미 정해진 것처럼 인식되는 인도의 입지, 계층적 세계 질서에 대한 믿음 등이 있다(R. 존스, 2006:5). 탄함은 지형과 더불어 과거 인도 문명의 지위, 영국 식민지 시절의 흔적이 모두 큰 영향을 미치는 요소이며, 그 결과 문화적이고 전략적인 하나의 공동체라는 인도의 자아개념이 완성되었다고 설명한다(1992:132). 반면 전반적으로 "확고하고 회유적이며 설교적(S. P. 코헨, 2002:58-65)"이거나 "인지 지도 또는 작전 부호(바즈파이, 1998:162)"로서의 특정 안보 기조를 강조하는 이들도 있다.

전략적 문화는 군사적 관점을 제외하면 중복적이라는 비판을 받아왔다. 특정 문화가 특정 행동으로 이어지는 현상이 반복되면 하나의 문화로 자리 잡게 되므로, 결국 문화가 탄생하는 시작점은 존재하지 않는다. 이를 반박하기 위해 "안보 대책"과 "다른 국가에 대한 반발심 없이는(캠벨, 1992:70)" 자국에 대한 정의 역시 존재하지 않는다는 자국과 타국에 대한 개념에 주목하기도 한다. 국제관계에 대한 이러한 관념적 분석의 중심에는 지식 습득, 경험, 역사, 국내적 요인 등이 있다. 자국 또는 타국이라는 개념은 상호관계적인 교류를 중요하게 여긴다. 인도의 경우 학자들은 국가 수준의 '안보 정체성'을 통해 형성된 인도의 안보 정책을 보다 명확하게 이해하기 위해 주로 정체성과 가치관, 원칙, 규범과 같은 관념적 요소를 강조해왔다. 순환적이고 일시적인 요소의 영향에 집중하고 국내의 이념과 외교 정책을 연결시킴으로써 "안보 정체성은 상호작용과 역사, 문화, 기억을 통해 형성되는 국내 및 외교 정책을 전파한다(오그덴, 2013:244)." 이러한 주장은 인도의 다양하고 폭넓은 규범을 비롯해 정치적 세대가 바뀔 때마다 진화하는 국내 정치, 물리적인 안보, 세계관과 관련된 주요 규범에 집중한다.

중국과 관련한 분석 역시 전략적 문화를 기반으로 한다. 중국의 전략적 문화는 "오랫동안 광범위하게 지속되는 전략적 선호도를 형성하는 상징의 체계(존스턴, 1995:46)"로 정의되어 왔다. 장기적 관점을 바탕으로 존스턴은 중국의 전략적 사고방식의 밑바탕에 폭력적 방어 또는 공격적인 접근보다는 화해와 타협을 기반으로 전략을 우선시하는 유교 및 맹자 사상이 자리 잡고 있다고 주장한다. "상대적 국력에 큰 영향을 받으며 무력을 공격적으로 사용하는 경향(존스턴, 1996:217)"을 뜻하는 패러벨럼parabellum은 이러한 현실주의적 관점과 자유주의적 관점의 조합에 필수적이다. 반면 지도자와 그들의 능력에 따라 달라지는 외교 정책 기조에 주목하는 이들도 있다. 개별적인 단체가 기존의 전략적 문화와 소통하면서 역동적이고 구체적이며 진화를 거듭하는 독특한 본성이 두드러진다는 주장이다. 이는 서구적인 이해와 관점과는 정반대다. 이러한 지속적인 유교적 관점은 무력으로 다른 국가를 지배해 부와 영토, 권력을 손에 넣는 대신 자기 수양과 평화, 국제적 입지 보존에 초점을 맞추는 중국 지도자들의 미덕을 기반으로 한다.

또한 안보 정체성이라는 개념은 최근 들어 중국 외교 정책의 전반적인 기조에도 영향을 준다. 인도에 대한 분석과 마찬가지로 이러한 접근법은 중국 지배계층에 영향을 미치는 경험과 관념을 우선시하는 경향에서 비롯된다. 또한 "안보 정체성이 중국의 외교 및 국내 관계에서 일어난 사건들에 의해 형성되고 구체화되는 과정에서 역사적, 문화적 선례가 미친 영향(오그덴, 2013:243-244)"에 주목한다. 결과적으로 정체성은 "오랫동안 지속된 자아상과 기존의 행동 원칙을 나타내는 렌즈(레그로, 2009:51)"다. 중국 공산당에 속하는 모든 이는 이러한 안보 정체성을 공유하므로, "광범위한 목적과 이를 이루기 위한 수단적 방법에는 암묵적인 합의가 존재하지만, 우선순위와 허용 가능한 위험 요소의 범위에 대한 논의와 갈등은 지속될 것이다(램튼, 2008:25)." 이러한 이유에서 중국의 안보 정책은 지속적으로 변화하면서 외교 정책의 유연성과 복잡성, 중국 공산당의 장기 집권, 아울러 강대국에 대한 관념적 이해에 영향을 미친다.

중앙집권화된 통제의 필요성, 영토 보존, 국제 사회에서의 강대국 입지 등 정체성과 관련된 다양한 규범이 존재한다(오그덴, 2013). 복합적이면서 집단적인 권위주의적 정부는 계급적이고 강력하게 중앙

집권화된 관료 체제를 통해 통치한다. 이는 과거 유교 사상의 황제와 현재 일당 체제를 고수하고 있는 중국 공산당의 공통점이라고 할 수 있다. 대만을 비롯해 남중국해(제5장 참고)의 여러 지역을 다시 통제하기 위한 중국의 노력은 굴욕의 한 세기를 통해 경험한 기억과 밀접한 연관이 있다. 자국 그리고 타국이라는 개념은 이러한 주장을 뒷받침할 뿐만 아니라 "위대한 거국일치라는 문화적 전통, 즉 영구적인 통합이 일시적이고 비정상적인 분열보다 훨씬 더 낫다(X. 우, 1998:149)"는 점을 강조한다. 이러한 관점으로 볼 때 정책 입안자의 경험과 교류가 국제 시스템에 대한 견해에 영향을 미친다는 것 역시 알 수 있다. 종합하자면 중국의 외교 정책을 이루는 여러 다양한 규범은 "중국의 탄생과 보존, 진화를 상징하며 오랜 역사 동안 정치적 관념을 통해 퍼져나간다(오그덴, 2013:262)."

: 자국에 대한 인식

지금까지의 분석을 통해 알 수 있듯이, 중국과 인도의 지배계층은 자국이 강대국이라고 생각한다. 이들은 "국제 정세에서 더욱 영향력 있는 역할을 맡을 자격이 있다고 믿는다. 이러한 목적을 달성하기 위해 국가적 지지와 내부 결속에 힘쓰고 있으며 이는 곧 권력의 원천으로 작용한다(허렐, 2006:2)." 양국은 공통적으로 민족주의적 성향(제1장 참고)을 가지고 있으며 과거의 영광을 재현하고 앞으로의 목표를 이루려고 한다. 모겐소는 국내 그리고 국제 정치에서 "사회적인 입지에 대한 갈증이 사회적 관계를 결정하고 사회적 기관을 형성하는 매우 중요한 요소(1973:69-70)"라고 말한 바 있다. 구성주의적 해석의 경우 다양한 구성원이 존재하는 국제 사회에서 경험과 역사, 규범을 기반으로 이러한 목표를 실현할 수 있다고 주장한다. "각 나라가 국익과 정체성에 대해 가지고 있는 개념은 다른 나라의 외교적 태세의 산물이며 재조정 가능(코프랜드, 2006:1)"하기 때문이다. 따라서 자국에 대한 인식은 쉽게 관찰할 수 있는 통찰력과 인지도, 이해와 국가의 행동 및 교류를 연결하는 필수적 요소로 작용한다.

중국은 기원전 221년에 통일을 이루었다. 하지만 중국의 역사는 침략의 연속이라고 볼 수 있다. 12세기에는 거란족과 여진족이, 13세기에는 몽골족이, 17세기에는 만주족이 중국으로 쳐들어왔다. 때문에 중국 지도자들은 외부의 침략에 민감한 태도를 보여왔다. 서기 589년부터 1643년까지 쌓아 올린 만리장성 또한 지속된 침략에서 비롯된 결과물이다. 더불어 중국은 자국이 다른 국가보다 훨씬 더 우월하다는 민족적 정서를 가지고 있었다. 미개한 야만인들 사이에서 중국만 뛰어난 문명을 뽐내며 우뚝 서 있다고 생각했다. 중국의 지도자들은 실크로드를 통해 중앙아시아 국가들과 속국관계를 유지하고 해상무역을 활용해 동남아시아와 중동 국가들과 속국관계를 형성하면서 중국이 세계 질서 속에서 자급자족할 수 있는 비팽창 국가라고 여겼다. 국가 전반에 걸쳐 이러한 우월성을 공유하고 있었기 때문에 중국 문명이 도덕적, 문화적으로 뛰어나다는 견해가 지배적이었다. 이는 1900년대까지 견고하게 유지된 중화사상으로 이어졌다.

따라서 중국은 자국이 '중왕국'이라는 믿음을 바탕으로 문화적,

문명적 우월성을 표출하고 강력한 패권을 확보하는 것이 당연하다고 생각했다. 이는 곧 국제관계에 대한 비현실주의적 개념을 바탕으로 정체성의 형성과 실현 그리고 지속 과정을 이해하는 데 매우 중요한 요소인 자국과 타국이라는 이분법적인 개념의 근간이 되었다. 이러한 사고방식은 국제 시스템의 계층 구조에서 "중국이 꼭대기에 오르는 것(마켄, 2011:11)"이 지극히 정상적인 일이라는 중국 지배계층의 믿음으로 이어졌다. 수 세기에 걸쳐 이러한 믿음을 바탕으로 한 행동들이 반복되고 주변국 역시 이를 수용하면서 자국이 훨씬 더 뛰어나다는 중국의 인식은 더욱 확고해졌고 마침내 표준처럼 자리 잡았다. 중국의 전략적 정책은 바로 이를 기반으로 하고 있다. 과거 황제들도 이러한 인식을 기준으로 중국의 이상적, 현실적 역할을 이해했다. 그러나 한 가지 주목할 점은 중국의 사상가 공자와 손자 모두 무력 남용이 막대한 손실을 초래하고 조화를 파괴할 수 있으며(마켄, 2011:16-17) 나아가 균형에까지 위협을 가할 수 있다고 경고했다는 것이다.

때문에 굴욕의 한 세기는 중국의 자긍심에 씻을 수 없는 상처를 남겼다. 중국의 우월성은 식민국에 의해 무참히 짓밟혔다. 즉, "서양의 강대국이 중화문화를 받아들이지 않으면서 중국이 세계를 제패하는 데 중요한 토대인 문화의 우월성과 전 세계적인 왕위가 크게 흔들리는(알라가파, 1998b:81)" 결과로 이어졌다. 패권을 장악했던 과거와는 달리 국내 문제에 외국 세력이 더욱 깊이 개입하면서 중국의 지역적 중요성은 크게 약화되었다. 또한 영토와 더불어 정치적, 문화적 자주성마저 침해되었다. 이는 중국이 쌓아온 우월성을 완전히 뒤집으며 지배계층의 세계관을 바꾸었다. 중국은 과거에 야만적이라고 비판했던 일본과 서양 식민국의 외교 정책을 수용할 수밖에 없었다. 오랜 시간 동안 침략과 세력 강화 그리고 평화를 겪어온 중국은 청 왕조(1644~1911년) 말기에 굴욕의 한 세기를 경험하면서 혼돈과 불확실, 불안정의 시기를 맞이했다.

제1장에서 언급했듯이 일당 독재 정치를 펼치고 있는 중국 공산당의 목표는 굴욕의 한 세기와 그로 인한 부정적인 영향을 극복해 국제 시스템 내에서 중국 '본연'의 입지를 확고히 하는 것이다. 이에 따라 자립과 더불어 외교 정책에 있어 절대적인 자주권 확보에 중점을 두어왔다. 바로 "주도권을 손에 쥐어야(리버설, 2004:89)"한다는 마오쩌둥의 말을 따르고 있는 것이다. 중국은 독립적인 국가로 우뚝 서기 위해 1970년대부터 경제 자유화 정책(제4장 참고)을 시행하면서 권력을 개혁해나갔다. 또한 종합적인 국력을 강화하기 위해 노력했다. 이렇듯 서로 다른 힘의 원천을 한곳에 모음으로써 강대국의 물질적, 관념적 힘에 집중했다. 이를 토대로 몇몇 학자는 "엄청난 규모의 땅과 인구, 문명, 역사, 점차 늘어나는 부를 자랑하는 중국이 당연히 강대국의 반열에 올라야(원링&스펑, 2005:49)"한다고 주장한다. 중요한 점은 굴욕의 한 세기가 중국 공산당에 고무적인 시금석으로 작용한다는 것이다. 특히 공산당은 "국가적 모욕을 절대로 잊지 말고 국방을 강화하자(캘러헌, 2006:180-182)"고 장려하며 부정적 역사를 보다 나은 미래를 위해 긍정적으로 활용하고 있다. 따라서 중국이 강대국으로 완벽하게 거듭나야만 중왕국으로서의 정당성을 회복할 수 있다.

역사는 또한 자국에 대한 인도 지배계층의 인식 형성에 막대한 영향을 미쳤다. 이러한 인식은 고대 문명에서 그 뿌리를 찾을 수 있다.

특히 무굴 제국(16세기 중반~19세기 중반)은 절정기에 오스만 제국의 다섯 배에 달하는 크기를 자랑했다. 중국 황실과 마찬가지로 외부 세력의 영향력이 "문화적 융합을 통해 수용되고 동화(말론, 2012:19-20)"되었고, 이는 통합적 다양성과 종교적 포용으로 이어졌다. 1700년 인도는 전 세계 경제 생산량 중 3분의 1가량을 차지했다(매디슨, 2003:239). 당시 인도는 "그 자체로 하나의 세계이며, 문화와 문명이 모든 것을 만들어내고 외국 문물이 흘러들어와 기존 문화에 영향을 미치면서 흡수되는(네루, 1946:62)" 곳으로 간주되었다. 오랜 역사를 거치며 국제 사회 속에서의 존재감이 더해졌고 지배계층 사이에 인도가 "지역적 그리고 국제적으로 전략적 역할과 권력(탄함, 1992:129)"을 행사해야 한다는 인식이 자리 잡았다. 때문에 강대국을 향한 인도의 열망은 자국에 대한 인식과 인도 제국의 역사에서 비롯된다. 또한 외부 세계와의 지속적인 관계와 남아시아에서의 전략적인 중심성도 관련 있다.

인도와 식민 통치국 간의 관계는 영국이 인도를 통치하면서 최악에 이르게 된다. 영국령 인도 제국은 공식적으로 1847년 설립되었다. 동인도 회사가 2세기에 걸쳐 상업적으로 착취를 계속해온 후였다. 이 시기는 인도의 외교 정책에 큰 영향을 미쳤다. 영국 입장에서 인도는 '식민지의 보석'으로, 영국 제국의 핵심이었으며 세계 패권을 확보하기 위한 중심점이었다. 또한 동아시아와 중동을 연결하므로 지리적 전략 위치를 선점하는 데 많은 도움이 되었다. 인도 아대륙을 통해 중앙아시아와 아프가니스탄까지 오갈 수 있었고, 무역 안보를 확보하기 위해 필수적이었던 인도양을 지배할 수 있었다. 이러한 중심성 때문에 많은 나라가 인도를 필요로 하거나 높게 평가했다. 이는 향후 인도가 자국이 당연히 강대국에 포함되어야 한다는 인식의 밑거름이 된다. 커즌 경은 "우리가 인도를 지배하는 한 일등국이 될 수 있다. 그러나 인도를 놓치면 삼등국으로 추락할 것이다. 이것이 바로 인도의 가치다(윌버스, 2011:21)"라고 말한 바 있다. 그뿐만 아니라 영국은 인도가 제2차 세계대전 당시 서쪽으로 세력을 넓히던 일본 제국을 저지할 수 있는 방어벽 역할을 할 것이라고 기대했다.

국제 시스템에서 손꼽히는 우위를 자랑했던 과거의 영광 덕분에 독립 이후 정권을 잡은 인도의 지도자들은 자국이 위대한 문명을 보유했으며 당연히 특별한 대우와 역할, 권한을 가져야 한다고 생각했다. 이러한 주장은 외교 정책이 미리 정해진 운명에 따라 결정되는 것이 아니라 상호주관적인 믿음과 가치관, 기억, 관행에 의해서 완성된다는 구성주의적 견해와도 일치한다. 이러한 관점을 반영하듯 네루는 1947년 인도가 "운명과 약속한 나라로, 인도가 원래의 자리로 돌아간다면 새로운 별이 뜨고 오랫동안 간직해온 비전이 이루어질 것(오그덴, 2014b:37)"이라고 말하기도 했다. 인도는 사회적 인정을 운명이라고 받아들인다. 이를 바탕으로 한 "네루의 외교 정책은 반네루주의적 정치 집단인 인민당에서도 반대하지 않을 정도로 근본적이고 고전적이며 시간이 지나도 변하지 않는다(차울리아, 2002:221)."

인도의 새로운 지도자들은 식민지 시절의 아픈 기억으로 인해 국제 체계에 대한 불신과 모든 형태의 권력정치에 대한 반감을 갖고 있다. 식민지 역사에서 기인한 반서구 정서가 오랫동안 지속되었으며, 확장보다는 방어에 초점을 맞추는 전략적 접근법이 선택되었다.

전략적 자주성을 확보하겠다는 목표 역시 이러한 영향을 받은 것으로, "강대국이 갖춰야 할 필수 조건(브루스터, 2011:831)"으로 간주되어 비동맹, 경제적 독립성, 비폭력이라는 주요 정책의 기반이 되었다. 인도의 새로운 북부 경계선을 따라 커즌 라인과 맥마흔 라인의 경계가 불분명하게 그어짐에 따라 중국과 파키스탄은 영토를 둘러싸고 지속적인 논쟁을 벌이고 있다(제5장 참고). 이러한 갈등은 인도가 꿈꾸는 강대국의 모습을 더욱 강화시켰다. 과거에 다른 나라의 영향력을 큰 무리 없이 받아들였던 것처럼 대부분의 인도 지도자는 자신이 영국령 인도 제국의 후계자라고 생각했다.

강대국이 되고자 하는 열망은 인도 외교 정책의 핵심이자 모든 정당을 아우르는 근본적인 목표다. 또한 지도층의 견고한 믿음이다. 이는 "지구상의 어떤 권력도 이제 기회를 맞이한 신념을 막을 수 없다(M. 싱, 1991:31)"는 인도 지도자들의 성명서에 잘 반영되어 있다. 현재 인도 국민회의파를 대표하는 라훌 간디는 2008년 "더 이상 세계가 우리에게 미칠 영향을 두려워하지 말고 우리가 세계에 미칠 영향을 걱정해야 한다(기리드하라다스, 2008)"고 선언했다. 인도 인민당에서도 "인도는 세계 질서의 가장 높은 곳에서 강대국들과 어깨를 나란히 할 것이다. 인도의 권력은 단순히 힘에서 기인하는 데 그치지 않고 문명적 위대함과 문화적 기여도에서 비롯될 것(골왈카르, 2000:23)"이라며 과거의 영광을 되찾기 위해 노력하고 있다. 특히 인민당은 인도가 힌두 문명을 바탕으로 세계를 제패할 운명을 타고났다고 믿는다.

: 전략적 사고의 적응성

세계 패권을 잡기 위한 국가적 대전략이란 "국제적 제약 속에서 국력을 수단으로 삼아 국익이라는 목표를 가장 합리적으로 추구하는 것(골드스타인, 2005:19)"을 뜻한다. 이 중에서도 자국에 대한 인식과 타국에 대한 인식, 즉 국제 체계 전반 또는 그에 속하는 일부 국가에 대한 인식이 전략적 문화와 안보 정체성에 큰 영향을 미친다. 국제 체계와 구성 국가의 본질에 대한 구성주의적 견해는 또한 "구조적 조건이 국가가 선택할 수 있는 전략에 엄청난 영향력을 행사하지만, 최종 결정하는 것은 아니다(올라팔리&라자고파란, 2013:74)"라는 점에 주목한다. 게다가 안보라는 개념은 더욱 다각화되어 국경과 침략, 정복에서 테러리즘과 무역, 에너지 안보, 초국경적 범죄 등 비전통적인 측면으로 옮겨가고 있다. 냉전 이후 1990년대부터 정치-군사적 조건보다는 정치-경제적 조건이 부각되면서 여러 국가와 관계를 맺는 다자주의가 중요시되고 있다.

제1장에서 살펴봤듯이 1940년대부터 진화한 중국과 인도의 정치적 리더십을 통해 시대에 따라 전략적 사고가 어떻게 적용되었는지를 알 수 있다. 중국과 인도의 지도자들과 국제 시스템 간의 상호 작용 역시 전략적 사고에 영향을 미친다. 인도가 막 외교 정책을 수립하던 당시 네루는 "다른 누구보다도 해당 시기의 트렌드를 형성하고 구체화하며 이끌었다(아파도라이, 1981:216)." 이상주의와 기존 체계에 대한 불신, 반식민지 정서로 가득 차 있던 네루는 차별화된 전략을 추구했다. 바로 인도의 전략적 자주성을 외친 것이다. 그리고 그

는 1950~1953년 한국전쟁 당시 미국에서 추진한 정책과 1956년 수에즈 위기에 개입한 서방 국가들을 공개적으로 비난했다. 네루는 냉전으로 인해 두 갈래로 나뉜 국제 정세에서 벗어나 인도만의 자주성을 확보하려 했다. 다른 국가를 향한 그의 불만은 "무력 사용보다 도덕적 기준을 중요하게 생각하며 비동맹, 평화적 공존, 무장 해제를 추구하는(우즈 자만, 2006:241)" 인도 고유의 외교 정책에 반영되었다.

1962년 인도와 중국의 심한 갈등은 인도의 현대 외교 정책에 중요한 전환점이 되었다. 무력과 방어 수단 사용을 반대했던 인도는 1962년 패배를 계기로 "하드 파워 또는 군사력 없이 강대국을 꿈꾸는 것은 불가능(네이어&폴, 2003:19)"하다는 점을 깨달았다. 이후 적극적으로 체계의 역학관계 속에서 인도를 '사회화'하는 과정을 거치며 전략적 사고를 재정비했다. 네루의 영향을 받은 이상주의에서 탈피해 보다 현실적인 관점을 지니게 된 것이다. 이러한 태세 전환은 네루의 딸인 인디라 간디가 내세운 현실정치에 빠르게 반영되었다. 이를 바탕으로 인도는 파키스탄 동부를 방글라데시로 독립시킨 1971년 전쟁 이전에 소비에트 연방과 전략적 동맹을 맺었으며 1974년에는 평화적 핵폭발(제3장 참고)을 실행했다. 더욱이 "인도는 남아시아 국가를 둘러싼 갈등과 관련해 외부 세력의 개입이 암시적 또는 명시적으로 반인도적인 시사점을 암시한다면 용납하지 않는다(데보타, 2003:367)"는 인디라 원칙은 1980년대 해당 지역의 무력 충돌로 이어졌다.

이러한 변화가 네루주의 원칙을 완전히 반대하는 것은 아니었다. 하지만 인디라 간디는 이러한 진화를 통해 인도의 외교 정책이 "이상주의와 감상주의를 벗어나 현 상황을 매우 명확하게 인지하고 냉정하게 판단(말론, 2012:9-10)"해야 한다고 주장했다. 따라서 인도의 입지를 한층 더 강화하는 수단으로써의 무력 사용은 이제 충분히 고려 가능한 선택이 되었다. 또한 전형적인 대전략과 비슷한 모습을 갖추기 시작했다. 우리는 인도가 역사적, 영토적, 지각적으로 마주했던 특수한 상황에 주목해야 한다. 이는 곧 "간디의 전략적 인식이 인도의 지정학적 강압에서 비롯된 그녀의 뿌리 깊은 사실주의적 관점과 더불어 관념적 선호도와 성향에 의해 형성(자인, 2009:24)"되었음을 의미한다. 소비에트 연방의 붕괴와 무력 사용에도 불구하고 인도는 비동맹을 고수했다. 이는 국가의 전략적 시각이 발달하는 과정에서 지속성과 변동성을 동시에 추구할 수 있다는 점을 보여준다. 결국 인도는 국력 강화의 수단에는 변화를 주었지만 강대국으로서의 궁극적인 목표는 그대로 유지했다.

냉전이 끝나고 1991년 국제수지 위기 이후 자유경제 도입의 필요성이 부각되면서 인도와 국제 체계 사이의 관계가 급변했다(제4장 참고). 인도는 더 많은 국가와 다양한 범위에서 교류하며 활발한 외교 정책을 펼쳤을 뿐만 아니라 무역과 안보 관계 역시 개선되었다. 또한 냉전 이후 세계 정세는 인도의 지배계층에 새로운 경각심을 일깨워주었다. 가장 두드러졌던 점은 소비에트 연방 체제가 무너지고 비동맹 운동이 확산됨에 따라 인도의 외교 정책 입안자가 새로운 강대국을 찾아야 하는 상황에 놓였다는 것이다. 따라서 냉전 종료는 인도가 "관념적 짐(길보이&헤긴보탐, 2012:62)", 특히 사회주의를 벗어던지는 계기가 되었다. 반면 외교 정책 전반은 훨씬 더 복잡해졌다. 환경, 식량과 물 공급, 인신매매와 마약 밀거래까지 다양한 문제를 고려해야 하는 외교적 상황을 "단순히 군사를 넘어 정치적, 경제적, 사회문화적 측면까지 모두 아우르는 안보(알라가파, 1998a:624)"를 뜻하는 종합 안보라는 개념으로 정리할 수 있다.

1990년대에 접어들면서 인도의 전략적 사고는 특히 정권을 잡은 인도 인민당의 영향으로 보다 실질적이고 단일화되었다. 1998년 핵실험(제3장 참고)은 이러한 인도의 변화를 잘 보여주는 예다. 인도는 핵실험을 통해 "필요하다면 기존의 세계 제도를 활용해 국가의 안보를 보호(오그덴, 2014a:128)"할 의사가 있음을 밝혔다. 비폭력 원칙을 거스르는 것처럼 보이지만, 1998년 핵실험은 인도의 "강대국으로서의 면모를 스스로 재정립(네이어&폴, 2003:231)"한 것이다. 1990년대 말부터 인도의 외교 정책은 하드 파워와 소프트 파워 또는 물질적 권력과 관념적 권력을 모두 개별적으로 고려하면서 권력을 확보하는 '전방위적인 협력'을 기반으로 했다. 군사력을 전쟁보다는 테러리즘과 해적 행위 퇴치에만 집중하고 다자간 관계 형성에 주목했다(제6장 참고). 세계화라는 트렌드 속에서 이루어진 이러한 발전은 인도의 입지 상승에도 유리한 조건을 제공했다.

이렇듯 적응 가능한 전략적 사고는 중국에서도 그 예를 찾아볼 수 있다. 독립 이후 냉전과 그 이후 시기까지 중국과 인도는 상당 부분 비슷한 행보를 보인다. 본질적으로 혁명적 국가인 중국의 경우 "근대화가 진행되면서 국제 사회의 안정에 더 많은 관심을 기울이는 더 큰 권력 국가로 거듭남에 따라 앞으로 전략적 사고와 행동에 변화가 생길 것(X. 우, 1998:143)"이라는 의견이 존재한다. 이러한 견해는 굉장히 상관적이며 안보와 물질적 그리고 그 외 힘을 모두 활용하는 강대국에 대한 이해를 포함하고 있다. 중요한 점은 중국과 국제 시스템 사이에 상관적인 힘의 교환이 이루어진다는 것이다. 국제 사회에 대한 중국의 관심이 높아질수록 세계 지도자들은 "중국위협론이 가져올 사회적, 구조적 변화에 더욱 민감하게 반응(X. 우, 1998:140)" 한다. 인도와 마찬가지로 과거에 행해진 의사소통과 기억을 바탕으로 이러한 교류의 구조가 형성된다.

중국 공산당의 혁명적인 특성과 중화인민공화국이 탄생하기 전에 내전으로 얼룩진 수 세기의 역사를 반영하듯, 마오쩌둥은 군사력을 중요시했다. 그렇기 때문에 그는 '인민 전쟁'이라는 굳건한 믿음을 가지고 있었다. 인민 전쟁은 "재래식 작전으로의 전환이 가능할 때까지 전투력을 향상하는 데 있어 무기보다는 사람의 역할과 국민적 지지, 게릴라 작전을 강조했다(블라스코, 2012:15)." 이는 곧 다른 국가로까지 사회주의 혁명을 전파할 수 있는 진취적인 수단으로도 여겨졌다. 마오쩌둥의 전략적 사고에는 '총력전'이라는 개념과 "중국의 모든 자원을 활용해 강대국과의 갈등과 피할 수 없는 핵충돌(란티네, 2013:86)"을 위한 준비 또한 포함되어 있었다. 초반에는 중국의 존재를 위협하는 적수로 미국을 견제했다. 군사적 수단은 굴욕의 한 세기 이후 국가적 회복과도 관련 있으며, 중국의 지도자들은 자주성과 자립성을 확보하고 장기간 목표를 유지하기 위해 노력했다.

1970년대 말부터 지속된 개혁의 시기 동안 중국의 지배계층은 "중국의 이익을 최대한 추구하는 동시에 반사회주의적인 영향력은 차단하면서 이미 자리 잡은 국제 경제 질서에 적극적으로 참여(가버, 1992:180)"하기로 결정했다(제4장, 제6장 참고). 이를 위해서는 지역적 안

중국 인도

정성을 유지해야 했고 주로 소비에트 연방을 주적으로 삼는 '한정 전쟁'과 '국지전'의 방향으로 전략적 사고를 수정해야 했다. 그 결과 중국의 목표가 국제 사회 또는 핵무기와는 멀어지면서 그 영향력은 줄어들었으나, 이러한 노력은 예전보다 훨씬 더 전문적으로 추진되었다. 이는 또한 중국의 국가적, 국제적 관심 사이의 경계가 점차 불분명해지는 결과로 이어졌다. 그러나 공산당의 정당성을 강화하고 원하는 입지까지 도달하기 위한 노력은 일관적으로 유지되었다. 중국이 가지고 있던 대전략의 주요소에는 변함이 없다는 점이 드러나는 대목이다. 장쩌민과 후진타오는 더욱 광범위한 방어와 무역, 에너지 안보 등과 관련 있는 자산 보호에 초점을 맞췄다. 덩샤오핑의 전략에서 한발 더 나아가 '근대 첨단 기술을 활용한 국지전'을 고려한 것이다.

냉전이 막을 내리면서 국제 사회의 구조적 상황도 변했다. 이는 중국이 경제적 발전과 다자간 관계 형성에 더욱 매진할 수 있는 토대가 되었다. 국가 간의 직접적인 갈등이 일어날 위험이 줄어들었고 러시아와 베트남 등 일부 국경 논쟁을 해결하기 위해 '평화 배당금' 제도가 도입되었다. 또한 인도와 같이 강등되는 국가도 있었다. 강대국 사이에 직접적인 마찰이 줄어들자 더 이상 관념적 견해를 강압할 필요가 없었다. 급팽창한 중국의 경제적 영향력을 바탕으로 세계화는 "중국 외교 정책에 새로운 생각을 더하는 주요 요소(덩, 2008:62)"가 되었다. 그뿐만 아니라 중국은 세계화를 적극적으로 수용했으며 전방위적인 작업을 통해 보다 다면적인 정책을 채택했다. 중국은 국가의 이익을 보호하기 위해 종합 안보를 택했다. 그리고 이를 바탕으로 중국의 "급격하게 확장된 국제적 관심은 외교 정책 수립의 대내외적 측면을 변화시켰다(글레이저&메데이로스, 2007:291)."

1990년대와 2000년대에 전 세계를 휩쓴 기술 발전에 대응하기 위해 중국의 전략적 사고는 "정보화 전쟁에서 승리할 수 있도록 정보화된 군대를 갖추는(중국 국방부, 2010:제3부)" 방향으로 발전했다. 도메인 네임 서비스 공격과 위성 요격 프로그램 등 사이버전과 비대칭전의 역할이 부각되었다. 안보와 관련된 국제 사회의 우려에 영향을 받은 시진핑은 테러와 분리주의 그리고 주로 국내에서 일어나는 극단주의를 더욱 경계했다. 공산당 지도층이 느끼는 위협은 곧 구조적 현실로 간주되었다. 지배계층으로 이루어진 박식한 조직과 구조적 혁명이 조화를 이루면서 자국이 안보에 대해 더욱 적극적으로 대응하고 있다는 중국의 인식은 중국이 계속해서 강대국으로 도약하는 데 도움이 되었다.

: 대전략의 흔적

목적의식을 갖춘 주도적인 조직은 국제 시스템의 가장 기본적인 본질에 영향을 미치는 강대국의 필수 조건이며, 대전략을 보유하고 있는 국가들의 공통적인 특징이다. 왕지스는 목표와 이를 이루기 위한 수단을 연결시키려면 자국에 대한 인식이 필요하다면서 "국가의 대전략은 다음의 질문에 답할 수 있어야 한다. 국가의 주요 관심사는 무엇인가? 이를 위협하는 외부 요소는 무엇인가? 그리고 이를 보호하기 위해 지도층은 무엇을 할 수 있는가?(2011:68)"라고 설명한 바 있다. 국가의 국제적 행보에 대한 외부 인식 또한 영향을 미치는 만큼, 대전략을 실현하는 데 있어 자국의 인식과 타국의 인식 간의 상호작용이 중요하다. 핵심 비전과 목표를 고심해서 결정해야 하는 지도층은 자국이 처한 상황과 보유한 능력을 명확하게 이해해야 한다. 그래야 "국가가 포함된 국제 사회와 자국의 역량으로 인해 발생한 한계를 잘 고려해 국익을 실현(골드스타인, 2005:14)"할 수 있다. 중국과 인도에는 근대 사회에서 여러 종류의 힘을 동시다발적으로 활용함으로써 '종합적인 국력'을 축적하기 위한 노력이 더욱 중요하다.

본질적으로 다채로운 중국의 대전략은 "중국이 경제적, 사회적, 정치적 발전을 꾀할 수 있는 안보, 경제, 정치 환경을 조성하고 유지(원링&스펑, 2005:48)"하려는 목표를 바탕으로 한다. 내부 근대화와 국제적 입지, 공산당의 존재감과 정치적 통제를 확대하기 위해 중국이 냉전 이후 추구했던 대전략은 전략적 문화와 안보 정체성과 불가분한 연관성을 가지고 있다. 이와 관련해 분석가들은 네 가지 원리를 제시했다. 바로 갈등을 방지하고, 종합적인 국력을 확보하며, 점진적으로 성장하고, 마지막으로 국제적 우월성과 동등함을 추구하는 동시에 안정과 주권을 유지하는 것이다(프리드버그, 2006). 특히 마지막 원리와 관련해 "대전략은 파푸아뉴기니와 같은 국가가 아닌 강대국이 누릴 수 있는 특권이다(램튼, 2008:25)"라는 설명을 통해 강력한 입지와 예외성이 얼마나 중요한지 알 수 있다. 지형적 상황 역시 대전략에 영향을 미칠 수 있다(제5장 참고). 3만 6,500킬로미터에 달하는 넓은 영토를 가진 중국은 총 14개국과 국경을 마주하고 있다. 이러한 물리적 특성과 더불어 일본과 러시아, 인도와 같이 주변에 자리 잡은 강대국 그리고 근접 지역의 안보에 막대한 영향력을 행사하는 미국 또한 고려해야 한다. 이러한 점으로 미루어 볼 때 비팽창 접근법이 필요하다. 중국이 계속해서 주변국에 영향력을 행사해야 한다는 믿음은 1950~1953년에는 한국, 1962년에는 인도, 1979년에는 베트남에 군사적으로 개입한 점에서 엿볼 수 있다.

이러한 자의식은 최근 국제 시스템에서 부각되고 있는 중국의 행보와도 밀접한 관계가 있다. 특히 눈부신 경제 성장(제3장, 제4장 참고)과 점차 늘어나는 군사력, 엄청난 인구수를 바탕으로 지도층은 잠재적 라이벌의 위협을 최소화하면서 세력 확보와 근대화라는 두 마리 토끼를 잡으려 하고 있다. 몇몇 분석가는 이런 '계산적'인 정책을 "내부적인 경제 성장과 안정, 우호적인 국제관계, 군대 현대화와 더불어 무력 사용 자제, 국제적으로 비대칭적인 이익 추구를 강조하는 실질적인 접근법(스웨인&텔리스, 2000:97-98)"이라고 평가한다. 권력의 다양한 측면이 서로 맞물려있는 다갈래 접근법은 세대를 거치며 관찰되어온 공산당의 적응 가능한 전략적 사고의 전형적인 예다. 또한 늘어난 시장 접근성, 취약성을 줄이기 위해 경제 성장이 뒷받침하는 더딘 군사력 증강, 점차 확대되는 외교적 그리고 정치적 영향력, 영토 분쟁을 해결하기 위해 무력 사용을 자제하고 주변국과 완만한 관계를 유지할 수 있는 정책 도입, 대내외 위험 요소 차단 모두 대전략을 좌우하는 요소다. 특히 마지막 요소는 통일된 중국을 완성하기 위해 대만을 재흡수하는 과정에서 목격되었다. 중국은 일본이라는 외세의 침략으로 인해 잃어버린 영토를 되찾는 행위를 수정주의가 아닌 보수주의적인 시도라고 생각한다(프레이블, 2008:127). 남중국해를 둘러싼 분쟁에서도 중국은 같은 입장을 고수하고 있다(제5장 참고).

중국에 중요한 점은 전략적 우선순위와 목표가 대전략을 선언하는 정책 문서에 명시되는 것, 나아가 다른 강대국과 동일한 행동을 취하는 것이다. 특히 미국에 견줄 만한 영향력 확보가 관건이다. 1990년대 중반, 중국은 새로운 안보관을 발표했다. 주로 "냉전 시절의 사고를 버리고 새로운 관점으로 평화 수호를 위한 새로운 방법을 찾는 것이 매우 중요하다(중국 국방부, 2004)"는 내용이었다. 1950년대 저우언라이가 발표한 '평화공존 5원칙'은 이러한 정책의 핵심에 자리 잡고 있다(제1장 참고). 또한 중국이 영토 보존과 불가침, 불개입, 평등성과 상호이익이라는 전략적 목표를 지속적으로 추구하고 있음을 명확하게 보여준다. 새로운 안보관은 호혜를 통한 공동 번영을 위해 설립된 기존의 국제 경제 및 금융 기구를 개혁하고 보완하기 위한 목적을 가지고 있다. 또한 새로운 안보관을 통해 중국은 비확산 국가로서의 입장을 유지하고 동맹국이 아닌 유엔을 비롯한 안보 공동체에 초점을 맞추고 있다. 이러한 요소들은 "역사가 증명하듯, 무력은 갈등과 분쟁을 근본적으로 해결하지 못하며, 무력 또는 무력 사용에 대한 협박을 기반으로 하는 안보관과 체계는 영원한 평화를 가져올 수 없다(FMPRC, 1996)"는 중심 원리에 잘 반영되어 있다. 관념적 그리고 물질적 힘을 연결시키는 새로운 안보관은 "앞으로의 국제 행보를 위한 국가적 틀을 마련하는 것과 같다(골드스타인, 2001:835)"고 할 수 있다. 지배계층에 의해 주기적으로 강조되고 언급되고 있으며 2015년에는 '아시아 안보관'으로 수정되기도 했다.

중국 공산당이 주기적으로 간행하는 국방부 백서에서도 대전략을 살펴볼 수 있다. 백서의 핵심 단서는 대내외적으로 "국가의 수권과 통일을 수호하고 사회적 조화와 안정을 유지하며 끊임없이 종합적인 국력을 향상하는 것(중국 국방부, 2010)"과 관련 있다. 또한 백서는 중국 민족주의의 대들보 역할을 한다. 중화인민공화국의 완전한 통일을 이루고 내부 안정성을 확보하며 군사력을 증강하는 것도 포함된다. 이러한 사고는 "내부적으로는 조화와 발전을 추구하고 외부적으로는 평화와 발전을 목표로 삼으면서 중국의 발전을 전 세계 발전과 결부(중국 정부, 2005)"함으로써 국내적 측면과 외부적 측면을 서로 연결한다. 2014년 5월 발표된 국가 안보 블루북은 국내 안보를 위협하는 주요 사안으로 테러와 극단주의, 분리주의를 꼽고 환경, 강대국 정치, 중국의 해상권과 영토권(M. 첸, 2014)을 강조했다. 종합적으로 보자면 중국은 "세계 정세에서 패권을 장악하거나 우세함을 드러내려는 것이 아니다(정, 2004:24)"라며 자국의 핵심 목표는 평화적인 발전이라고 주장해왔다. 그러나 일각에서는 이러한 대전략은 미국이 최강국인 현 정세에만 적용될 수도 있으며(골드스타인, 2005:38) 이 전략이 정말로 투명하고 신중하며 진정한지에 대한 의구심을 표한다.

앞서 설명한 바와 같이 인도는 명확한 이해와 우선순위를 가진 나라다. 또한 외교 정책을 수립하고 시행하는 과정에 안보 정체성 또는 전략적 문화와 같은 여러 규범이 영향을 미친다. 그럼에도 불구하고 대전략이 부재하다는 의견이 지배적이다(킬나니 외, 2012). 이를 해결하기 위한 노력도 진행 중이지만, 인도는 여전히 하나의 목표를 이루기 위해 다양한 힘의 원천을 명시하는 미리 정해진 전략적 전망이 없는 상태다. 이를 위한 과정 역시 공식 백서를 통해 발표 또는 수정, 진전되지 않고 있다. 즉, 강대국으로 거듭나겠다는 원대한 꿈은 민주주의를 바탕으로 한 근대 인도가 꾸준히 유지해온 전략적 목표임은 분명하지만, 이를 이루기 위한 구체적인 방법이나 수단은 즉석에서 결정되거나 일관성이 부족하다. 따라서 외교 정책 수립 과정이 아직은 미성숙하며 세련되지 못하다고 할 수 있다.

학자들은 이러한 대전략의 부재가 여러 요인에서 비롯되었다고 설명한다. 일부는 능동적인 전략 수립을 금지하는 힌두 문화에서부터 시작된 결핍(탄함, 1992:134)이라고 주장한다. 반면 인도가 진정으로 자주권을 확보한 것은 1947년으로 대전략이 완성될 시간이 부족했다고 지적하는 이들도 있다. 인도의 존재 자체가 상당 부분 불확실하므로 "인도는 미래뿐만 아니라 과거까지도 예측 불가능한 국가(도니거, 2009:688)"라는 해석도 있다. 이는 역사에 대한 경험, 기록 그리고 그 활용이 상황에 따라 달라질 수 있다는 점을 보여준다. 이 외에도 국내의 정치적 구조와 군사력 쇠퇴가 효과적인 대전략의 형성을 저해한다는 주장도 있다(길보이&헤긴보탐, 2012:63). 인도의 외교 정책 수립 구조에 전략적 사고가 제도화되어 있지 않기 때문에 전략적 지도층을 동원하거나 국가 자원을 최적으로 활용하지 못하고 있다. 이와 관련해 일부에서는 "외교 정책과 국가 안보를 향한 인도의 접근법에 일관성이 조금이라도 있다면 그것은 외교적 우선순위를 고려해 전략적 비전을 수립해야 하는 정책 입안자의 무능과 회피다(팬트, 2011b:20)"라며 맹렬한 비난을 퍼부었다. 비슷한 맥락의 외부 비판으로 "인도는 과거에도 그리고 앞으로도 뛰어난 잠재력을 가지고 있다

(우즈 자만, 2006:231)"는 샤를르 드 골의 의견이 있다.

이러한 관점과는 반대로 이번 장을 통해 알 수 있듯이 인도의 외교 정책이 진화하고 있음을 보여주는 신호도 있다. 특히 냉전 시기 국제 시스템의 역학관계에서 주로 소극적인 태도를 보였던 것과는 달리 냉전 시기 이후에는 보다 주도적이고 신중한 외교 정책을 펼치고 있다. 중요한 점은 "전략적 문화가 의미 있는 전략적 행동으로 이어진다(그레이, 1999:52)"는 것이다. 이는 국가의 외교 정책 방향에 일관성을 더하며 궁극적으로 대전략의 토대가 될 수 있다. 인도는 오랫동안 지속된 전략적 규범이 뿌리 깊이 자리 잡은 나라다. 따라서 인도 외교 정책의 바탕에 지속성이 깔려있다. 다시 강대국의 반열에 오르기 위한 노력에는 여러 가지가 포함된다. 평화주의와 다극성은 지지하고 패권주의는 지양해야 하며, 평등한 국제 시스템을 추구하고 내부 발전과 국제적 입지 향상을 위해 무역을 늘려야 한다. 또한 무역과 에너지 안보를 확보할 수 있도록 군사력을 증강해야 한다. 마지막으로 이런 목표를 모두 이루기 위해 지역의 안정을 꾀해야 한다.

인도의 전략적 규범과 원칙은 이제 막 서서히 융합되고 있다. 이와 함께 이미 잘 정립되어 있는 인도군의 세 가지 군사강령을 고려해야 한다. 2003년 실현된 핵강령(제3장 참고)과 함께 가장 눈에 띄는 강령은 육군의 '콜드 스타트'로, 인도 육군에게 "군사 동원 기간 없이도 적군을 향한 선제공격 등 결정적 공격을 가할 수 있는(길보이&혜긴보탐, 2012:149)" 권한을 부여했다. 더욱이 역대 총리들은 지역의 안보와 관련한 다소 편협하고 구체적인 강령을 수립해왔다. 인디라 독트린과 구지랄 독트린이 그 예다(제5장 참고). 또한 만모한 싱 독트린은 경제력과 인도의 상대적 입지를 연결시켰다. 이러한 이유로 몇몇 이들은 인도가 "독립적 선택권을 보호하고 국제 상황을 유리하게 활용하는 적극적인 대전략(메논&쿠마, 2010:174)"을 서서히 수립하는 중이라고 주장한다. 인도가 계속 부상함에 따라 전략적 정체성과 비전 그리고 야망을 표명하라는 압박 역시 증가하고 있다. 따라서 인도는 지난 10년간의 중국의 행보와 비슷한 길을 선택할지도 모른다. 마지막으로 강대국의 본질과 행동 방식 그리고 가장 결정적으로 다른 국가의 인식이 중요한 역할을 한다. 일부 학자는 "국제 정세 속에서 강대국 역할을 하고자 하는 국가라면 외교 정책에 대한 개념이 없어서는 안 된다(강글리, 2010:11)"며 인도는 강대국이 갖춰야 할 필수 조건 중한 가지를 충족시키지 못한다고 주장한다. 이와 반대로 인도는 다소특별한 사례라는 의견도 있다. 인도 외교 정책은 전통적으로 권력정치를 펼친 다른 강대국의 규범적인 행동에서 벗어나므로 일반적으로 패권을 확보하는 경로를 따르지 않는다는 주장이다.

: 원칙, 대응 그리고 전략적 비전

이번 장에서 살펴봤듯이 "전략적 사고는 늘 특정 역사적 전통과 국가의 문화적 전통을 기반으로 하며, 전략가는 늘 특정 문화적 관념과과거의 문화적 콤플렉스의 영향을 받는다(펑&야오, 2005:31)." 상호작용과 경험을 바탕으로 대내외적 요소를 함께 활용함으로써 국가는관념적 선례와 양식 그리고 예상을 형성하는데, 이는 외교 정책 방향을 좌우한다. 사회심리학적 환경은 국가 간 관계에 있어 위협과 이익 그리고 입지와 관련된 인식에 영향을 미친다. 자국 대 타국이라는 개념과 그로 인한 조화 또는 의견 충돌은 다른 국가들이 서로를 바라보고 이해하는 데 인식이 중요한 역할을 한다는 것을 보여준다. 이러한 인간이 만들고 구상한 정체성 바탕의 외교 정책 분석은 "무정부는 곧 국가가 만든 것이다"라는 웬트의 사회구성주의적 견해(1992)와 일맥상통한다. 또 중요한 점은 만약 이러한 인식이 부정적이라면 그로 인한 "불신과 의심은 부식을 야기할 뿐만 아니라 더 큰 불신으로 이어지는 태도와 행동을 부추긴다(리버설&왕, 2012:vi)"는 것이다. 특히 중국과 인도에 대해 다양한 부정적 시각이 존재할 수 있다. 따라서 신흥 강대국에 주어지는 역할은 해당 국가의 자아상과 자아개념뿐만 아니라 해당 국가의 부상과 등장에 대해 다른 국가가 어떻게 생각하고 반응하는지에 따라 결정된다. 이는 강대국의 본질이 자기지시적이고 상호연결되어 있음을 보여준다.

전략적 사고와 안보 정체성, 대전략을 살펴보면서 우리는 여러 국가로 이루어진 국제 체계에는 규범이 존재하지 않는다고 주장하는 구조적 현실주의의 추측에서 벗어나고자 노력했다. 이를 통해 입지 강화가 "객관적인 물질적 힘의 다양한 분배(레그로&모라비치크, 1999:34)"라는 개념을 넘어서는지를 알 수 있었다. 또한 과거와 현재, 미래에 추진할 외교 정책의 성과, 목표, 역량을 결합하는 관념적 측면이 존재한다는 점 역시 확인했다. 인도의 경우, 아직까지는 대전략이 초기 단계에 지나지 않아 불확실하고 불투명해 보이지만, 인도에만 적용되는 특정 원칙들이 오랫동안 작용하면서 뚜렷한 전략적 목표로 자리 잡았다. 이로 인해 생겨난 전략적 비전은 여전히 진화하고 있으며 이를 일관성 있게 추구하는 방법과 인도 지배층의 학습 그리고 자기 인식 형성 과정 역시 진행 중이다. 근대화적이고 탄력적이며 유동적인 대전략을 보유하고 있는 중국 또한 세대 간 리더십이 국가적 진화를 이끌고 있다. 국제적 그리고 체계적 변화 역시 마찬가지다. 외부적인 정책 목표를 달성하기 위해 명확한 틀 안에서 모든 국력을 활용하고 있는 중국은 강대국의 노련함을 보다 적극적으로 수용한다. 그리고 인도가 그 뒤를 바짝 뒤쫓고 있다.

양국의 외교 정책 성향에는 각기 다른 원칙이 자리 잡고 있는데, 이러한 원칙이 독립적이라는 점에도 주목해야 한다. 중국을 예로 들면, 대만을 비롯해 국경을 둘러싼 위협은 영토 보존뿐만 아니라(제5장에 나와 있듯이) 중국 내부의 안정성과 국제적 입지와도 연관이 있다. 카슈미르와 관련된 문제와 더불어 인도의 영토적, 정치적, 관념적 의미 역시 비슷한 관점으로 바라볼 수 있다. 이와 같이 광범위한 상호 연결성은 관념에 의존하는 국제관계의 복잡성을 보여주는 동시에 외교 정책의 다양한 측면을 하나로 묶는다. 이는 자연적인 과정으로 국가중심적인 명확한 분석을 가능하게 하고 관념적 측면이 물질적 요소에 미치는 영향을 강조한다. 또한 정체성을 기반으로 하는 접근법을 통해 구체적인 분석을 도출할 수 있다. 전통적인 물질적 기반에도 이를 적용할 수 있는데, 이어지는 제3장에서는 군사력과 핵무기 보유와 관련된 내용을 살펴본다.

제 3 장

군사력과 핵 문제

국제관계의 전통적 이론 중 하나인 군사력 증강은 강대국의 필수 요소로 여겨진다. 국제 체계가 가장 중요하다고 믿는 신사실주의적 견해를 바탕으로 "한 국가의 효율적 권력은 궁극적으로 군사력의 기능에 달려있다(미어샤이머, 2001:55)"는 주장도 존재한다. 적을 상대로 거리낌 없이 무력을 사용하겠다는 것은 곧 이로 인해 사상자가 발생할 수 있다는 사실을 받아들인다는 것이다. 이러한 견해는 우월성과 통제를 향한 선천적인 욕망과 물질적 하드 파워를 결부시킨다. 또한 "강대국은 위협을 받는 위치가 아니라 위협을 가하는 위치(럿왁, 1996:26)"이므로 다른 국가의 행동을 주도적으로 바꾸겠다는 의지를 반영한다. 강대국이라는 입지를 이루고 다지는 데 물질적 역량의 중요성을 재확인하는 것 외에도 현실주의적 관점은 국가 간의 권력은 상대적이고 계층적이라는 점에 주목한다. 따라서 국가 간에 권력 이동이 발생하면 국제 체계 내에서 상대적인 힘이 재분배되므로 불안정과 갈등이 생길 수도 있다는 것이다.

이러한 주장은 입지와 야망과 더불어 두려움과 위협과 관련된 군사 안보에 대한 인식을 분석함으로써 국가의 군사력이라는 의미에 내재된 관념적 측면에 주목한다. 이전 장에서 우리는 전략적 문화와 안보 정체성을 살펴봤다. 하드 파워인 군사력을 강조하는 견해는 전쟁을 일으키거나 경험한 적이 있는 국가에 한해 그 중요성이 더욱 부각될 가능성이 있다. "정권이 형성되고 나면, 정권이 성장하는 과정에 처음부터 도움이 되었던 기본적인 인과적 변수를 다시 돌이켜(크라스너, 1992:38)"보기 때문이다. "가장 선호하는 연장이 망치인 이에게 모든 문제는 못처럼 보일 수 있다(리, 2013:392)"는 점에서 이러한 해석은 국가가 국제 시스템과 그 구성원을 어떻게 바라보는지에 영향을 미친다.

이번 장에서는 군사력과 관련해 중국과 인도의 외교 정책 입안자가 어떤 태도를 취해왔는지 살펴본다. 또한 양국에서 사용하는 무력과 국제관계에서 핵무기가 차지하는 역할을 알아본다. 특히 핵무기가 상호 간의 자치권과 자급성을 증명하는 신호이자 기술적 진보와 입지를 보여주는 도구로 어떻게 활용되는지를 분석한다. 인도는 1950년대부터 군사력 증강을 삼갔고 중국 역시 비슷한 시기에 대중 동원에 주력했음에도 불구하고 두 국가의 군대 현대화는 강화된 영향력을 나타내는 척도라고 여겨진다. 중국과 인도는 냉전 시기에 주변 지역을 상대로 주기적으로 군사력을 과시했다. 이번 장에서 우리는 오늘날 양국 모두 더 뛰어난 군사적 역량을 갖추었다는 점을 바탕으로 향후 군사력이 강대국의 권력 도구로서 어떤 역할을 할지와 국내의 주요 안보 문제를 제어하기 위해 어떻게 사용될지를 살펴본다. 나아가 중국과 인도가 에너지 그리고 무역 안보를 보장하기 위해 군사적 자산을 사용하는 것과 관련해 확산하고 있는 우려도 살펴본다.

중국 인도

⫶ 군대의 역할

레비의 적절한 발언처럼, "군사 안보는 매우 위협적인 상황에서 우선시되는데, 국제 시스템의 사실상 무정부 상태가 이와 같은 위협적인 상황을 야기한다(1983:9)." 이 책이 다루는 관념적인 해석은 상호작용과 경험에 대한 국가의 인식에 의해 학습된다. 또한 이는 제1장과 제2장에서 논의된 전략적 문화 또는 안보 정체성/가치의 영향을 받는다. 오늘날 다국적 세계에서는 우세한 국가의 행동이 곧 국제적 구조로 자리 잡는다. 만약 강대국이 군사력의 효율성을 신뢰해 '교류의 수단'으로 삼는다면, 군사력은 여러 다른 힘의 원천 중에서도 국제 체계의 공통어가 되는 셈이다. 즉, 대표적인 방식이자 절차가 되는 것이다. 더욱이 일부에서는 강대국이 국제적 갈등을 겪는 경향이 더 크다는 점을 강조한다(브롬몰러&카슨, 2011). 따라서 공격적이든 방어적이든 무력 사용이 정상적인 행위로 간주된다. 나아가 군사력에 주어지는 본질적인 의미, 특히 목적과 의도된 결과 면에서 군사력이 뜻하는 바가 중요하다. 비물질적 요소 또한 물질적으로 세력이 약한 국가를 상대로 이룬 승리에 영향을 미칠 수 있으므로, "실질적 자산의 균형을 결과와 동일시할 수 없다(미어샤이머, 2001:58)."

전후 사정 또한 중요하다. 군사력과 더 폭넓게 기능하는 국제 시스템 사이의 관계는 주로 약한 갈등으로 얼룩졌던 18세기의 "서로 잡아먹고 잡아먹히는 치열한 세력 균형 정치(브롬몰러, 2012:70)"에서 20세기로 접어들면서 더 위급하고 오래 지속되는 세계 전쟁으로 변화했다. 그리고 최근 비전통적인 위협의 증가와 비국가 행위자의 테러 가담, 더욱 심각한 내전과 핵확산으로 이어지는 추세다. 사회정치학적 구조 변화는 군사력의 중요성을 다시 강조하는데, 요즘에는 무역과 에너지 안보도 이에 포함된다. 이러한 발전은 강대국의 책임 지각도 바꾸었다. 강대국은 상대적으로 약한 국가보다 외교 정책의 어젠다에 더 큰 관심을 기울이기 때문이다. 따라서 시간이 지나고 중국과 인도라는 새로운 강대국이 등장하면서 새로운 역사가 쓰이고 있다. 또한 인도와 중국에 대한 상반된 인식과 두 국가의 '이미지 관리' 차원에서 군대의 유용함과 관련한 새로운 견해가 생겨나고 있다.

중국의 지도층에게 군대는 국제 문제와 관련된 관점을 형성하는 데 있어 문화적으로 중요하게 작용했으며 군사력에 대한 중국 공산당의 인식을 중재하는 역할을 해왔다. 앞서 수십 년간 내전과 세계대전을 겪으면서 형성된 정서를 바탕으로 공산당은 "전쟁이 일어날 가능성과 안보에 가해질 위협을 과대평가했고, 필요할 때만 외교 정책 수단으로 무력을 활용했다. 이로 미루어 볼 때 중국이 다시 무력 사용으로 돌아선 것은 물질적 요인보다는 관념적 요인 때문이다(리, 2013:404)."이런 제로섬 관점을 바탕으로 이 시기 중국의 기본 정책은 평화를 위해 노력하되 전쟁을 준비하는 데 초점을 맞췄다. 특히 권력의 경제적, 환경적, 기술적 측면보다는 제국주의와 식민지주의와 반대 개념인 자립성과 영토 보존, 자주성이 중요시되었다. 이러한 상황 속에서 혁명 이후 중국은 "국제 사회의 보수 세력의 주적으로 인식되었으며 매우 위협적인 안보 상황을 마주했다(리, 2013:393)."

인식과 자의식의 결합에 있어 핵심이 바로 중국 인민해방군의 적극적인 역할이었다. 홍군의 뒤를 이어 1946년에 설립된 중국 인민해방군은 마오주의 '인민 전쟁'에서 특히 중요한 역할을 했다. 또한 한국전쟁(1950~1953년), 인도와의 영토 분쟁(1962년), 소비에트 연방과의 전쟁(1969년)을 통해 강력한 입지를 다졌다. 1949년 이전 혁명투쟁에서 시작된 인민해방군은 국경을 지켜야 한다는 임무하에 그 중요성이 더욱 높아졌다. 1975년부터 중국 인민해방군은 "정치적 기능을 철수하고 '막사로 돌아가라'는 명령을 받았다(블라스코, 2013:27)." 이후 농업, 산업, 국방, 과학과 기술을 아우르는 덩샤오핑의 '4대 근대화'를 통해 개혁을 거쳤다. 덩샤오핑은 인민해방군이 "한껏 부풀어 올라 방종하고 자만하며 사치스럽고 무력하다(램튼, 2008:39)"고 비난했다. 개혁을 통해 중국의 세 군대 모두 20퍼센트가량 축소되었고, 100만 명 이상의 군인이 해산 명령을 받았다. 1979년 베트남전쟁에서 중국이 보잘것없는 성과를 거둔 이후의 일이었다.

　광범위한 체계 내 역학관계는 군대의 역할에 대한 중국 공산당의 견해를 변화시켰는데, 특히 다른 국가의 뛰어난 군사 역량에 대한 인식이 바뀌었다. 냉전 시기 이후 중국의 지도자들은 1991년 걸프전쟁 동안 미국이 보여준 압도적인 우세함에 놀랐는데, 특히 최첨단 기술과 '원거리 실행'의 역할에 주목했다. 1996년 대만 해상에 미국의 항모전대 2대가 모습을 드러낸 이후 1999년 코소보전쟁, 2003년부터 계속된 아프가니스탄과 이라크 작전을 통해 중국은 해상과 공중, 육지에서의 미국의 엄청난 위력과 지휘, 통제, 통신, 컴퓨터 및 정보 수집을 뜻하는 C4I를 목격했다. 이러한 일련의 사건들은 "전반적인 전투력을 향상하기 위해 새로운 무기 시스템을 통합할 뿐만 아니라 조직과 훈련 방법, 군대 개혁을 위한(위안, 2013:101)" 오늘날 중국의 '군사 혁명'을 탄생시키고 영향을 주었으며 주기적으로 장려했다.

　반대로, 1990년부터 에너지와 자원에 대한 지속적인 탐색, 경제적 자산과 통로의 보호, 국제적인 평화 수호와 반해적 작전에 대한 공헌 등 중국의 국제적 관심은 더욱 커졌다. 이런 모든 분야에서 한층 더 비전통적인 방법으로 중국의 군사력이 활용되었다. 국가 간의 전쟁보다는 조직범죄, 불법 이민, 해적, 테러, 마약 밀매, 환경오염과 같은 공통의 초국가적인 안보 문제를 해결하기 위한 협력에 초점을 두기 시작했다. 이와 같은 맥락과 더불어 중화인민공화국과 국제 시스템의 통합 수준이 깊어지면서 중국 지도자의 관점이 크게 변화했다. 기존의 군사력을 바탕으로 한 세계관에서 벗어나게 된 것이다. 안보 우려가 다각화되면서 다른 국가와 함께 외부 위협을 마주하게 됨에 따라 중국 군대의 역할이 보다 광범위해졌다. 특히 전쟁 이외의 군사작전을 수행하게 되면서 중국 군대는 국내 재난 구조를 포함해 보다 전통적인 기능에서 한 발짝 더 나아가게 되었다.

　이러한 이유로 중국은 군대 현대화에 더 초점을 맞췄다. 이는 국내적인 요인과도 연결되어 있는데, 종합적인 국력을 향상하기 위해 "국가는 경제 발전과 국방 강화를 동시에 고려하기(블라스코, 2013:28)" 때문이다. 1990년부터 매년 9~17퍼센트 오른 중국의 예산은 1988년 183억 달러에서 2000년 400억 달러, 2015년 2,148억 달러로 증가했다(SIPRI, 2016b). 같은 시기 GDP 대비 군사비 지출은 2.5퍼센트에서 1.9퍼센트로 하락했다가 다시 2.1퍼센트로 상승하며 변동을 거듭했다. 정부 지출 대비 군사비 지출 비율은 1988년에 13.7퍼센트, 2000년에 11.3퍼센트, 2015년에 6.3퍼센트였다(SIPRI, 2016b).

더욱 복잡해진 이익관계와 물가 상승, 생활비 증가, 민족주의 팽배 그리고 1998년부터 기업 활동 참여가 금지된 중국 인민해방군을 달래기 위한 노력 때문에 지출이 크게 늘어났다. 이제 중국은 공개된 국방 예산을 기준으로 규모가 세계에서 두 번째로 크다. 그러나 서방 분석가들은 중국이 "국방 예산을 2배 혹은 3배까지 줄여서 발표할지도 모른다(란티네, 2013:83)"는 의구심을 지속해 표출하고 있다. 또한 일각에서는 중국이 더욱더 단호하게 국제적 행동을 취하고 있다고 평가한다. 특히 영토 분쟁과 지역적 문제 있어서 그러하다(제5장 참고). 중화인민공화국은 민족주의, 국내적 요인 그리고 정당성 및 인식에 대한 필요성과 관련된 요소들을 한데 모아 과거의 군사적 성과를 계속해서 자축하고 있다. 특히 1945년 일본을 상대로 거둔 승리가 70주년을 맞이하는 2015년에 중국은 역사적 업적을 기념했다. "중국의 국가적 정체성이라는 개념을 더욱 확고(필립스, 2015)"하게 하고 국가적 자긍심을 높이며 지역적 입지와 근대화 노력을 과시하기 위해 다양한 시도를 하고 있는 것이다.

중화인민공화국 초기 시절 중국 공산당이 군사력 중심의 세계관을 가지고 있었던 것과는 반대로 1947년 인도에 들어선 새로운 지도층은 공격적인 무력 사용을 절대 반대했다. 군대는 정치적 과정에 최소한의 영향력만 행사했으며, 반제국주의와 반식민지주의와 관련된 주요 가치를 비폭력적 방법으로 강조했다. 마하트마 간디와 네루 등 인도의 주요 정치적 지도자들이 가지고 있던 "권력 추구는 또 다른 권력 추구를 유발하고 무력은 무력을 낳는다(바즈파이, 1998:195)"는 핵심적인 믿음에 부합하듯 군사적 수단은 인도의 외교 정책 전망에서 배제되었다. 이러한 접근법은 군대의 존재 이유를 정면으로 반박하는 것이었다. 이와 관련해 간디는 인도 군대의 소령에게 "당신은 내게 당신이 통솔하고 있는 부대에 비폭력이라는 개념을 어떻게 설명하면 좋을지 실재적이고 구체적인 방법을 물었소. 나는 아직도 암중모색 중이오(바스터, 2001:188)"라고 말했다. 비판적으로 보자면 이러한 접근법은 인도의 물질적 약세에서 비롯되었지만, 또한 인도의 도덕적 그리고 관념적 역량을 더욱더 강화하기 위해 선행적으로 추진되었다. 이를 통해 국가적 자주성을 확보하고자 했던 것이다. 네루는 "이 집단 또는 저 집단의 군사력을 두려워해서는 안 된다. 나는 인도를 대표해서 우리가 이 국가 또는 저 국가의 군사력을 두려워하지 않는다는 점을 전 세계에 밝히고자 한다. 우리의 정책은 수동적이지도 부정적이지도 않다(1961:30)"고 천명했다.

시빌리언 파워에 대한 굳건한 믿음을 통해 인도의 지도층은 군사적 의견을 더욱 배제했다. 1962년 중국에 굴욕적으로 패배한 이후 인도는 군사력을 적절한 수준까지 발전시키기 위해 조처했다. 네루는 1963년 공개 성명을 통해 "우리가 이제 군대를 강화하고 군인들에게 필요한 무기와 장비를 최대한 많이 만들어야 한다는 점은 더 이상의 고민이 필요 없을 만큼 명백하다(1963:459)"고 밝혔다. 실제로 1962년의 경험은 수많은 근대화 움직임을 촉발시켰다. 이로 인해 인도의 전략적 사고는 보다 실용적인 성향을 갖추게 되었다(제2장 참고). 이러한 패러다임 속에서 군사력 확보와 활용은 자립성과 자주성이라는 네루주의 개념을 아우르기 위해 재정의되었다. 인디라 간디는 계속해서 군사 동맹을 회피함으로써 "빌린 힘은 진정한 힘이 아니다

(1975:136-137)"라고 주장했다. 인도 국민회의파의 초기 지도자들에 비해 군사력의 필요성을 적극적으로 강조했던 그녀는 인도의 외교 정책에 하드 파워 요소를 주입했으며 군대 현대화 프로그램을 본격 적으로 지휘했다. 반면 반대 정당인 인도 인민당은 훨씬 더 공격적인 세계관을 가지고 있었다(오그덴, 2014a:49-74).

  상황을 막론하고 군사력을 완전히 배제하는 대신 인도 정부는 독립 직후 극심한 고통의 시기에도 외교 정책의 전반적인 과정에서 군대가 일정한 역할을 하게 했고, 따라서 군대의 영향력도 점차 커졌다. 인도 군대는 인도 북서부에 있는 잠무 카슈미르 지역을 두고 파키스탄과 여러 번 영토 분쟁을 벌였다(1947~1948년, 1965년, 1999년). 1971년에는 동파키스탄이 방글라데시로 거듭난 해방 운동에 도움을 주었고, 2002년에는 파라크람 작전이라고 알려진 대규모 군사 대치 상황에도 깊게 관여했다. 지역적으로 보면 1962년 중국과의 전쟁에서 다소 치욕스러운 모습을 보였지만, 이 외에 인도 군대는 1950년 네팔, 1971년과 1987~1990년까지 스리랑카, 1988년 몰디브에서 평화 유지 작전에 참여했다. 내부적으로는 각각 1947년, 1948년, 1961년에 주나가드, 하이데라바드, 고아를 흡수함으로써 영토 합병에 기여했다. 나아가 군대는 북동 지역 전역에 걸쳐 오랫동안 지속된 반내란 그리고 반분리 작전에 함께했다. 1989년 카슈미르와의 분쟁에도 참여했으며, 1970년대와 1980년대 펀자브를 기점으로 한 칼리스탄 해방 운동에서도 전투를 벌였다. 따라서 인도 군대는 오래된 평화주의적 성향에도 불구하고 경험이 많다.

  중국과 마찬가지로 인도 역시 최근 수십 년 사이 안보에 대한 관심이 크게 늘어 무역과 에너지 안보뿐만 아니라 테러, 해적, 밀수, 인구이동, 환경 등 초국가적인 위협과 관련 있는 비전통적인 요소의 영향을 받게 되었다. 1990년대 초부터 서방의 신자유주의적 자본주의가 뒤섞인 경제로 전환하면서(제4장 참고) 이러한 참여의 스펙트럼이 더욱 넓어졌다. 이와 같은 새로운 측면은 자립성의 형태로 진화했고, 동시에 그에 따른 국가적 자주성을 한층 더 강화하고 국제적 입지와 인정을 추구하기에 이르렀다. 힘을 행사할 수 있는 능력이 개선되었다는 것은 곧 국제 정세에 더 깊이 관여할 수 있음을 뜻한다. 이는 정찰, 정밀 타격, 지휘 및 통제 능력의 강화를 골자로 하는 인도 군대 개혁을 촉진했다. 인도의 군사비 지출은 매년 평균 6.3퍼센트씩 증가해 1997년보다 실질 단위 기준으로 두 배 늘어났다. 2015년과 2016년 사이에는 인민당의 나렌드라 모디가 정권을 잡으면서 군사비 증가율이 11퍼센트에 달했다(라드위그, 2015:2).

인도의 전반적인 군사비는 1988년 182억 달러에서 2000년 276억 달러, 2015년 513억 달러로 증가했다(SIPRI, 2016b). 같은 시기에 GDP 대비 군사비가 차지하는 비율은 3.7퍼센트, 3.1퍼센트, 2.3퍼센트였고, 정부 지출 대비 비율은 1988년, 2000년, 2015년 각각 16.1퍼센트, 12퍼센트, 8.7퍼센트였다(SIPRI, 2016b). 특히 마지막 수치는 비슷한 시기 중국의 수치보다 높다. 그러나 같은 시기 인도의 GDP(제4장 참고)가 훨씬 낮기 때문에 현재 두 국가가 지출한 총 군사비에 큰 차이가 있다. 인도가 역량 강화를 목표로 군사비를 늘리고 있지만, 몇몇 이들은 "군대를 현대화하고 무기 시스템을 도입하기 위해 엄청난 돈을 투자하더라도 전반적인 역량이 강화될 수 있는 폭은 제한적이거나 미미하다(라드위그, 2015:7)"고 지적한다.

　다양한 원인이 이러한 관측을 뒷받침하는데, 적절한 현대화의 범위, 현재 프로그램의 더딘 변화, 정치적 그리고 군사적 지도자 간의 협력 부족, 또는 입지와 이미지에 중점을 둔 선진 무기 확보 과정(뒤에 나오는 핵무기 부분 참고) 등이 있다. 앞서 언급한 요소와 관련해 인도는 1999년 국가 안보의 종합적인 검토를 시행했다. 이로 말미암아 육해공을 조정하는 전략사령부와 전략핵사령부가 출범했다. 인도 국가안보위원회는 1998년 11월에 설립되었다. 2000년대 초에는 안다만 및 니코바르 사령부라고도 알려진 육해공 합동사령부(원동해군사령부)가 출범했다. 인도의 지도층은 과거 달성한 군사적 업적을 기리는 데 열중해왔다. 특히 2015년에는 1965년 파키스탄과의 전쟁 승리 50주년을 기념하기 위해 '승리의 카니발'을 개최했다. 국가적 자긍심을 높이기 위해 마련된 이 행사를 가리켜 니틴 고칼리를 비롯한 몇몇은 "많은 사람이 1965년 전쟁을 잊어버렸다. 이는 잃어버린 기억을 부활시키기 위한 노력이다(BBC, 2015a)"라고 말했다.

： 군사력

현실주의 기반의 강대국에 대한 견해는 무력 사용을 노골적으로 강조한다. 원래는 "물리적 힘을 포함해 국가가 목표를 달성하기 위해 선택하는 모든 권력의 균형(왈츠, 1959:205)"을 바탕으로 힘의 균형에 초점을 맞췄다. 그러나 이러한 견해는 지리적 근접성, 전반적인 국력(크기, 인구, 경제력), 공격력과 공격 의도를 포함하는 위협의 균형이라는 개념으로 재정의되었다(왈트, 1995:22-25). 물질적인 하드 파워를 다른 국가를 상대로 어떻게 사용하는지와 관련하여 이러한 구조적 접근법은 공격력과 방어력이라는 두 갈래로 나뉘었다. 재작업을 통해 국가 간의 위협에 대한 인지가 재조명되었는데, 동시에 상호관계적이며 상호의존적이고 상대적인 물질적 능력의 분석에 있어 관념적인 측면을 더했다. 이는 이 책이 담고 있는 중요한 분석적 고려 대상이자 강대국의 버팀목이라고 할 수 있다. 이러한 견해는 국가에만 국한된 것이 아니라 특히 국가들의 집합 표상과 관련해 국제 시스템이 군사력을 어떻게 인식하는지와도 관계가 있다. 진화를 거듭하는 국제 시스템은 냉전 이후로 "초기 시대에 상징했던 무력과 정복(나이, 1990:170)"을 벗어나 부드러운 외교관계 형성에 초점을 맞춰왔다.

현재 115만 명의 활동 병력(라드위그, 2015:27)과 약 210만 명으로 추측되는 예비 병력으로 이루어진 인도 군대의 상비 병력은 중국과 북한 다음으로 전 세계에서 세 번째로 규모가 크다. 여기에 인도 해안경비대와 아삼 소총부대, 특수부대를 포함하는 인도 국방시민군 소속 130만 명의 준군사 부대를 더할 수 있다. 대내외적인 적을 상대로 한 직접적인 전투 경력이 풍부한 인도 군대는 다른 국가 군대와의 합동훈련을 늘리면서 상호운용성을 강화하고 있다. 예컨대 미국, 러시아, 중국, 영국 등 주요 국가들과 이러한 합동훈련을 실시한 바 있다. 아시아에서는 북동 지역에서의 갈등과 카슈미르 반대세력을 상대하면서 축적한 막대한 반테러 경험을 기반으로 방글라데시, 인도네시아, 몰디브, 싱가포르와 합동훈련을 진행했다. 2004년부터 인

중국 인도

도는 베트남, 말레이시아, 싱가포르, 인도네시아와 같은 남동아시아 국가들을 비롯해 호주와 브라질 같은 지역 너머에 있는 국가들과 명시적인 방위 조약을 연속으로 체결함으로써 타국 군대와의 관계를 더욱 굳건하게 유지해오고 있다.

인도는 아프가니스탄과 바레인, 카타르, 싱가포르 군대와 말레이시아 공군을 포함해 타국 군대에 대한 교육 지원을 시작했다. 이보다 더 큰 성과로 2007년 타지키스탄에 설립한 인도 최초의 해외 군사기지를 들 수 있다. 국내 안정을 도모하는 작전 수행 외에도 인도군은 재난 구조와 같은 비전통적인 역할도 하고 있다. 특히 2004년 12월 발생한 쓰나미와 2011년 9월 시킴을 강타한 지진 복구 작업에 참여했고 해마다 반복되는 홍수에 대한 지원도 제공한다. 대외적으로는 유엔 평화유지활동에 가장 많이 기여하는 국가 순위에서 늘 3위 안에 들고 있다. 2016년 6월 기준으로 전체 유엔 평화유지활동의 7.54퍼센트에 해당하는 총 7,700여 명의 병력을 파견했다(UN, 2016b). 2016년 5월 기준으로 유엔 평화유지군으로 활동하다가 목숨을 잃은 인도인은 162명으로 다른 국가들보다 가장 많았다(UN, 2016a).

인도 공군은 총 병력이 17만 명 정도로, 세계 최고 수준의 경험과 역량을 보유한 것으로 평가받으며, 프랑스와 영국을 비롯한 다른 국가들과 해마다 합동훈련을 실시한다. 인도 공군은 현재 전방위적인 개혁을 진행 중인데, 이를 통해 지역적 영향력 향상을 꾀하고 있다. 조직적으로 인도 공군은 지난 10년 동안 적극적이고 성공적으로 활동해온 인도우주연구기구를 포함한다. 또한 달 탐사와 더불어 통신위성과 지구관측위성을 지구 정지 궤도 안으로 발사하는 역량을 개발하는 항공우주 사령부를 2007년 설립했다. 더욱이 인도는 프랑스와 오스트리아, 캐나다, 덴마크, 영국을 대신해 안드라프라데시주 스리하리코타에 있는 우주센터에서 인공위성을 궤도에 진입시키며 상용 서비스 제공자로서의 입지를 다져왔다. 향후 10년 동안 유인 우주선 개발을 목표로 하고 있으며 이미 화성과 달에 탐사기를 보내는 데 성공했다. 이런 노력은 기술적 역량을 강화하는 동시에 국내에서 국가적 자긍심을 높이기 위함이다.

인도 해군의 총 병력은 5만 5,000여 명으로, 지난 10년 동안 전 세계 해상에서 성공적으로 작전을 수행해왔다. 특히 인도양 지역의 안보를 강화해 서아시아(중동)로부터 가스 및 석유를 원활하게 수송하고 해적으로부터 해상 교통로를 안전하게 지키는 것을 주요 목표로 삼고 있다. 인도 해군의 이러한 역할은 이른바 '호르무즈 딜레마'에 대응하기 위한 노력을 포함한다. 호르무즈 딜레마란 호르무즈 해협이 개방되어 있어야 인도가 에너지 공급에 지장을 받지 않음을 뜻한다. 종합적으로 현재 인도의 해군 증강은 지역적 안정을 유지하고 무역을 보호하며 인도의 평화 유지 역량을 강화하기 위함이다. 잠수함과 지원용 군함 보유 측면에서 인도는 인도양 지역에서 가장 강력한 국가다(오그덴, 2014b:43). 미국, 프랑스, 영국, 중국, 호주, 일본, 나이지리아, 모잠비크, 대한민국을 비롯해 국제적 및 지역적으로 중요한 국가들과 브루나이다루살람, 인도네시아, 싱가포르와 같은 동남아시아 국가들과 다양한 대규모 군사 훈련을 정기적으로 실시하고 있다. 무엇보다 중요한 점은 2015년 기준으로 인도가 2대의 항공모함(INS비라트호와 INS비크란트호)을 보유하고 있으며 향후 10년 안에 항공모함을 더 구비할 계획이라는 사실이다. 그렇게 되면 인도는 미국 다음으로 강력한 국가로 거듭나게 된다. 더욱이 인도는 마다가스카르, 모리셔스, 세이셸에 감시 및 감청 업무가 가능한 해군기지를 설립했다.

육군과 해군, 공군을 포함한 전 군대의 현대화 추진 성과를 보여주듯 현재 인도는 사우디아라비아 다음으로 세계에서 두 번째로 큰 무기 수입국이다. 2015년 무기 구입에 들어간 비용은 37억 8,000만 달러로, 전 세계 무기 수입 비용의 13.2퍼센트를 차지했다(SIPRI, 2016a). 1990년부터 2015년까지 종합적으로 살펴보면 인도는 세계 최대의 무기 수입국이다. 총비용이 547억 달러로 전체 매출의 8.5퍼센트에 달한다(SIPRI, 2016a). 2015년에는 전체 무기의 63.8퍼센트를 러시아에서 수입했다. 그다음으로 이스라엘(10.3퍼센트), 미국(9.8퍼센트), 영국(4.5퍼센트), 프랑스(4퍼센트) 순이었다(SIPRI, 2016a). 또한 추가 무기 구입에 대한 협의까지 고려한다면 인도가 앞으로 이 분야에서 세계 최고의 자리를 유지할 것임을 알 수 있다. 현재 인도가 체결한 전투기와 헬리콥터, 상륙함, 잠수함 구입 규모는 총 1,000억 달러 정도다. 인도의 자체적인 무기 생산은 2015년 3,300만 달러에 그칠 정도로 매우 저조한데, 이 중 대부분이 아프가니스탄과 미얀마(각 45.5퍼센트)로 수출되었고 나머지는 수리남으로 수출되었다(SIPRI, 2016a).

중국의 경우 85만 명의 병사를 보유한 중국 인민해방군(IOSC, 2013)이 중국군의 주를 이룬다. 총 병력은 148만여 명으로 현재 세계에서 가장 규모가 큰 군대라고 볼 수 있다. 또한 51만 명의 예비군과 중국 인민무장경찰 소속 병력, 약 800만 명으로 추정되는 민병대 병사가 외부 침략 시에 동원된다(블라스코, 2013:28-31). 중국은 의무 병역제를 도입하고 있지만, 지원율이 높아 군 복무가 강요되는 경우는 없다. 2015년, 시진핑은 인민해방군을 2017년까지 30만 명가량 줄이겠다고 발표한 바 있다(BBC, 2015d). 지난 35년 동안 특별한 무력 충돌이 없었던 데다가 전투 경험이 거의 없는 인민해방군은 군대 현대화를 거치며 2002년부터 합동군사훈련의 기회를 적극적으로 모색하고 있다. 주로 반테러 작전, 광범위한 안보 및 재난 구조 활동 위주의 소규모 훈련을 실시하는데, 러시아와 중앙아시아 국가와 가장 많이 협업하며 이 외에 파키스탄, 인도, 몽골, 태국, 싱가포르, 가봉, 루마니아, 터키, 페루, 탄자니아, 프랑스, 일본, 미국과도 합동훈련을 진행하고 있다. 합동훈련의 수는 점차 늘어나 인민해방군의 육군과 해군, 인민무장경찰은 다른 국가의 군대와 2011년부터 2012년까지 총 30번의 훈련을 실시했다(블라스코, 2012:207). 중국은 또한 유엔 평화유지활동의 주기적인 기여국으로, 2016년 6월 기준으로 12번째로 많은 병력을 파견했다(2,645명 또는 2.59퍼센트). 유엔 상임이사국 중에서는 중국의 파견 비율이 가장 높다(UN, 2016b).

중국이 계속해서 현대화를 추구함에 따라 내부 통제와 국경 주변에 대한 접근 제한, 지역 전투력 투사와 같은 활동이 더욱 중요해졌다. 중화인민공화국의 군사력은 전반적으로 상당히 부족한데, 몇몇은 "우리와 선진국 간의 격차는 적어도 20~30년 정도(블라스코, 2013:35)"라고 지적하고 있다. 2010년, "해군은 26퍼센트, 공군은 25퍼센트, 공군 방어부대는 40퍼센트 정도만 현대화(블라스코, 2013:35)"되었다. 국방 예산 수치를 넘어 국가 간의 상대적인 개발 수준의 불균형은 중국이 특정 지역에서 우위를 선점하기 위해 군대 전반을 활용하는 대신 비대칭적인 수단을 활용한 이유를 설명한다. 중국은 국경 주변 지역의 접근 제한과 반접근 전략 수립, 전자전, 최첨단전투, 우주전에 집중하고 있다. 이러한 노력의 일환으로 2007년에 위성 공격 실험에 성공했다. 이러한 점에서 중국은 이제 "아시아에서 가장 광범위하고 숙련된 사이버 전투력을 보유(돔브로우스키&템차크, 2014:77)"한 것으로 간주되고 있다. 2003년 최초로 유인 우주선을 발사하고 위성 방송 능력을 갖추는 등 중국의 우주 프로그램은 "강화된 세력 투사를 넘어 전 세계에 중국이 위대함을 향한 궤도에 올랐음을 알리고(램튼, 2008:59)" 있으며 국가적 위신에도 도움이 되고 있다.

인민해방군이 내부 안정을 도모하는 역할을 종종 수행하기도 하지만, 주로 인민무장경찰이 안전을 수호하고 공공질서를 유지하는 책임을 맡는다. 인민해방군에서 파생되어 1982년 설립된 국내 치안 부대인 인민무장경찰의 병력은 150만여 명이다. 주요 의무로는 "불안 요소 제압, 재난 구조, 국경 안보, 마약 단속, 주요 공산당과 정부 그리고 경제 및 인프라 시설 보호, 갈등 발생 시 인민해방군의 군수 및 안전 보장 활동 지원(태너, 2013:91)" 등이 있다. 특히 2010년부터 국내 치안 예산이 국방 예산보다 많다(블랑샤르&루위치, 2013). 중국 정권이 내부 불안정을 크게 우려하고 있음을 알 수 있는 대목이다.

에너지 안보와 같은 지정학적 무역과 관련한 중국의 큰 관심을 반영하는 군부대가 바로 중국 인민해방군 해군이다. 인민해방군 해군은 중국의 해상 문제를 해결하는 역할을 한다. 따라서 연안 지역 보호뿐만 아니라 "'블루-네이비' 태세 유지와 인접 해역에 대한 중국의 통제력을 포함하는 해상 전략 방어의 범위 확장(위안, 2013:103)"을 맡고 있다. 이러한 임부의 밑바탕에는 접근 제한이라는 개념이 깔려 있다. 본토를 향한 군사 공격을 막기 위해 중국 대륙과 해상 주변으로 보호적 완충지대를 만들겠다는 것이 중국 지도자들의 생각이다. 이는 주변국과의 관계와 관련 있을 뿐만 아니라(제5장 참고) 중국 GDP와 인구 대부분이 연안 지역에 분포한다는 사실을 반영한다. 중국은 또한 에너지 안보 문제에 민감한 편이다. 중동에서 가스와 석유를 본토로 가져오는 과정과 관련해 '호르무즈 딜레마'와 '말라카 딜레마'를 고려해야 한다. 인민해방군 해군은 반해적 작전, 반밀수 작전, 수색 및 구조 작전을 실행하고 있으며 2011년과 2015년에 각각 리비아와 예멘에서 중국 국민을 대피시키는 작전을 지휘한 바 있다.

중국인민군 해군의 총 병력은 23만 5,000명(IOSC, 2013)이다. 세력 투사 역량 강화를 목표로 군대 현대화 작업을 진행 중이며, 특히 세계 최초로 대함탄도미사일을 개발했다. 중국은 "항공모함보다는 잠수함을 선호하는데, 항공모함이 고가이고 기술적으로도 복잡하기 때문이다. 또한 항공모함이 지역 국가에 정치적 갈등을 유발할 수 있다(위안, 2013:103)." 이는 중국의 하드 파워 계산에 지각적 요소가 반영되었음을 보여준다. 이와는 별도로 수리를 마친 항공모함 랴오닝호가 2012년 취역했는데, 그 자체만으로도 국위를 상징한다. 상호운용성을 강화하기 위해 중국인민군 해군은 파키스탄, 인도, 영국, 미국, 프랑스, 캐나다, 필리핀, 호주, 칠레, 페루, 브라질과 해상 훈련을 실행했다. 2016년에는 지부티에 해군 보급기지를 설립하기로 협의했는데, 이곳은 무역 안보와 반해적 활동에 있어 중요한 요충지다.

중국인민군 공군은 미국과 러시아 다음으로 세계에서 세 번째로 큰 규모를 자랑한다. 아시아에서는 규모가 가장 큰 공군부대로, 39만 8,000명의 병력을 보유하고 있다(IOSC, 2013). 하지만 실전 경험이 많지 않고 서방 국가의 군사력에는 못 미친다. 주변 지역을 둘러싼 안보 문제와 접근 제한이라는 목표를 반영하듯 "지난 10년간의 중국 공군 현대화는 장거리 폭격기보다는 주로 단거리 전투기에 집중해 왔다(프레이블, 2008:135)." 전투기와 핵잠수함 등 다른 주요 무기를 생산하는 중국의 국내 방위산업을 위주로 J20 스텔스 전투기와 같은 자체 항공기 개발 역시 진행 중이다. 국내 방위산업이 생산하는 무기 중 일부는 인민해방군의 통제하에 있다. 1990년부터 2015년까지 꾸준히 중국은 인도 다음으로 두 번째로 큰 무기 수입국이다. 무기 수입에 들어가는 비용은 416억 달러로, 전 세계 총비용의 6.4퍼센트를 차지한다(SIPRI, 2016a). 특히 1999년부터 2006년까지 적극적으로 무기를 수입했다. 2015년 중국은 총 무기 수입 중 67.9퍼센트를 러시아에서 조달했다. 여기에는 잠수함, 구축함, 미사일 등의 무기가 포함되었다. 이 외에도 프랑스(14.3퍼센트), 우크라이나(8.1퍼센트), 영국(3.3퍼센트)에서 무기를 수입했다(SIPRI, 2016a). 1989년 천안문 사태로 인한 유럽연합과 미국의 통상 금지령은 아직도 유효하다. 중국이 무기를 수입만 하는 것은 아니다. 중국은 세계에서 다섯 번째로 큰 무기 수출국으로, 2015년 총 무기 수출량의 6.7퍼센트에 해당하는 20억 달러 상당의 무기를 다른 국가로 수출했다. 주로 파키스탄(28.7퍼센트), 방글라데시(24.1퍼센트), 미얀마(14.6퍼센트), 알제리(12.9퍼센트), 베네수엘라(7.5퍼센트)가 수출 대상국이었다(SIPRI, 2016a).

강대국이라는 입지는 재래식 병력 차원에서의 정의 외에 종종 핵무기 보유 여부와 연관된다. 핵무기는 가장 파괴적인 공격 수단일 뿐만 아니라 억지력을 통해 위협으로부터 국가를 보호할 수 있는 역량이다. 국가가 보유한 핵무기는 군사력을 표면적으로 유지하거나 잠재적인 힘을 과시함으로써 모겐소의 '위신 정치' 개념에 부합한다(스즈키, 2008:48). 따라서 핵무기는 관념적이고 지각적인 역할을 맡는다. 중국은 1950년대부터 전면전에 대한 마오쩌둥의 외교 정책 중 일부로 핵무기를 개발하기 시작했다. 이는 곧 "안보에 있어 우선순위는 예측하지 못한 대규모 침략에서 생존하는 것이므로 엄청난 자연적, 인적 자원이 추가 공격 역량 확보에 활용(B. 우, 2001:276-277)"되었음을 뜻한다. 이러한 노력은 억지력과 확실한 보복이라는 원칙을 기반으로 했다. 따라서 적에게 보복 피해를 입히기 위해 소형무기를 사용할 수 있었다. 이러한 전략은 상상의 위협에 실질적으로 대응하는 대신 감지된 역량으로 맞선다는 점에서 상호관계적이며 관념적이다. 덩샤오핑은 "우리가 핵무기를 보유하고 있는 이유는 미국이 핵무기를 가지고 있기 때문이다(프레이블&메데이로스, 2010:65)"라고 말하기도 했다. 근본적으로 이러한 핵무기는 상징적인 특권을 가지고 있었는데, 적의 핵무기 사용을 억제하기 위해 중국의 강력함을 보여야 한다는 믿음이 뒷받침되었다. 이에 따라 핵무기는 중국 국민이 두려움을 완화하기 위한 도구라는 의미에서 마오쩌둥의 종이호랑이였다.

중국은 1964년 10월 뤄부포에서 최초의 핵실험을 진행했다. 그리고 최소 수준의 보복과 제한적 억지, 핵무기 선제사용 포기 정책을 기반으로 "작고 단순하며 주장하건대 매우 취약한 핵력(프레이블&메데이로스, 2010:48)"을 구축했다. 특히 냉전 시기 미국과 러시아 같은 강대국에 대한 주요 외교 의례/전망으로 안보 극대화의 원칙을 거부하며 중국은 국제 안보의 구조주의적 현실주의 접근법에 반박했다. 이런 보수적인 태도를 보이는 이유는 "관념적이고 기술적이다. 군사 전투용 무기보다는 핵 강압을 반대하는 수단으로 핵무기를 이해했고 기술이 핵 현대화의 핵심이기 때문이다(위안, 2013:104)."

중국은 핵무기를 육지와 공중, 해상에서 발사할 수 있는 능력을 뜻하는 핵의 3전략을 추구하면서 제한적이고 분산적으로 178~260개의 핵탄두를 배치했다(크리스텐슨&노리스, 2015a). 중국의 대륙간탄도미사일인 DF41은 사정거리가 1만 2,000~1만 5,000킬로미터다. 여기에 추가로 여러 대의 핵잠수함과 전략적 폭격기를 보유하고 있어 중국의 억지력은 충분하다고 볼 수 있다. 이러한 이유로 중국은 1992년 핵확산방지조약에, 1996년 포괄적핵실험금지조약에 서명했다. 또한 "핵 폐기의 일등공신(디트머, 2004:477)"으로서 자리매김했다. 그 결과 중국은 "잊혀진 핵보유국(B. 로버츠 외, 2000)"이 되었다. 이러한 입지를 다지기 위해 중국은 1990년대까지 핵 정책을 추진하지 않았다. 또한 2000년대 중반에는 1949년부터 공산당 지도자들이 추구했던 핵심 원칙인 자기방어적 핵 정책을 기반으로 하는 '핵 반대 캠페인'을 추진했다. 전반적으로 중국의 핵 정책과 무력 현대화는 효율성, 충분성, 반역지성의 세 가지 기본적인 원칙을 기준으로 한다(팬, 2010).

1948년부터 인도의 핵 프로그램은 외부 압력보다는 자주성 강화에 초점을 두었다. 동시에 경제 발전과 기술적 진보, 국제적 위상이라는 요소도 함께 추구했다. 냉전 초반 시기에 인도는 네루와 마하트마 간디의 전략적 전망에 따라 평화적 수단에 주목했다. 또한 "핵무기보다는 원자력 개발 차원에서 기술적 발전에 더욱 힘썼다(오그덴, 2014b:47)." 그러나 인도의 과학자들은 원래 목표는 원자로 건설이었지만, 필요하다면 원자력 기술로 무기를 만들 수 있다는 점을 깨달았다. 인도의 지도자들은 핵의 두 가지 측면을 고려해 1950년대부터 보편적 핵 폐기를 주장했다. 이는 인도가 본격적으로 핵무기 개발을 시작한 이후에도 유지되었다. 따라서 핵과 관련한 인도의 입장이 매우 애매하다고 할 수 있다. 1962년 중국에 쓸쓸한 패배를 겪은 이후에야 '핵 선택'의 필요성이 본격적으로 부각되기 시작했다(중국은 1964년에 핵무기 개발에 성공했다). 이는 무력의 평형추로서의 존재 이유를 보존하고 미국과 소비에트 연방의 핵무기에 기댈 수밖에 없는 상황이 일어나지 않도록 전략적 자주성을 강화하기 위함이었다.

인도 지도자들은 핵무기 프로그램을 지지하는 동시에 1967년 체결된 핵확산방지조약 역시 지지했다. 그러나 이 조약에 가입하지는 않았다. 인도는 가진 자와 가지지 못한 자 사이의 "정치법률적 계층화로 인해 이른바 열세한 위치에 갇히게 된 것(워커, 1998:511)"에 분개했다. 1965년 파키스탄과의 전쟁, 중국과 파키스탄의 끈끈한 연대관계, 1972년 미국과 중국의 화해, 미국-중국-파키스탄 3자 협약으로 인해 인도 지도층이 느낀 불리함과 같은 요인들이 내부적으로 핵실험에 대한 압박을 더욱 높였다. 이런 일련의 사건들로 인해 1974년 인도는 평화적 핵폭발 실험을 감행했다. 그러나 이는 사실상 무기 실험으로 간주되어 인도의 핵 프로그램 정책을 제한하려는 핵확산방지 국제기구와 미국으로부터 제재를 받게 되었다. 특히 향후 원자력 공급국 그룹의 전신이 탄생했다. 1990년대 핵무기에 대한 인도의 입장은 '모호한 일시적 억지'처럼 비춰졌다(바즈파이, 1998:184). 핵확산방지조약과 포괄적핵실험금지조약의 무기한 연장, 전략적 파트너인 소비에트 연방의 몰락, 파키스탄의 핵무기 개발 등을 겪으며 인도 지도자들은 정치색과 상관없이 모든 강대국이 핵무기를 보유하고 있으므로 인도가 강대국의 반열에 오르려면 반드시 핵무기를 손에 쥐어야 한다고 생각하게 되었다(W. 앤더슨, 2001:772-773).

1998년 힌두 민족주의를 기반으로 하는 인도 인민당이 정권을 장악하면서 그동안 굳건하게 유지되던 장벽이 무너지기 시작했다. 인민당은 핵무기 개발이라는 약속을 지키기 위해 발 빠르게 움직였다. 1998년 5월의 핵실험은 강대국에 대한 인도의 오래된 염원을 보여주는 동시에 유엔 상임이사국에 해당하는 국가들 모두 핵무기를 보유하고 있다는 인도의 평가를 의미했다. 그러나 이는 자국의 물질적 역량에 대한 자의식을 향상시키기 위한 목표도 있었다. 실험 직후에는 몇몇 주요 국가들의 반발이 있었지만, 결과적으로 핵실험으로 인해 인도는 "국제관계에 있어 인도가 주요국이 되었다는 마지못한 동의(차울리아, 2011b:26)"를 얻었으며 국가적 위상 또한 강화되었다. 핵을 활용한 인도의 방어 태세는 "핵무기가 억지력이 있기는 하지만 사용 불가능하다(바스러, 2001:184)"는 의견을 따르며 '믿을 수 있는 최소한의 억지'와 핵무기 선제사용 포기 정책, 보편적인 핵 폐기와 같이 2003년 핵 정책에 명시된 요소들에 근거를 두고 있다. "규제, 안정성 그리고 최소한(바스러, 2001:181)"을 통해 핵무기는 인도의 기술적 발전과 입지에 중요한 상징으로 자리매김했다. 따라서 핵무기의 목표가 물질적이라기보다는 관념적이라고 할 수 있다. 2003년 인도는 앞서 언급한 핵 사령부를 출범시키고 110~120개의 핵탄두 무기를 개발했다(코리스텐슨&노리스, 2015b). 또한 예상 사정거리가 5,500~8,000킬로미터인 아그니-V를 개발하면서 핵의 3전략을 완벽하게 이뤄냈다. 여전히 적극적으로 핵 폐기를 주장하면서도 핵확산방지조약과 포괄적핵실험금지조약에 가입하지 않고 있다.

: 국내 안정

국내 안정을 유지하는 역할은 모든 국가에 매우 중요하다. 국내 안정은 지형과 위치를 포함하는 영토 측면과 관련 있으며 민족적, 종교적, 문화적 구성과도 연관성이 있다. 또한 강대국 집권 체제의 정당성, 일관성, 유능함을 보여주는 척도다. 비전통적인 안보와 종합 안보가 대두됨에 따라 비국가 활동세력의 수가 증가했다. 또한 국제테러, 반란, 공동체 간의 폭력 사태를 포함하는 위협들이 증가하면서 갈등의 본질도 변화했다. 국가 사이에 일어났던 갈등이 점차 국내로 이동한 것이다. 이러한 변화로 미루어 볼 때, 각기 다른 국제 시스템 속에서 각기 다른 시기에 부상한 강대국들을 서로 비교하기 어렵다는 점을 알 수 있다. 또한 이는 "무력에 물리적으로 저항하는 강대국의 역량을 약화시킬 수 있다(라스마르, 2012:400)." 글로벌 시대 속에서 국가가 이러한 위협에 어떻게 대처하는가가 해당 국가의 국제적 이미지를 좌우한다. 내부 통제를 위해 반드시 필요하더라도 특정 집단에 대한 억압이 지도층에 부정적인 영향을 줄 수 있기 때문이다.

인도의 불안정한 국내 상황은 지속적이고 점차 증가하는 안보 문제로 자리 잡았다. 인도의 지도층은 분리주의, 반란, 테러리즘 등 인도 국경 안팎에서 일어나는 다양한 문제에 직면해 있다. 그중에서도 카슈미르를 둘러싼 파키스탄과의 계속되는 분쟁은 가장 중요한 문제로 다루어져 왔다(제5장 참고). 이뿐만이 아니다. 아삼, 마니푸르, 나갈랜드, 트리푸라, 미조람 등 동북 지역에서 여러 분리주의 집단이 활동하고 있다. 2016년 중반 내무부는 1967년 불법행위(방지)법에 의거해 총 39개의 집단을 금지했다(내무부, 2016). 2015년 8월 기준으로 39개의 테러 조직, 반란 조직, 극단주의 조직이 인도에서 활동하고 있는 것으로 나타났으며, 비활동 조직은 123개, 평화 또는 휴전을 지지하는 집단은 24개인 것으로 조사되었다(SATP, 2016c). 이러한 조직 대부분이 인도 주변국으로부터 자금, 훈련, 거주지, 무기 등을 지원받거나 지원받은 적이 있다. 특히 파키스탄, 중국, 네팔, 부탄, 방글라데시에서 이러한 조직을 지원한다. 현재 가장 활발하게 활동하는 인도의 테러 단체로는 인도 무자히딘, 인도학생이슬람운동, 2008년 11월 파키스탄의 지원을 받아 뭄바이 테러를 주도한 라시카르-에-토이바, 자이시-에-무함마드 등이 있다. 이들은 모두 지난 10여 년 동안 인도 전역에서 폭탄 테러를 일삼았다.

시크교와 힌두교의 테러도 일어나고 있는데, 각각 1980년대와 2000년대에 특히 빈번하게 발생했다. 이는 대부분 폭동, 약탈, 방화,

폭탄 공격으로 이어지는 집단적, 인종적, 정치적 폭력 사태와 밀접한 관계가 있다. 이러한 마찰은 오래전부터 계속되었으며, 그 역사가 1947년 인도 독립까지 거슬러 올라간다(제1장 참고). 1994년부터 2016년 7월까지 폭력 사태와 불안정으로 인해 민간인, 치안 부대, 테러범을 포함해 총 6만 5,000명이 목숨을 잃었다(SATP, 2016b). 2015년 한 해에만 722명이 사망했는데, 이는 2001년 5,839명보다 훨씬 줄어든 숫자다. 그럼에도 불구하고 인도처럼 국내 갈등으로 인해 수많은 사람이 목숨을 잃은 강대국은 없다. 나아가 이는 비교적 덜 발달한 인도의 치안 부대에 큰 부담으로 작용한다. 2008년 뭄바이 공격 당시 사전 예고가 있었음에도 준비가 덜 된 채 늑장을 부렸던 인도의 태도를 몹시 비판하며 "폭력 사태 후 체포 과정에서 보여준 안보 기관의 엄청난 무능으로 인해 미래의 세계 강국이 되겠다는 인도의 주장은 당혹스러울 정도로 신빙성이 하락했다(페어, 2012:160)"고 주장하는 이들도 있다. 인종적 구성을 살펴보면 인구의 대다수가 힌두교도(80.5퍼센트)이고, 그 뒤로 이슬람교도(13.4퍼센트), 기독교도(2.3퍼센트), 시크교도(1.9퍼센트) 외에 수많은 종파와 종교 단체가 있다(인도 인구 조사, 2011). 국가 언어와 지방 언어는 최소 30개이고, 방언은 2,000개가 넘는다. 이렇듯 인도 사회는 복잡하고 이질적인데, 다양성은 집단 간의 갈등이 급격하게 악화하는 원인이 될 수 있다.

가장 강력한 반란 집단은 인도 전역의 3분의 1에 해당하는 지역에서 활동하는 낙살라이트다. 2005년부터 2016년 7월까지 이들의 공격으로 인해 총 7,125명이 목숨을 잃었다(SATP, 2016a). 마오쩌둥의 사상을 기반으로 하는 낙살라이트의 움직임은 인도가 최근 들어 자유주의적 자본주의를 표방하면서 생겨난 증상인 토지권과 실업률, 사회경제적 소외 등으로 인해 영향을 받은 토착 부족 공동체와 민간인을 대표한다(제4장 참고). 낙살라이트는 경찰서와 군부대, 국가기관, 기업 등을 향한 광범위한 공격의 배후로 주목받고 있다. 또한 기차역과 시장에서의 폭탄 공격 및 여러 차례의 은행 강도와 납치 역시 낙살라이트의 소행으로 알려졌다. 이들은 굉장히 활발하게 활동하고 있으며 2013년 5월에는 처음으로 인도 국민회의파 간부를 암살했다. 더욱이 낙살라이트가 현재 인도가 강대국으로 급부상하는 데 반드시 필요한 경제 성장과 현대화 정책을 반대하기 때문에 만모한 싱은 낙살라이트를 가리켜 "인도가 직면한 문제 중에서도 내부 안정을 위협하는 가장 큰 위험 요소(토탐, 2010)"라고 말하기도 했다.

반면 일당 독재국가를 배경으로 하는 중국 공산당은 그들의 정당성에 도전하는 정치적 경쟁자에 맞서고 중국의 경제 발전을 위협할 수 있는 사회적 불안과 불안정을 해소하기 위해 내부 통제가 중요하다고 생각한다. 중국 공산당의 획일적 통제는 특히 '세 가지 악의 세력'인 테러, 인종적 분리주의, 종교적 극단주의와의 투쟁에 있어 "국경 안팎에서 적군을 완전히 저지하고 엄단(태너, 2013:94)"하는 데 달렸다. 인민무장경찰이 이러한 의무를 담당하는데, 이제 이들은 "불과 한 세대 전보다 훨씬 더 유동적이고 조직적이며 정보적이고 단호하며 폭력적인 사회 속에서 질서를 유지하기 위해 노력(태너, 2013:88)"해야 한다. 중국 국민은 지난 35년 이상 지속된 급격한 사회적, 경제적 변화에 시달리고 있다(제4장 참고). 또한 나날이 치솟는 사회적 불평등, 심각한 환경오염, 세계화의 영향력도 이러한 관점을 뒷받침한다. 혁명을 통해 정권을 장악한 중국 공산당의 정치적 배경과 더불어 불안정으로 얼룩졌던 과거가 되풀이되는 것을 방지하는 공산당의 역사적 소명(제1장 참고)은 이러한 문제들을 더욱 중요하게 만들었다. 이 점은 1989년 천안문 사태로 여실히 드러났다.

이와 같은 압박의 구체적인 예를 대형 사건을 통해 살펴볼 수 있다. 주로 정치적 악용보다는 경제적 이슈, 부패, 시민권 등을 다루는 대규모 시위나 폭동으로 1993년 8,700건에서 2010년 18만 건으로 늘었다(태너, 2013:88). 이러한 시위는 비록 규모는 크지만 국가나 지방을 기반으로 하거나 작은 규모의 사회 활동 단체보다 동원 구조가 훨씬 더 지역 중심적(레니&허스트, 2013:211)이며 따라서 특정 분야의 기업이나 공산당 간부를 목표로 한다. 정치에서부터 사회, 종교, 인종, 농촌과 도시, 반체제 행동가 또는 지식인 등 폭넓은 주제를 다루는데, 공산당을 두려워하지 않는 사람들이 있음을 시사한다. 또 한 가지 주목할 점은 중국의 범죄율이 급상승하고 있다는 사실이다. 1980년대 연간 60만 건이었던 범죄는 2009년 560만 건으로 늘었다. 1997년부터 2007년까지 사회질서 규제와 관련한 불법 건수는 320만 건에서 1,170만 건으로 증가했다(태너, 2013:88). 이에 따라 중국은 치안 유지와 법 집행 측면에서 대응책을 마련해야만 하는 상황이다.

중국의 경우 인구의 90퍼센트가 한족이다. 그러나 인구수가 엄청나기 때문에 1억 1,000만 명의 사람들이 소수민족 출신이다. 종교와 문화, 언어 측면에서 매우 다양한 중국의 인구 구성은 표준 통제라는 공산당의 목표와 후진타오의 비전인 '조화로운 사회'를 위해 꼭 풀어야 할 숙제다. 신장웨이우얼 자치구와 티베트 자치구는 중국에 가장 큰 압박을 가하는 지역이다. 제국주의 시대와 광활한 중국 대륙의 규모 및 특성과 관련된 특정 이미지를 기억하는 중국 공산당은 이러한 지역에서의 분리 상태를 두려워한다. 따라서 중국의 지도층은 "종교적, 민족적 문제보다는 자주권과 영토 보존(클라크, 2013:232)"에 주목한다. 1990년대부터 분리주의자는 테러리스트로 묘사되었다. 이에 사형과 고문, 재교육 수용소 등과 같은 인권문제가 더해지면서 특히 티베트는 "중국을 향한 비난의 피뢰침(클라크, 2013:231)" 역할을 했다. 지난 10년간 중국에서 무차별적인 흉기 난동, 자살 폭탄 테러 등 위구르족이 연관된 테러가 급격하게 증가했다. 이러한 테러는 종종 대규모의 민족 간 폭력 사태로 번지기도 했다. 때문에 이러한 문제들이 향후 중국 공산당이 추진하는 정책에 그림자를 드리울 것이며 중국이 "외부적으로 군사적 모험을 강행하는 대신 점점 더 늘어나는 내부 문제 해결에 골몰하고 있다(리, 2013:399)"는 의견도 있다.

: 관념적 권력과 물질적 권력의 조합

새로운 신흥국으로 부상 중인 두 국가의 외교 정책 방향과 가치관, 행보에 군사력이 미치는 영향력은 점점 더 커지고 있다. "자국의 이익을 추구해야 할 필요성을 느끼는 국가로서는 강대국에 상응하는 경제력을 가진 다른 국가가 엄청난 억지력을 가진 무기를 활용해 군사력을 정비하는 의지를 어떻게 자제하는지 의문이 들 것(왈츠, 2000:34)"이라는 점을 뒷받침하듯, 중국과 인도는 핵무기로 무장한 대규모 군대를 보유하고 있다. 또한 현재 전방위적인 군대 현대화를 추진 중이다. 중요한 점은 이러한 과정이 에너지 안보에서부터 통상로 확보에 이르는 다양한 차원의 안보 문제에 대한 대응이라는 것이다. 이를 통해 중국은 경제 성장 속도를 촉진하고 영토 보존이라는 자아개념을 보호하며 외부 그리고 내부의 적을 상대로 정치적 통제를 보장하고자 한다. 이와 같은 활용은 "국력의 요소가 세력 투사로 이어지고 군사력 행사가 다시 국력을 강화하는 선순환(캄파우센&리앙, 2007:136)"을 만들어낸다. 따라서 우리는 인도와 중국의 군사력이 앞으로도 계속 증강될 것이라고 결론 내릴 수 있다.

중국과 인도의 지도층이 가지고 있는 특정 역사적 경험과 선례, 기억을 바탕으로 관념적 힘과 물질적 힘의 조합은 무력 사용이 희망하는 또는 요구되는 측면과 관련하여 두 종류의 권력이 평형을 이루고 있음을 보여준다. 여기서 외교 정책을 "실제로 국내 정치적 가치와 목표의 외부적인 형태(리, 2013:391)"라고 간주할 수 있음을 기억할 필요가 있다. 이번 장에서 살펴본 바와 같이 지금은 어느 정도 공통성을 보이지만, 적어도 1940년대와 1950년대에 인도와 중국의 지도자들은 군사력을 매우 다르게 인식했다. 독립 투쟁의 과정이 달랐음을 보여주는 대목이기도 하지만 "강대국은 특정 태도와 정책을 보유하는 반면, 위대한 국가는 계급 정체성과 야망을 동시에 가지고 있다(S. P. 코헨, 2002:31)"는 점을 나타내기도 한다. 제1장과 제2장에서 언급한 원칙들은 무력 사용과 관련한 중국과 인도의 안보 성향에 직접적인 영향을 가한다. 또한 두 국가는 본질적으로 다르므로, 외교 정책 역시 국가별로 고려해야 하고 일반화할 수 없으며 국내적 결정 요인과 관념적 견해에 의해 좌우된다. 더욱이 양국 간의 다른 태도가 합쳐져 지배적이지만 조정 가능한 시스템 차원의 태도를 형성하며 동시에 국가의 행동에 영향을 미친다. 이를 통해 시스템의 구성적인 본질이 실현된다. 이러한 관점에서 볼 때 군사력, 즉 물질적 힘은 국가마다 의미가 다르며, 과거와 현재 그리고 미래의 필요성, 두려움, 전망에 따라 달라질 수 있다.

우리의 해석은 다른 종류의 권력 사이에 상호연결성을 주목할 뿐만 아니라 상호관계적이고 상대적이며 진화적인 측면에도 초점을 맞춘다. 그리고 이를 강대국이라는 정의 자체를 다루는 개념적인 접근법과 국가 간 또는 국가와 시스템 사이의 관계에 집중하는 경험적 접근법을 통해 설명한다. 이러한 해석의 밑바탕에는 "상상할 수 있는 행동, 즉 용인되는 규범은 시간이 지남에 따라 달라진다(핀모어&시킨크, 1998:896)"는 주장이 자리 잡고 있다. 군사적 수단을 전쟁과 침략처럼 공격적 또는 방어적으로 활용하거나 국경과 통상로를 보호하기 위해 활용할 수도 있다. 또는 기술적 진보, 내부 불안정성 축소, 국가적 자긍심과 입지 강화의 도구로도 쓰일 수 있다. 이러한 무력 사용과 관련한 인식이 포개졌다가 다시 갈라지고 또 서로 공생함에 따라 국제 정세에서 갈등이 일어난다. 따라서 중국의 급성장에 대한 우려는 "중국의 절대적인 역량이 아닌 다른 국가와의 상대적 역량의 문제(네이슨&로스, 1997:236)"다. 이는 인도도 마찬가지다. 국가는 특정 종류의 힘을 바라보는 시각을 통해 다른 국가와 소통하며 이러한 지각적 계산을 바탕으로 위협에 대한 인식을 높이거나 낮춘다.

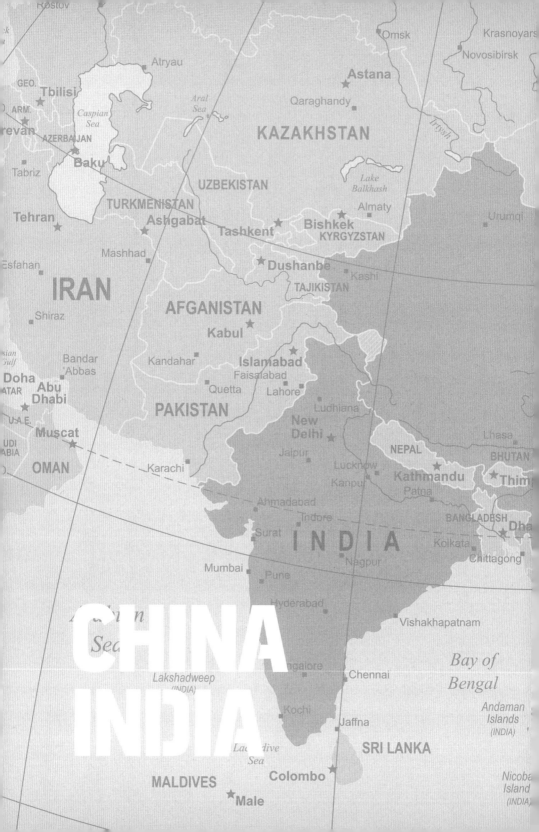

제 4 장

경제적 동인

군사력 확보를 뒷받침하는 경제력은 오랫동안 강대국의 필수 조건으로 여겨졌다. "돈과 물질적 자원은 전환 가능한 형태의 힘으로, 강압적 역량과 규범적인 역량을 부여하며 매력적이고 사상을 전파하는 수단을 제공(램튼, 2008:78)"하기 때문이다. 이러한 특성은 권한, 상호의존성, 국제 시스템의 통제권이라는 잠재적이고 광범위한 요소를 부여할 뿐만 아니라 가장 경제적으로 막강한 나라에 시스템을 결정할 수 있는 중심성을 제공한다. 국가 간 물질적 힘의 계층적 분배가 크게 변화하면서 국제 시스템 구조 내 다른 국가에 비해 상대적인 입지를 유지하기 위해 기본적인 본질, 구성, 양극성 측면에서 진화를 거듭한다. 이는 중국의 경제 성장을 통해 처음 목격되었고 인도 역시 비슷한 행보를 보이며 부상 중이다. 이와 같이 지극히 물질적이고 객관적인 견해에 따르면 경제력은 강대국을 가늠하는 가장 직접적이고 중요한 측정 기준이다. 또한 그에 따른 정치적 영향력은 경제적 우월성 및 다양한 변형과 밀접하게 연결되어 있다.

상대적인 국가들과의 힘의 균형과 국제 시스템 내 권한 사이의 연결은 어떻게 "상호작용 과정이 행위자의 정체성과 이익을 형성하는 협조적이거나 대립적인 사회구조를 생산하고 재생산하는지와 물질적 상황의 중요성(웬트, 1995:81)"을 강조한다. 물질적으로 우세한 국가가 주장하는 주요 가치관과 인식, 이해가 그들이 구성하는 국제 시스템의 방향성과 본질, 특성을 결정한다. 따라서 이와 같은 연결은 국제무역과 국제금융의 활동과 관련 있으며 다자간 기구와 체제의 근간이 된다(제6장 참고). 오늘날 세계화는 "냉전 이후 강대국의 정체성과 역할을 재협상(라스마르, 2012:400)"하면서 강대국이라는 개념을 크게 바꾸어 놓았다. 이러한 지리경제학적인 요인은 영토 보존의 연관성을 더욱 하락시킴으로써 물리적 국경과 같은 전통적인 국가적 특징을 우회한다. 뿐만 아니라 특히 하드 파워인 무력의 가치를 떨어 뜨림으로써 힘의 대명사를 바꾸는(허렐, 2006:7) 역할을 한다. 이러한 구조적 변화는 국제관계의 기능에 중대한 영향력을 행사하므로 강대국의 상황을 재정의한다. 세계화는 또한 대단히 중요한 국제 시스템이 진화하는 독립체로서 시간이 지나면서 시기에 따라 어떻게 발전하고 변화하며 달라지는지를 전형적으로 보여준다. 이전 세대와 비교했을 때 세상은, 나아가 강대국은 더욱 본질적으로 상호연결되어 있다.

이러한 축소는 재화와 서비스, 인구, 개념, 기구, 금융 및 문화가 국가 간의 국경을 자유롭게 넘나들면서 더욱 심화되었다. 상호연결성은 매우 복잡하다. 세계화는 기존의 상호작용에 새로운 요소를 더했다. 다자간 기구가 기업, 제조업 또는 투기자에게 그러하듯, 물리적으로 멀리 떨어져 있는 기관이 행사하는 영향력을 예로 들 수 있다. 또는 24시간 사용 가능한 수송 시스템, 커뮤니케이션 네트워크, 인터넷과 멀티미디어 등으로 인해 시간과 공간이 압축될 뿐만 아니라 기관과 기술이 융합되고 도입되며 서로 의지함에 따라 가속화된 상호의존성(헬드&맥그루, 2003:3) 등도 포함된다. 중요한 점은 개발도상국 또는 과도기를 겪는 국가의 경우 분리, 분열, 발전상의 긴장이 야기될 수 있는데, 이는 모두 중국과 인도에서 목격된 요소들이다. 세계화는 또한 본질적으로 공통의 국제적 환경을 조성하는데, 현재 인도와 중국 모두 두각을 나타내고 있다. 국제적 환경에는 비국가 행위자와 같은 비전통적 요소도 포함된다. 때문에 안보의 개념이 더욱 광범위해졌다. 높은 수준의 상호연결성과 상대적인 역학관계의 측면에서 두 국가가 급부상하고 있는 현재 상황은 이전에 세계 최고의 자리에 올랐던 국가들의 배경과는 근본적으로 다르다고 할 수 있다.

이와 같은 교차점은 인정이라는 개념을 더욱 부각한다. 강대국으로 성장하고 있는 국가는 "남의 시선을 의식하는 아웃사이더 또는 사회적 신흥 주자"로서 "스스로 정한 규범을 따른다는 인식을 형성함으로써 특정 사회적 배경과 관련 있는 규범에서 최대한 어긋나지 않으려는" 노력을 기울이기도 한다(스즈키, 2008:50). 이는 중국과 인도가 각각 1980년대와 1990년대 자유무역을 통해 국제적 입지를 다지는 과정에서 명확하게 볼 수 있다. 인도와 중국에 있어 경제력은 과거 강대국이었던 역사를 상기시킨다. 1750년 두 국가는 각각 총 제조 생산량의 24.5퍼센트와 32.8퍼센트를 차지했다. 그러나 1890년에는 이 수치가 1.7퍼센트와 6.2퍼센트로 하락했다(매디슨, 2003:261). 1985년, 두 국가가 세계 GDP에서 차지한 비율은 3.3퍼센트다. 2000년과

2010년 각각 중국의 수치는 7.4퍼센트에서 13.7퍼센트로 상승했고, 인도의 수치는 4.3퍼센트에서 6.1퍼센트로 상승했다(국제통화기금, 2015).

경제적 힘은 다른 여러 요인과 서로 연결되어 있다. 그중에서도 인구의 규모가 중요하다. 엄청난 수의 노동 가능 인구와 광대한 토지 면적 그리고 그에 부합하는 천연자원은 국가가 경제력을 확보하는 능력을 강조하고 유지하며 더욱 용이하게 한다. 현재 "중국(14억 명)과 인도(13억 명)는 세계에서 가장 거대한 규모의 국가로 손꼽히며, 각각 세계 인구의 19퍼센트와 18퍼센트를 차지한다(UN, 2015:1)." 그런가 하면 2022년 인구 면에서 인도가 중국을 추월할 것이며, 훨씬 더 젊은 인구 구성을 바탕으로 잠재적 노동력 또한 더 커질 것으로 예상된다(UN, 2015:4). 중국과 인도는 인구가 적은 국가보다 수적인 부분에서 우세하지만, 엄청난 규모의 인구는 내부 인프라를 위한 자금 조달과 교육, 보건 및 사회 서비스 측면에서 굉장히 불리하게 작용할 수 있다. 이는 내부적으로 현대화를 꾀하는 국가의 경우 더욱 심각한 문제가 된다. 또한 국가의 외교 정책과 규모, 야망도 위축시키는데, 지도자들이 국내의 구성원을 달래는 데 초점을 맞출 수밖에 없기 때문이다. 상대적인 발전 단계와 관련해서 일부에서는 국가가 충분한 공중 보건 시설 없이 과연 강대국의 반열에 오를 수 있는지에 대한 의문을 제기한다(황, 2011). 이는 현재 중국과 인도에도 적용되는 주장이다.

점점 더 늘어나는 중국과 인도의 국제적 상호작용 및 중요성과 관련한 주제와 라이트모티프를 모두 고려함으로써 우리는 두 국가의 경제력에 대한 태도와 논리가 지난 60~70년 동안 어떻게 변화했는지 살펴볼 수 있다. 자주성(인도)과 고립(중국)이라는 초기 목표에서 시작해 사회주의적 5년 계획과 경제 자립 정책을 통해 인도와 중국의 경제는 서서히 자유주의적 원칙을 수용해왔다. 이는 두 국가의 오늘날 급부상에 매우 중요한 역할을 했으며, 지난 수십 년간 점차 확장한 여러 관계의 바탕이 되었다. 또한 경제학이 강대국이라는 두 국가의 꿈을 이루는 데 핵심 동인이라는 점을 강조한다. 이러한 해석은 인도와 중국의 대외관계의 중요성과도 관계있다. 에너지와 무역 안보를 확보해야 높은 성장을 유지할 수 있기 때문이다. 또한 우리는 두 국가의 장기적인 미래에 영향을 미치는 요소들을 살펴본다.

∷ 개혁 이전 시기

이 책은 국가가 "자국만의 분석적 가정과 세계관을 통해 역사적 경험을 해석(레비, 1994:283)"한다는 주요 원칙을 바탕으로 하고 있다. 이를 반영하듯, 인도와 중국 지도층이 경제력과 관련해 보이는 태도는 국제 시스템에서의 초기 경험과 개입에서 많은 영향을 받았다. 특히 1940년대 두 국가 모두 독립을 쟁취한 이후 바로 이어지는 시기에 겪었던 경험이 주요하게 작용했다. 두 국가 모두 오랫동안 지속된 방식을 따르는데, 앞서 살펴본 바와 같이 이는 정책 대응과 태도를 형성하는 "특정 이익과 선호도(호프, 1998:175)"라고 볼 수 있다. 이러한 이익과 선호도는 다양하게 조합하거나 분리할 수 있다. 군사력과 마찬가지로, 국가마다 다른 합의와 기관이 존재하며 따라서 경제력에 대한 견해 또한 제각각이라는 점을 이해해야 한다. GDP는 "모든 관련 있는 행위자가 그 존재를 인정하므로 산출되는(러기, 1998:867)" 사회적 사실이라고 볼 수 있다. 따라서 GDP에 수반되는 물질적 현실은 GDP를 어떻게 해석하느냐에 달려있다.

식민지 통치 기간 엄청난 인도의 국부가 손실되었다. 식민지 통치가 막을 내린 1947년 인도 국민회의파는 "1인당 국민 소득이 세계 최저 수준이며 침체에 허덕이는 경제를 물려받았다. 산업 발전은 정지 상태였고 농업 생산으로는 급격하게 증가하는 인구를 감당하지 못했다(말론, 2012:76)." 취약하고 발전 수준이 낮았던 인도는 경제 정책 중심으로 신중한 경제 자주성을 뜻하는 스와데시 운동을 전개했다. 네루는 "인도 경제를 수출품에 의존한다면 다른 국가와의 갈등으로 인해 시장의 접근성이 갑자기 제한될 수 있다(1946:403)"고 주장한 바 있다. 국내 빈곤을 완화하기 위한 인도 국민회의파의 노력은 냉전 시대 이후 형성된 양립주의를 벗어나 보호주의에 초점을 맞췄다. 이러한 믿음은 사회주의적 자급성과 완전한 자주성, 국내 생산을 기반으로 한 발전과 국가가 주도하는 산업화의 원칙을 강조했다. 이를 통해 인도는 철강, 화학, 전력 산업을 성장시키고자 했다. 부정적인 식민지 시절의 경험으로 말미암아 자유화에 대한 의심의 목소리가 컸던 만큼, 인도는 국제적 자본주의 국가와는 최소한의 교류를 유지했다. 또한 외국인직접투자자를 제한했으며 1962년 이후까지 군사비 지출을 자제했다.

이러한 점에서 인도는 독재정치와 사회주의의 시너지 효과를 바탕으로 하는 내부지향적 국가통제 전략을 추구했다. 국가가 경제 정책의 주요 결정 요인으로서 작용함에 따라 생산 수단을 소유하고 공기업을 운영했다. 이는 정부의 발전 목표에 따라 민간 분야의 활동을 제어하기 위함이기도 했다. 1951년 7월 도입된 첫 번째 5년 계획은 동원 가능한 모든 국가적 자원을 한데 모았다. 이에는 1948년 산업 정책 결의안을 통해 국영화된 주요 산업도 포함되었다. 수입 대체 시스템은 이러한 경제 정책의 핵심이었다. 규제 강화와 높은 수입 관세, 환전 불가능한 루피가 외부 투자로부터 인도를 보호했다. 이러한 시스템은 "경쟁력과 혁신을 떨어뜨렸고 국가에 대한 의존도를 높여 결과적으로 생산력과 효율성 저하를 불러왔다(오그덴, 2014b:55)." 또한 국가적 보호주의와 매우 복잡한 '라이선스 허가 체제(민간 기업을 만들려면 꼭 거쳐야 하는 과정)'는 부패를 확산시켰다. 정치적 인맥이 물질적으로 유리하게 작용했기 때문이다. 그럼에도 불구하고, 네루의 정책으로 인해 인도 경제는 "1950년대와 1960년대의 영국 통치 시절보다 3배 더 빠르게 성장했다(타쿠르, 1997:15)."

인디라 간디의 집권하에 인도는 계속해서 자주성 확보에 힘썼다. 특히 외부 원조에 대한 의존성을 완전히 차단하기 위해 노력했는데, 이에 따라 1966년 미국은 인도 루피를 평가절하했다. 주요 정책의 일환으로 간디는 1966년에 녹색 혁명을 추진했다. 인도를 세계 최고의 농업 생산국으로 탈바꿈시키겠다는 목적이었다. 그러나 높은 무역 적자와 1973년 석유수출국기구의 석유 파동으로 인한 여파, 1962년 중국과의 전쟁, 1965년과 1971년 파키스탄과의 갈등에서 비롯된 손실 등 인도 경제 정책의 불안정은 계속되었다. 1950년에서 1980년까지 인도의 연평균 경제 성장률은 3.7퍼센트를 기록했지만(스리니바산&텐둘카, 2003:8), 1948년 세계 총수출의 2.2퍼센트를 차지하던 인도의 수출은 1983년 고작 0.5퍼센트에 불과했다(세계무역기구, 2003). 그럼에도 불구하고 1980년대에도 더디고 간헐적인 개혁은 지속되었다. 루피를 미국 달러에 연동했고 민간 기업 설립 관련 일부 규제를 완화했으며 세금을 낮추고 국가 보조금을 없앴다. 이 시기 동안 라지브 간디는 자주성의 의미를 "광범위하되 공평한 입장에서 세계와 거래하는 강력하고 독립적인 국가 경제 구축(1985:87)"이라고 재해석했다.

이후 총리에 오른 만모한 싱이 "학습 시기를 혼란 없이 헤쳐나가려면 산업 발전 초기에는 보호주의가 필수였다는 사실은 부정할 수 없다(1991:4)"고 말한 바 있지만, 인도 경제의 고질적인 구조적 약점에 대한 의심의 목소리는 점차 커졌다. 여기에 1980년대 말 냉전 종료와 함께 인도의 주요 교역국이었던 소비에트 연방의 붕괴, 유가를 상승시키고 지역 내 인도 노동자의 외환 송금을 차단한 1990년 걸프 전쟁의 발발, 역사적으로 정부 지출에 한참 모자란 과세표준 등 여러 문제가 벌어지면서 1991년 6월, 인도는 채무 위기를 맞았다. 1980년 GDP의 35퍼센트를 차지했던 정부 부채는 1990년 53퍼센트까지 늘어났다(말론, 2012:81). 당시 인도가 보유한 외화 총액은 3주 치의 수입 비용을 감당할 정도밖에 되지 않았다. 결국 인도는 국제통화기금으로부터 22억 달러를 지원받았다. 국가통제를 상당 부분 줄이겠다는 약속과 더불어 경제 자유화를 추진할 수밖에 없었고 국제적인 영향력을 행사하던 자본주의 국가들에 의존하게 되었다. 당시 미국을 비롯해 국제 시스템을 좌우하던 강대국은 모두 자본주의적 성향을 가지고 있었다.

중국 역시 여러 측면에서 인도와 비슷한 경험을 겪었는데, 특히 근대화 초반인 1949년에는 빈곤 국가였다. 1850년대 중반부터 지속된 외부 세력의 개입으로 인해 약화되고, 수십 년간 불안정과 내전, 외부 침략 그리고 제2차 세계대전이 잇따라 일어나면서 산산조각 난 중국 경제는 침체와 저개발에 허덕였다. 이는 공산당 초대 지도자의 정책 기조에서 극명하게 드러난다. 마오쩌둥은 중국이 "늘 강하고 용맹스러운 산업 국가였다. 그러나 근대에 들어선 이후 뒤처지기 시작했으며 이는 전적으로 외부 제국주의 세력과 국내 보수 정치의 억압과 착취 때문이다(커비, 1998:13)"라고 말한 바 있다. 중국의 정당한 위상을 되찾겠다는 목표를 강조한다는 점 외에도 이러한 확고한 믿음은 국제 금융과 무역에 대한 의구심과 경계심을 심어주었다. 그러나 지도층은 대외무역을 통해 얻을 수 있는 이익을 완전히 배제하지 않았다. 이때부터 "중국을 다시 강력하고 근대적이며 자주적인 국가로 만들겠다는 목표가 중국의 모든 해외 경제관계의 흔들림 없는 동인으로 자리 잡았다(로스, 1998:437)."

중국 공산당은 정치적 사상을 충실히 지키며 이념의 주입화가 물질적 혜택보다 우선시되는 사회주의적 국가의 계획 경제 모델을 채택했다. 소비에트 연방으로부터 대출과 기술 지원을 받았던 초기에는 전체주의적 사상을 통해 국익과 통제를 증대하기 위한 국유화와 도시 중공업, 집단 농업화가 주요 목표였다. 이와 같은 양상은 국가가 모든 산업과 생산 과정, 임금과 가격을 직접적으로 통제하는 고립된 계획 경제로 이어졌는데, 그 결과 자주성이 강조되고 세계 경제와의 관계가 제한되었다. 1953년을 시작으로 주기적으로 수립된 5년 계획을 중심으로 "수출입에 대한 단호한 통제와 한정된 수의 국영 무역 회사는 해외무역을 최소화하고 외국인과의 접촉을 제한하고자 하는 중국의 전통적인 염원과 일맥상통했다(로스, 1998:439)." 중국 내부에는 민간 시장도 민간 기업도 존재하지 않았으며 통화 환전도 불가능했다. 또한 해외 투자를 계속해서 배척했고 반제국주의와 반식민지주의 입장을 고수했다.

소비에트 연방의 분열이 서방의 지배적인 경제적 관행을 지나치게 따랐기 때문이라고 여겼던 중국은 "1958년부터 자주성을 최우선 정책으로 추구하기로 결정했다(로스, 1998:440)." 국제 원조는 곧 외부 세력의 착취라고 생각했던 중국 공산당은 근대화를 이루기 위한 수단으로 중국 국민에 초점을 맞췄다. 공산당의 계획은 "해외 기술과 자본의 부재를 혁명을 향한 염원으로 대체하는(로이, 1998:82)" 것이었다. 자급자족에 치우친 이러한 입장 때문에 중국은 우세한 세계 질서에서 소외당했고, 이는 1958년부터 1961년까지 추진된 대약진 정책의 탄생에 영향을 미쳤다. 정책의 목표는 농업과 산업의 급성장을 통해 중국 경제를 완전히 뒤바꿔서 발전의 단계별 과정 중 자본주의를 건너뛰고 공산주의 사회를 이룩하겠다는 것이었다. 마르크스적 사상을 바탕으로 한 이와 같은 정책은 실패했다. 대약진 정책은 열악한 기후 환경과 비효율적인 의사소통, 부적절한 관념적 열정으로 인해 큰 타격을 입으면서 "수백만 명의 사람들을 빈곤으로 몰아넣었고 2,000만~4,500만 명의 사망자를 낸 기근의 확산을 가속화하였으며 중국 경제를 거의 초토화시켰다(란티네, 2013:5)." 이는 나아가 식량과 상품, 생산품의 부족을 유발했다.

이처럼 비효율적인 시스템에 대응하기 위해 1960년대 초 자유화를 위한 움직임이 시작되었다. 사유지와 사이드라인 생산의 등장이 그 예다. 비록 다른 강대국(1950년부터 1971년까지 중국을 상대로 무역 금지령을 내렸던 미국을 포함해)으로부터 완전히 고립되어 있었지만, 중국은 "친구를 얻기 위한 훌륭한 수단으로 무역과 원조를 활용하고 제3세계에서 소비에트 연방의 입김을 줄이기 위해(로스, 1998:435-436)" 1960년대 말과 1970년대에 상대적으로 영향력이 낮은 국가들과 무역관계를 맺었다. 그러나 내부적으로는 관념적 실험이 지속되었는데, 1966년부터 1969년까지 지속된 문화대혁명과 그 후 1969년부터 1976년까지 이어진 4인방의 급진적인 정치 성향으로 인해 생산력이 저하되었고 경제 부진에서 벗어나지 못했다. 후반에 접어들면서 중국의 지도자들은 "해외 경제의 영향력이 사회주의적 혁명 정신을 파괴함으로써 결국 중국은 외부 세력의 조종에 취약해질 것(로이, 1998:85)"이라고 믿었다. 1978년 마오쩌둥이 도입한 경제 모델은 중국의 경제 발전을 저해했다. 중국에서 추산한 1953년부터 1978년까지의 연간 성장률이 6.7퍼센트인데 비해, 외부 분석가들은 같은 기간 중국의 연간 성장률이 4.4퍼센트라고 주장한다(W. M. 모리슨, 2015:2-3). 따라서 중국이 지속적이고 안정적인 성장률을 어떻게 기록할 수 있었는지는 다소 의문스럽다. 또한 주목해야 할 점은 중국은 국제 부채가 전혀 없다는 것이다.

: 경제적 변화

1970년대 후반에 접어들면서 중국 공산당의 2세대 지도자들은 마오쩌둥 시대의 불안정하고 때로는 심각한 경제 상황에 문화대혁명을 통한 지나친 관념적 고집으로 인해 내전 직전까지 도달했던 국내 상황이 더해지면서 공산당이 "정치적 정당성의 고비(셔크. 1993:23)"에 다다랐음을 깨달았다. 과도한 힘의 집중과 비효율적인 관료제도, 정치적 비난이 재정적 성장을 방해한다고 생각했던 덩샤오핑은 '4대 근대화' 정책을 통해 농업, 산업, 국방, 과학 및 기술 분야에 걸쳐 경제를 부흥시키고자 했다. 공산당 지도층 역시 중국 근대화를 위한 발전 목표를 이루려면 다른 국가와의 경제적 관계가 필요하다는 점에 동의했다. 이러한 합의의 핵심에는 기술과 국제 협력에 대한 필요성이 자리 잡고 있었다. 이를 위해 덩샤오핑은 문호개방정책을 뜻하는 '오픈도어' 정책을 도입해 외국의 무역과 전문성, 투자에 대한 접근을 늘리고자 했다. 새로운 비용편익 계산을 바탕으로 중국은 지속되어온 고립과 소외를 벗어나 통제된 국제적 참여를 통해 다시 한번 강대국으로 거듭날 수 있었다.

공산당은 가격, 재정, 금융 개혁을 시도하며 마오쩌둥주의 계급투쟁 대신 물질적 기준 향상을 위한 국가적 노력을 기울이기 시작했다. 이는 덩샤오핑이 "부유해지는 것은 영광스러운 일"이라고 말한 것처럼 공산당의 기본 방침을 완전히 바꿨기 때문에 가능한 일이었다. 중국은 비록 다는 아니었지만 거의 대부분의 국가적 경제 통제를 분권화하면서 민간 생산 또는 사이드라인 생산으로 이어지는 사유지 활용을 권장했다. 이는 1960년대 초에도 추진한 바 있었다. 또한 여분의 생산품은 민간 시장에서 판매하도록 했다. 이러한 노력 덕분에 중국 경제 전반에 걸쳐 자유시장 경제로의 전환이 일어났다. 그 결과 중국 사회에 소비지상주의와 물질주의가 새롭게 뿌리내렸다. 산업 생산과 해외무역을 촉진하기 위해 경제특구가 개방되고 공기업 개혁이 진행되면서 노동자에게 일자리와 거주지, 그 외 혜택을 보장하던 중국의 '철반완'도 끝이 났다. 하지만 이제 노동자들은 자유시장의 힘에 고스란히 노출되었다.

중국 공산당의 경제 자유화 정책은 국내 개혁 외에도 '인재 초빙'과 '해외 진출'이라는 요소를 기반으로 했다(란티네, 2007:163). 이는 외국인직접투자와 더불어 기술의 유입을 장려하기 위한 집중적인 노력으로 이어졌다. 특히 외국인직접투자는 1985년 20억 달러에서 1995년 380억 달러로, 2005년에는 720억 달러로 껑충 뛰어올랐다(W. M. 모리슨, 2015:15). 대외적으로 중국은 1980년 4월에 세계은행에 가입했다. 또한 동시에 중화인민공화국이 탄생하기 이전인 1945년 12월부터 원가입국으로 활동해온 국제통화기금과의 깊은 역사를 강조했다. 중국은 개방과 평화적 협력, 공존 그리고 '윈윈하는' 경제관계를 추진하는 정책을 공식적으로 도입하면서 자국의 이익만 좇는 현실주의 대신 자유주의를 기반으로 국제 경제에 더 큰 영향력을 미치기 시작했다. 더욱이 다른 국가와 기관과의 상호연결성이 강화됨에 따라 중국의 외교 정책은 대립보다는 협력을 우선시했다. 시장 개혁이 적극적으로 추진되고 수요와 공급 사이의 역학관계가 활발해지면서 경제에 대한 공산당의 통제가 완화되었고 통상과 부동산, 관광을 포함한 모든 분야에서 민간 기업이 육성되었다. 장쩌민의 주도하에 공산당의 관념을 한층 더 발전시켜 '사회주의적 시장 경제'를 만들고자 했던 중국의 GDP(미국 달러 기준)는 강대국으로 자리매김한 그 어떤 국가보다 더 빠른 속도로 성장했다. 1980년에는 1,890억 달러였지만 1990년에는 3,590억 달러, 2000년에는 1조 2,050억 달러, 2010년에는 6조 400억 달러를 기록했다(세계은행, 2016b). 1인당 GDP를 기준으로 계산하면 이는 193.3달러(1980년), 316.2달러(1990년), 954.6달러(2000년), 4,515.9달러(2010년)에 해당한다. 2015년에는 성장률 6.9퍼센트(세계은행, 2016c)와 더불어 중국의 총 GDP는 10조 8,660억 달러(세계은행, 2016b), 즉 1인당 GDP는 7,924.7달러(세계은행, 2016d)에 달했다. 1980년대와 1990년대, 2000년대의 연평균 성장률은 각각 9.8퍼센트, 10퍼센트, 10.3퍼센트다.

이러한 급격한 변화로 인해 공산당이 통치를 지속하는 데 있어 경제적 번영이 절대적으로 중요해졌다. 강대국 입지를 되찾기 위한 수단으로 발전 가속화와 경제학은 "중국이 생각하는 세계 속 자국의 위치를 지지(D. 스콧, 2008:15)"했다. 중국 공산당은 또한 정치적 정당성과 경제적 번영을 연관시켜 당의 존재 이유를 확립했다. 그리고 이를 바탕으로 중국의 내부 정책과 외교 정책 사이의 경계를 허물었다. "잔인한 공산주의/사회주의 과거에서 강렬한 자본주의/상업주의/소비자주의 현재(호너, 2009:148)"로의 이동은 중국 사회에 혁명을 일으켰다. 뿐만 아니라 국내를 근대화하고 빈곤을 퇴치하는 데도 도움이 되었다. 중국의 자아상 역시 크게 변화했는데, 빈곤과 고립으로 얼룩진 국가에서 국제 경제 체제와 잘 융합된 막강한 부를 가진 국가로 인식이 바뀌었다.

이러한 폭발적인 변혁을 뒷받침하듯 중국은 2008년 국방백서를 통해 "중국은 전 세계에서 고립된 채로 발전을 이룰 수 없고, 세계 역시 중국 없이 번영과 안정을 추구할 수 없다(IOSC, 2009)"고 주장했다. 중국의 경제적 성공에 특히 미국, 일본, 유럽과 같은 해외 시장이 어느 정도 기여했다는 점에서 중국과 그 외 국가 사이의 시너지 효과가 두드러진다. 이러한 해외 시장은 중국이 '세계의 공장'으로 자리 잡아 국제 시스템의 핵심적 일부가 되기를 바랐다. 때문에 2015년 중국은 세계 최대의 수출국이자 세계 3위의 수입국으로 변모했다(CIA, 2015a). 이러한 역할 부여는 중국의 성장으로 인해 어떤 국가가 가장 큰 혜택을 누리는지에 대한 고찰 외에도(2007년 중국의 최대 수출 기업 중 단 4개만이 중국 기업이었다. 메레디스, 2007) 중국에 대한 타국의 인식을 엿볼 수 있는 대목이다. 상호의존성의 정도는 외국인직접투자의 증가량을 통해서도 드러난다. 1980년대 중국 본토로 유입되는 해외 자금은 147억 6,000만 달러였다. 1990년대에 들어서면서 2,830억 8,000만 달러로, 2000년대에는 1조 112억 5,000만 달러로 증가했다. 또한 2015년 한 해에만 중국의 외국인직접투자 총액은 2,498억 6,000만 달러에 이르며 미국(2015년 기준 4,098억 7,000만 달러) 다음으로 세계 2위를 차지했다(세계은행, 2016a). 이에 따라 "중화인민공화국 경제가 흔들린다면 세계 전체가 큰 타격을 입을 것(램튼, 2008:114)"이라는 의견이 존재한다. 실제로 2015년 가을, 중국의 원자재 수요가 줄어들었다는 소식이 전해지자 세계 주식시장이 급락하기도 했다. 일부 분석가는 내부 안정성을 도모하려면 중국의 GDP 성장률이 7퍼센트

이하로 내려가서는 안 된다고 주장한다(강, 2007:3). 2016년부터 중국의 위안이 달러와 유로, 엔과 함께 국제통화기금의 준비통화로 선정되면서 주요 통화로서 역할이 더욱 확장되었다.

중국보다 10년 정도 뒤처지긴 했지만, 인도 역시 1990년대 초부터 경제를 탈바꿈하기 위한 노력을 단행했다. 그러나 이는 정치적 위기보다는 경제적 위기에 대한 반응에 가까웠다. "정치적 그리고 전략지정학적 요소를 우선시하는 관점에서 벗어나 경제적 유대와 이익 증진(말론, 2012:76)"으로의 변화를 바탕으로 인도는 서서히 경제 자유화를 추진했다. 이는 인도를 세계 경제 무대에서 고립시켰던 수십 년 동안의 내부지향적이고 자주적인 사회주의 관념이 변화하기 시작했음을 보여준다. 인도가 경제적 본보기로 삼았던 소비에트 연방이 붕괴하고 중국의 경제가 성장하는 가운데 1991년 채무 위기를 통해 인도는 외교와 국내 안보 문제를 근본적으로 점검해야 했다. 인도의 지도자들은 인도를 "세계 경제 강대국으로 거듭나 빈곤에서 자유로운 국가(치오치아리, 2011:67)"로 만들고자 했다. 성장을 거듭하는 대규모 경제, 전략지정학적 위치, 민주주의 성향을 바탕으로 인도가 향후 분수령 역할을 하는 '스윙스테이트'가 될 수 있다는 몇몇 국가의 인식은 더욱 고무적인 자극제가 되었다. 따라서 다른 국가가 인도의 자유화에 기여했으며 인도 시장을 공략함으로써 인도에 새로운 존재감을 부여했다고 할 수 있다.

이와 같은 다양한 이유로 인도의 지도층은 국제적인 경제관계와 더불어 이러한 힘이 가지고 있는 핵심적 전환 가능성으로부터 지위와 리더십이 파생된다는 점을 깨달았다. 1991년 7월 발표한 '산업 정책 성명서'를 통해 인도는 개혁 이전 시기의 통제를 서서히 해제하고 세금과 관세를 낮췄다. 이와 같은 "투자 및 무역 정책의 완화는 해외 투자를 촉진했고 루피가 평가절하되면서 수출 경쟁력이 강화되었다(파나가리야, 2004:34)." 은행, 보험, 통신 분야 또한 정부의 통제에서 벗어났다. 1992년 3월, 인도가 수입량을 증가시키기 위한 목적으로 세계무역기구의 설립 협정을 받아들이면서 루피가 태환통화가 되었다. 공산주의 단체를 제외한 모든 정치 세력의 합의를 토대로 "개혁의 심각성과 범위를 통해 인도가 소중한 시간을 낭비했다는 신념이 개혁의 동인이었다는 점을 명백하게 보여줌(조리&밀러, 2002:87)"에 따라 인도 지도층의 역할이 중요해졌다. 점진적 개혁을 통해 인도의 연평균 GDP는 1980년대 5.7퍼센트에서 1990년대에는 5.8퍼센트로, 2000년대에는 6.9퍼센트로, 2015년에는 7.6퍼센트로 성장했다(세계은행, 2016c).

때문에 1991년 경제 개혁은 인도가 강대국 역량을 적극적으로 추구하는 계기이자 전환점이라고 볼 수 있다. 만모한 싱은 국제 시스템에 문호를 개방하면서 "강대국으로 거듭나겠다는 인도의 열망을 문명의 본보기 또는 세계를 아우르는 귀감이 되겠다는 목표는 완전히 배제한 채 오로지 경제적인 측면으로 풀어냈다(말론, 2012:148)." 이를 위해 차용이 아닌 소비와 경제 성장을 중심으로 국제적 교류 증가에 집중하는 만모한 정책을 추진했다. 따라서 모든 방면에 있어 자주성을 한층 더 강화하고 강대국으로 거듭나는 집단적 수단으로서 다른 국가와의 관계 형성을 바탕으로 한 외교 정책이 필수적이었다. 또한 국내 발전에 성장은 필수적 요소였다. 때문에 경제적 부흥과 활성화는 인도 지도층의 세계관에 영향을 미쳤다. 엄청난 잠재력을 보유한 중급 시장과 기하급수적으로 늘어나는 에너지, 무역, 원자재, 투자에 대한 수요 덕분에 인도는 다른 국가에 충분히 매력 있는 나라가 되었으며, 이는 곧 국제 사회와의 상호의존성, 인정, 입지가 모두 향상됨을 뜻했다. 오늘날 눈부신 경제 성장을 바탕으로 인도는 "세계에서 손꼽히는 국가와 어깨를 나란히 하고자 하며 향후 국제사회에서 더욱더 큰 목소리를 내려고 할 것이다(차울리아, 2011b:32)."

그러나 이러한 노력은 "평소와 다름없는 정치적 이미지(젠킨스, 2000:6)"로 인해 훼손되고 있다. 예컨대 많은 기업은 여전히 정부의 통제를 받고 있다. 이는 민주주의 환경에서 급성장을 도모해온 인도의 어려움을 보여준다. 경제적 변화로 인해 부정적 영향을 받은 국내 이익단체와 유권자는 주기적으로 정치적 지도층을 면직시켰다. 그럼에도 불구하고 인도 경제는 지속적으로 성장했고 세계 자본주의도 더욱 적극적으로 받아들였다. 투자와 생산 기술, 세계 시장에 대한 접근성이 증가할 것이라는 믿음을 바탕으로 인도는 자유화 과정에 박차를 가했다. 이 시기에 인도로 유입되는 외국인직접투자 또한 크게 늘었다. 1980년대와 1990년대, 2000년대에 걸쳐 전반적으로 상승세를 보였는데, 총 투자액은 각각 10억 5,000만 달러, 150억 6,000만 달러, 1,562억 9,000만 달러였다. 그리고 2015년 한 해에만 442억 1,000만 달러를 기록했다(세계은행, 2016a).

자유화를 추진한 기간이 중국보다 15~20년 가까이 짧은 만큼 인도는 아직까지 중국을 따라잡지 못하고 있다. 인도의 정치 체제 또한 영향을 미쳤다. 그러나 인도는 분명히 떠오르는 신흥 강국이다. 이를 보여주듯 인도의 GDP(미국 달러 기준)는 1980년 1,900억 달러에서 1990년에는 3,270억 달러, 2000년에는 4,770억 달러, 2010년에는 1조 7,080억 달러로 증가했으며, 2015년에는 2조 730억 달러를 기록했다 (세계은행, 2016b). 한 가지 주목할 점은 1980년 인도의 GDP가 같은 시 기 중국의 GDP보다 높았다는 것이다. 1980년부터 2010년까지 인 도의 1인당 GDP(미국 달러 기준) 또한 상당히 증가했는데, 1980년 271.9달러에서 1990년에는 375.2달러, 2000년에는 452.4달러, 2010년에는 1,387.9달러로 늘어났다. 그리고 2015년에는 1,581.6달러 를 기록했다(세계은행, 2016d). 이로 인해 적어도 2억 명의 사람들이 빈곤 에서 벗어날 수 있었다. 이러한 모든 수치가 긍정적이지만, 2015년 인 도는 세계 최대 수출국 17위와 세계 최대 수입국 11위라는 저조한 성 적을 보였다(CIA, 2015b). 따라서 중국과 비슷한 수준의 중요성을 가 지고 있다고 보기는 어렵다. 하지만 시간이 지남에 따라 인도의 경 제적 기반이 탄탄해지면서 독립적이고 자주적인 외교 정책을 펼칠 수 있을 것이다. 이를 통해 인도는 "미국과 러시아, 중국과 대등한 국 제적 입지(에더니&와이어트, 2010:216)"를 갖추게 될 것이다. 따라서 경 제 성장은 인도 정책 입안자들의 자아개념을 확립하는 데 매우 중요 하다. 왜냐하면 "인도는 로켓이나 인공위성 발사 능력 또는 엄청난 인구수 때문에 존중받는 것이 아니다. 세계가 인도를 존중하는 이유 는 바로 경제 강국으로 거듭날 수 있는 인도의 능력 때문이다(치담바 람, 2007:3)."

: 경제력의 영향

경제력 확보는 국가의 부와 발전, 번영 외에도 수많은 영향을 가져온다. 강대국에 대한 해석을 기준으로 보자면 이 중 가장 중요한 것은 상호의존성과 협력이다. 이는 "힘이란 곧 다른 국가의 행동을 바꿀 수 있는 능력에서 비롯(나이, 2004:69)"되기 때문이다. 이와 같은 영향은 매우 긍정적이거나 매우 부정적일 수 있다. 또한 본질적으로 설득력 있는 수단으로 활용할 수 있다. 국가마다 계층적 본질이 다르므로 영향력의 정도 또한 차이가 있으며, 경제력 축적은 곧 경제학이 주도하는 오늘날 국제 시스템에서 어느 정도 높은 입지를 다질 수 있음을 의미한다. 그러나 강대국이라는 개념은 단순히 물질적 역량만 고려하는 것이 아니라 다른 국가의 인정을 필요로 한다. 앞서 살펴봤듯이, 더욱 빈번한 경제적 교류를 통해 얻을 수 있는 이익이 늘어나면서 중국과 인도는 국제 사회로부터 서서히 인정받고 있다. 중국의 경우 특히 더 그렇다.

경제력은 가장 먼저 다른 국가와의 관계를 더욱 강화한다. 또한 여러 국가, 다자간 기구, 기업과의 시너지 효과 및 상호의존성을 생성한다. 이러한 면에서 국가의 무역 역량 또는 상업적 외교는 곧 정치적 힘을 의미하며, 이를 바탕으로 다른 국가에 영향력을 행사할 수 있다. 중요한 점은 이러한 힘이 다른 고려 사항들에 그림자를 드리울 수 있다는 것이다. 이와 관련해 퍼코비치는 핵무기 보유로는 "경제를 발전시키거나 세계시장 점유율을 높일 수 없으며, 국가의 정치경제적 질서를 확립하는 데 있어 정치적 지지를 이끌어내지도 못한다(2004:138)"고 말한 바 있다. 경제력은 강대국으로 성장하는 과정을 뒷받침하지만, 동시에 굉장히 쉽게 전환할 수도 있다. 중국과 인도는 지나친 투자로부터 자국 경제를 보호하고 외부 충격으로 인해 수출 시장이 타격을 입지 않도록 하기 위해 많은 양의 외환과 금을 축적해왔다. 그리고 이를 바탕으로 지급 의무를 충실히 이행하고 있다. 2015년 말 기준으로 중국의 외환 및 금 보유액은 3조 2,200억 달러에 달했다. 이는 세계 최대로, 2위를 기록한 일본보다 150퍼센트 많은 금액이다. 인도는 3,700억 달러를 기록했다(CIA, 2016f). 두 국가 모두 다른 국가로의 외국인직접투자를 지속적으로 늘리고 있다. 인도의 경우 1980년에는 그 금액이 400만 달러였지만, 1990년에는 600만 달러, 2000년에는 5억 1,000만 달러, 2010년에는 159억 3,000만 달러, 2014년에는 98억 5,000만 달러(세계 총 투자금의 0.62퍼센트)로 증가했다. 같은 기간 중국의 외국인직접투자 유출액은 0달러, 8억 3,000만 달러, 9억 2,000만 달러, 688억 1,000만 달러, 1,160억 달러(세계 총 투자금의 7.31퍼센트)를 기록했다(UNCTAD, 2016).

여분의 경제력을 다른 종류의 힘으로 환산하면 강대국의 영향력을 행사하는 데 도움이 되는데, 특히 군사력이 그렇다. 제3장에서 살펴본 바와 같이 인도와 중국이 엄청난 군사비를 지출하며 물질적 힘을 확보하고자 하는 것을 보면 알 수 있다. 이러한 힘의 변형을 통해 각자 다르지만 밀접하게 연결되어 있는 국가적 역량이 서로 영향을 주고받게 된다. 예컨대 무역과 원자재, 에너지 안보의 경로를 확보하기 위해 군사력을 증강한다면 경제력 또한 함께 강화된다. 이러한 힘의 확보는 계속해서 재생산되는데, 이미 보유한 힘을 한층 더 증진하거나 완전히 다른 종류의 힘을 얻는 데 도움이 되기 때문이다. 따라서 힘은 자기증식적이며 절정에 다다르면 확장 범위가 기하급수적으로 늘어난다.

뿐만 아니라 국제무역에서 주요 역할을 한다는 전제하에 국가는 경제력으로부터 구조적 힘을 이끌어낼 수 있다. 이는 오늘날 국제 시스템에서 더욱 중요해지고 있는 중국을 통해 알 수 있다. 2014년 중국은 전 세계 철광의 57.7퍼센트, 구리광의 31퍼센트, 콩의 57.7퍼센트, 직접회로의 31.8퍼센트, 석유의 14.4퍼센트를 수입하며 각각 칠레-페루, 호주-브라질, 미국-브라질, 대만-홍콩, 사우디아라비아-러시아와의 주요 무역 의존도를 높였다(BBC, 2015c). 일부 전문가는 이러한 역할로 인해 '베이징 컨센서스'가 불거졌다고 주장한다. 그러나 이는 "중국의 실제 개혁 과정의 부정확하고 그릇된 요약(S. 케네디, 2010:461)"이라는 비판도 있다. 그럼에도 불구하고 중국 공산당이 지난 30년간 진행해온 권위적 자본주의의 부정할 수 없는 성공은 서방의 자유민주적 모델을 관념적으로 위협하는 것이나 다름없으며, 나아가 국제금융의 관행을 뒷받침하는 가치에 어느 정도 좋지 않은 영향을 미칠 수 있다. 이러한 관념적 경쟁은 중국의 구조적 힘과 국제 시스템의 기준에 맞춰 국가적 기반을 바꿀 수 있는 역량을 보여준다. 따라서 그 자체만으로도 강대국의 영향력을 시사하는 진정한 신호다. 지배적인 서방의 무역 규범과의 관념적 갈등으로는 규제되고 있지만 법적으로 금지되지 않고 있는 인도의 아동 노동 문제와 충분히 의심받을 만한 근거가 있는 듯한 중국의 산업 및 사이버 스파이 행위, 리버스 엔지니어링, 대규모 해킹 등이 있다.

경제적 하드 파워는 "다른 이와 원하는 것이 같기 때문에 내가 원하는 결과를 얻을 수 있는 능력(코헤인&나이, 2008:85)"을 뜻하는 소프트 파워로도 전환할 수 있다. 근본적으로 비강압적이고 출세지향적이며 협동적인 경제력의 원천은 매력적인 규범권력의 원천이 될 수 있다. 인도의 소프트 파워는 대부분 비폭력, 민주주의, 평화적 중재라는 정치적 핵심 가치와 연관 있다. 이는 "서양의 소프트 파워와 대략적으로 호환할 수 있다(네이어&폴, 2003:271)." 이러한 관점은 특히 오늘날 더 중요하며 예전에 비해 강대국에 시사하는 바가 크다. 이는 "우리가 살고 있는 정보 세계에서 정보의 신뢰성은 매우 중요하다. 왜냐하면 신뢰받는 국가일수록 믿음과 리더십을 얻게 되기(포차, 2003:8)" 때문이다. 그러므로 국제관계는 "국제적 홍보(에땅, 2009)" 수단이 된다. 문화적으로 보자면 인도의 발리우드 영화 산업은 이제 전 세계로 수출되고 있고, 인도 출신의 작가들 역시 국제적인 관심을 받고 있다. 2015년을 기준으로 인도문화교류위원회는 "문화적 관계를 육성 및 강화하고 인도와 다른 국가 사이의 상호이해를 촉진하기 위해(ICCR, 2015)" 총 35곳의 문화센터를 설립했다. 중국 또한 비슷한 기능을 하는 공자학원을 세우고 중국 언어와 문화를 전파하고 있는데, 2020년까지 그 수가 1,000곳을 넘을 것으로 예상된다(보로드즈코, 2015). 세계를 무대로 자국의 비전을 펼치기 위해 중국이 추진한 가장 큰 시도는 바로 2008년 베이징올림픽이라고 할 수 있다. 인도 또한 2010년 영연방 경기대회를 개최했지만, 진행상의 어려움으로 곤란한 상황에 부닥치기도 했다. 중국은 2022년 동계올림픽 개최국이며, 인도도 앞으로 올림픽 유치에 도전할 것으로 보인다.

: 갈등과 문제점

중국과 인도가 거대한 개발도상국에서 현대화된 선진국으로 거듭나기 위해 예상된 경제적 전환기를 거치면서 단기간에 개혁이 진행되었다. 이에 따라 여러 갈등이 연쇄적으로 발생했다. 이 중 대부분은 필요에 의해 지속된 재정적 성장과 관련 있는데, 이는 나아가 외교정책 기조와 교류의 대내외적인 측면을 관통하는 더 뿌리 깊은 문제를 일으킨다. 이와 같은 다양한 문제점은 두 국가의 향후 행보가 보장되어 있지 않다는 점을 보여준다. 실제로 강대국을 꿈꾸는 국가에 있어 가장 전환하기 쉬운 형태의 권력인 경제력은 상황을 악화시키는 요인으로 작용하기도 한다. 따라서 현재의 금융제도에 대한 인도와 중국의 의존성이 높아진다.

이를 보여주는 가장 극명한 예는 세계화를 향한 중국과 인도의 태도다. 두 국가 모두 세계화는 무역, 외국인직접투자, 기술, 시장 혜택 등이 수반되는 국제적 참여와 지역 기업을 위협하는 다국적 기업과 토착 문화를 약화시킬 수 있는 타국의 사상을 반대하는 자국 보호 사이에 필요한 균형이라고 여기고 있다. 이러한 갈등은 급부상 중인 아시아의 두 국가의 정체성이 서로 경쟁하고 있음을 시사한다. 동시에 식민지 시대의 부정적인 기억으로 인해 두 국가가 국제 시스템을 주의 깊고 의심스럽게 살펴보고 있음을 뜻한다. 이는 국제 교류에서 역사와 기억, 경험이 가지는 의미를 다시 한 번 강조한다. 서방의 외부 투자자가 순식간에 경제 자유화를 이룬 동남아시아 국가에 투입했던 자금을 거두어들이면서 해당 국가의 금융제도가 무너졌던

1997년 아시아 금융 위기로 인해 이러한 관점은 더욱 설득력을 얻었다. 세계화된 경제 질서는 인도와 중국의 독립과 자급성, 자주성을 위태롭게 하는 잠재적 위험 요소로 보는 것이다. 때문에 두 국가는 점진적으로 경제 자유화를 추진하고 있다. 또한 주권이 조금이라도 약화되는 것을 우려해 국제적 협의보다는 특혜무역과 자유무역을 선호한다. 국제법과 서양 사상, 외국 주식시장과 원자재 투기 역시 잠재적으로 불안정을 초래할 수 있는 반갑지 않은 외부적 압박으로 간주된다.

이처럼 어려운 문제들 중 하나가 바로 에너지 자원에 대한 탐색과 필요성, 개발이다. 일정하고 지속적인 에너지 공급(주로 석유와 천연가스)은 중국과 인도가 경제 성장을 이어나가고 강대국으로서의 권력을 강화하는 데 필수적이다. 때문에 두 국가 모두 이란과 수단, 미얀마, 몇몇 중앙아시아 국가와 같이 국제 사회에서 외면당한 국가들과 기꺼이 무역관계를 맺는다. 증가하는 수요가 국제적 비판을 넘어서는 것이다. 이러한 점을 고려해 유엔은 에너지 안보를 "다양한 종류의 에너지를 필요한 양만큼 합당한 가격에 지속적으로 공급받는 것(노로냐&수다르샨, 2011:5)"이라고 정의한다. 결정적으로 농업과 산업, 서비스 및 가계 등 경제의 모든 분야는 에너지에 의존한다. 에너지를 확보하지 못하면 경제 성장 속도가 급격하게 줄어들기 때문에 일반적으로 모든 강대국은 자국의 에너지 안보 경로를 보호한다.

경제 성장이 지속되면서 인도의 에너지 수요도 많이 증가했다. 2007년 일부 분석가들은 인도의 에너지 의존도가 "앞으로 25년 동안 5배 이상 늘어나(사니, 2007:24-25)" 세계에서 세 번째로 큰 석유 수입국이 될 것이라고 예측했다. 이와 관련해 자스완트 싱은 "에너지는 곧 안보다. 에너지 부족은 국가의 안보를 위태롭게 할 것(D. 스콧, 2008:17)"이라고 말한 바 있으며, 만모한 싱은 "에너지 안보 추구는 식량 안보 다음으로 중요한 문제(H. 자오, 2012:60)"라고 덧붙였다. 2020년까지 인도 에너지 수요의 90퍼센트를 외부 공급으로 감당할 것으로 예상된다(팜, 2007:344). 때문에 인도는 의심스러운 정부가 통치하고 있거나 인권 상황이 좋지 않은 국가와도 거래한다. 에너지 자원 확보에 대한 인도의 비관념적이고 무조건적인 접근법을 바탕으로 2013년 인도의 원유 수입 중 60퍼센트는 서아시아(사우디아라비아 20퍼센트, 이라크 14퍼센트), 16퍼센트는 아프리카(이 중 절반이 나이지리아), 12퍼센트는 베네수엘라에서 이루어졌다(마르엑스, 2014). 2015년 인도는 하루에 410만 배럴 이상을 수입하며 세계 4위의 소비국이 되었다. 그러나 국내 일일 생산량은 고작 100만 배럴 정도였다(USEIA, 2016b). 2005년 인도는 전략 비축유를 만들었다. 지난 200년 동안 석탄도 사용해왔는데, 심각한 환경오염을 고려해 원자력을 필두로 에너지원을 다각화하고 있다. 2045년 원자력은 인도의 총 에너지 생산량의 50퍼센트를 차지할 것이다(와이어트, 2005:172).

중국의 에너지 수요 역시 비슷하며, 인도와 마찬가지로 독재 정권일지라도 에너지 자원이 풍부하다면 주저 없이 거래하고 있다. 이는 정치와 관계없는 중국의 국제 투자 행보에서도 엿볼 수 있다. 에너지 수요와 공급에 있어 경제적 상호의존도는 에너지 안보 역학관계의 핵심이다. 후진타오는 "석유는 전 세계 여러 국가 간의 경쟁에서 가장 중요한 요소로, 중국은 반드시 자국의 석유 공급 경로를 막으려는 다른 국가의 시도를 방어할 수 있어야 한다(란티네, 2008:149)"고 말한 바 있다. 1985년부터 2013년까지 중국의 석유 수요는 5배 상승했다(USEIA, 2013). 2015년 중국은 하루에 740만 배럴의 석유를 수입하며 미국을 제치고 세계 최대 석유 수입국으로 자리매김했다(맥스패든, 2015). 또한 2020년까지 석유 사용량의 80퍼센트를 수입할 것으로 예상된다. 이러한 변화로 인해 중국은 초국가적 파이프라인 도입, 2001년 전략 비축유 지정, 국내 생산 촉진과 에너지 효율성 추구 등 석유 수입을 다각화하려는 노력을 기울여왔다. 2014년, 중국의 석유 수입 중 52퍼센트는 서아시아(사우디아라비아 16퍼센트, 이란과 이라크 9퍼센트), 22퍼센트는 아프리카(앙골라 13퍼센트), 13퍼센트는 러시아와 중앙아시아, 11퍼센트는 아메리카에서 비롯되었으며, 국내에서 하루에 생산하는 석유량은 460만 배럴이었다(USEIA, 2016a).

두 국가 모두 에너지 소비가 증가하면서 발생한 직접적 영향으로 심각한 환경오염을 들 수 있다. 이는 대개 별도의 규제 없이 또는 규제의 적용 없이 무분별하게 경제 성장을 추진한 결과다. 2011년 중국과 인도는 세계 1위와 4위의 탄소 배출국으로, 각각 24억 6,000만 미터톤과 5억 6,600만 미터톤을 배출했다(CDIAC, 2015). 이러한 탄소 배출로 인해 두 국가의 대기, 토양, 물, 건강의 질이 떨어졌다. 전반적으로 중국의 상황이 더욱 심각하지만, 최근 발표에 따르면 세계에서 가장 오염된 도시들은 모두 인도에 있다. 심각한 수준의 국내 환경오염에 반대하는 시위가 점점 과격해지면서 불안과 불안정이 증가하고 있는데, 이는 향후 인도와 중국 집권 정당의 정당성을 약화할 수 있다. 환경오염은 또한 보건 위기로도 이어지고 있다. 특히 호흡기

질환과 소아 질병의 증가, 천연자원의 훼손에 대한 우려의 목소리가 커지는 추세다. 이는 두 국가가 현재 또는 미래에 감당해야 하는 비용이며 이로 인해 현대화의 속도가 더뎌질 수 있다. 높은 경제 성장으로 인한 물질적 이익은 결국 파괴적이고 장기간 지속되는 사회적 문제로 이어졌다.

두 국가의 경제 변화로 인해 출생 시 평균 수명 또한 늘어났는데, 중국의 경우 1980년 66.5세에서 2014년 75.8세로, 인도는 1980년 53.9세에서 2014년 68세로 증가했다(세계은행, 2016f). 그리고 수백만 명의 사람들이 빈곤에서 벗어날 수 있었다. 그러나 2011년 구매력평가를 기준으로 2010년과 2011년에 중국 인구의 11.2퍼센트와 인도 인구의 21.3퍼센트가 하루에 1.9달러보다 적은 돈으로 생활하는 것으로 나타났다(세계은행, 2016g). 이는 1987년보다 많이 감소한 수치지만(중국의 경우 60.8퍼센트, 인도의 경우 50.3퍼센트. 세계은행, 2016g), 인도의 경우 현 상황은 "눈에 보이는 인도의 외부 영향력과 부족한 국내 정책 사이의 명백하고 지속 불가능한 간극(날리카, 2007:994)"을 보여주며 나아가 강대국이라는 세계 인식을 약화시킨다. 낮은 수준의 의료 서비스, 주택, 연금, 교육 대비책으로 인해 이러한 언행 불일치가 더욱 심각해지고 있다. 이는 지도층에게 있어 중요한 내부적 문제이며 "인도를 경제 대국으로 단정 짓는 데 대한 의구심을 제기(파나가리야, 2008:207)"하게 한다. 반면 중국의 경우 문제의 심각성이 덜한 편이다. 하지만 시진핑(2012년)은 "중국은 아직도 여러 암울한 도전 과제에 직면한 개발도상국이다"라고 말한 바 있다. 이는 "경제 성장을 지속하려면 사회 질서 개선이 매우 중요하다(태너, 2013:89)"는 후진타오의 발언과 일맥상통한다. 광범위한 사회적 불평등은 이러한 견해를 뒷받침한다. 2012년과 2014년 중국과 인도의 가장 부유한 1퍼센트가 보유한 국가적 부는 각각 70퍼센트와 49퍼센트에 달했다(가로팔로, 2012;『더힌두』, 2014). 이와 같은 부의 격차는 도시와 빈곤한 시골 지역 간에 더욱 커진다.

　이러한 불평등이 한데 모이면서 두 국가 모두 곳곳에서 부패가 일어나고 있다. 이는 "분노를 불러일으키는 불공평, 불평등, 절차의 부당함이라는 감정을 부추긴다(램튼, 2008:238)." 전환기를 지나는 경제에서 흔히 볼 수 있듯이 인도와 중국의 일부 공직자는 새로 축적된 국가적 부를 활용해 개인의 이익을 증대시켰다. 이는 정치 지도자의 정당성을 훼손하는 행위다. 일당 독재 체제의 집권 정당으로서 중국의 지도자들은 종종 이러한 문제의 심각성을 지극히 실존주의적 기준으로 가늠한다. 외향적인 성향의 후진타오 주석은 2012년 11월 "우리가 이러한 문제를 제대로 해결하지 못한다면, 당의 붕괴와 국가의 몰락으로 이어질 수 있다(BBC, 2012b)"고 말한 바 있다. 인도의 경우 국가 자산을 실가보다 훨씬 낮은 가격으로 팔아 이익을 챙겼던 대규모 정보통신과 광산 산업의 스캔들을 포함해 고위직 부패 사건이 연달아 일어나고 있다. 이러한 민주주의 성향의 훼손은 정치 지도자들에게 위협으로 작용했으며 다국적 투자 신뢰도를 저하시켰다. 인도의 경제 자유화 과정은 "구조와 제도적 역량의 진화(크리슈나파&조지, 2012:1)" 없이 진행되었고, 이로 인해 정치적 결함이 발생했다. 인도와 중국은 국제투명성기구의 2014년 부패인식지수에서 각각 85위와 100위에 올랐다(TI, 2014). 그러나 내부 시장의 규모만 고려하더라도 두 국가의 부패가 해외 투자를 제지할 것이라고 보기 어렵다. 지속된 성장이 국내의 정당성 문제를 능가하기 때문이다.

: 상호의존도, 해석과 인식

경제력은 어쩌면 강대국이라는 입지를 다지는 데 있어 가장 순수한 형태의 물질적 권력이라고 볼 수 있다. 다른 권력으로 전환할 수 있고 대체 가능하며 유연하고 구성적이다. 또한 상당한 수준의 경제력은 다른 국가의 이목을 집중시킨다. 특히 중국과 인도처럼 엄청난 인구를 보유한 국가는 더욱 그러하다. 이는 곧 수출입과 대내외 외국인 직접투자와 해외 원조를 통해 상호의존도를 높일 수 있음을 뜻한다. 물질적 권력을 행사할 수 있는 국가는 계속해서 성장을 도모할 수 있고, 원자재와 상품, 에너지 자원 등을 쉽게 확보할 수 있다. 강대국은 인식을 바탕으로 한 상호작용을 통해 가장 큰 이익을 얻는다. 따라서 경제력은 상호 간의 유익하고 거래적인 교류를 바탕으로 하는 국제 행보의 전조라고 볼 수 있다. 이와 같은 상호연결성은 본질적으로 재정적이고 관념적이다. 국제무역이 국가 대 국가의 역사적인 교류와 경험을 통해 형성된 강대국의 기능에 대한 지배적인 합의와 가치를 대변하기 때문이다. 이는 대개 세계화와 자유주의, 자유시장 경제를 기반으로 한다.

나아가 경제력은 다른 종류의 힘의 원천과도 밀접한 관련이 있다. 중국과 인도의 사례에서 살펴봤듯이, 강대국의 힘의 원천에 대한 태도는 시간이 지나면서 바뀔 수 있다. 예컨대 중국과 인도는 자급성을 강조했던 과거를 초월해 자유주의적 경제 원칙을 받아들이기로 결정했다. 이러한 진화는 "국가적 목표를 달성하기 위해 미국식 경제-제국주의 야망을 거부하면서도 미국의 경제력과 관련한 통찰력은 수용하면서 두 국가의 관념을 많이 완화(브롬몰러, 2012:78)"했다. 자유 자본주의 도입은 1980년대 또는 1990년대 정치-군사에서 정치-경제 발판으로의 새로운 국제 정세를 반영한 결정이었다. 당시 강대국이었던 미국을 비롯해 서유럽 국가들의 내부 원칙과 관념이 이러한 새로운 정세에 영향을 미쳤다. 이와 같은 국가는 경제적 지배에 힘입어 국제적 그리고 물질적 우세를 자랑하는 국가들이 앞으로의 경제 체제적 원칙에 영향을 미칠 것이라는 국제금융의 본질을 결정했다. 따라서 "중국과 인도와 같은 국가가 국제정치와 경제를 바꿀 수 있을 정도의 권력을 축적하고 있다(허렐, 2006:2)"는 주장은 타당하며, 이는 강대국의 내부 가치관과 정체성 이해의 필요성을 강조한다.

중국은 이미 2014년에 구매력평가 기준으로 중국의 GDP가 미국과 유럽연합의 GDP를 넘어 세계 최고치를 기록하면서 앞서 설명한 물질적 우세를 이루었다(CIA, 2015a). 중국이 경제력을 바탕으로 패권을 확보할 것이라는 주장도 있지만(자크, 2009), 오랫동안 지속된 다극성에 대한 믿음이 이러한 결과를 막을 것이다(제6장 참고). 중국의 자기 인식 또한 엿볼 수 있는데, 2006년 중국의 관영 TV 방송사인 중앙전시대는 「강대국의 부상」이라는 프로그램 시리즈를 방영했다. "미국과 영국은 무력에 의존하지 않고 강대국의 위치에 올랐으므로 모방의 표본(스즈키, 2014:643)"이라는 내용이었다. 이는 제1~3장에서 살펴본 중국의 가치관과 일치하는 견해다. 그러나 늘어난 무역 흑자와 관련한 우려, 섬유, 철강 그리고 중국이 97퍼센트를 보유하고 있는 희토류 자재의 독점에 대한 불안, 온전한 태환통화가 아닌 중국 통화(대외적으로는 인민폐, 내부적으로는 위안화)의 진정한 가치에 대한 추측 등 중국의 급성장에 대한 부정적인 외부 시각이 여전히 존재한다. 이러한 점들은 중국의 무역에 불리하게 작용한다.

주목할 점은 세계 곳곳에 교환소가 생겨나고 양자 간 인민폐 스와프 협정이 체결되면서 인민폐가 서서히 국제화되고 있다는 것이다. 또한 2014년 인민폐 적격 외국인기관투자자 제도의 도입도 영향을 주었다. 인민폐가 태환통화이자 국제통화로 자리 잡으면 그로 인해 상호의존도가 높아지면서 중국의 중요성과 인식이 향상될 수 있다. 이는 진정한 강대국으로 거듭나기 위해 반드시 필요한 조건이다. 앞으로 중국 공산당의 지도자들은 자국이 아직도 발전 진행 중인지에 대한 결론을 도출해야 한다. 이 결정으로 인해 기관과의 관계, 책무, 입지 모두 바뀔 것이다(제6장 참고). 환경오염과 부패, 불평등 등 중국이 마주하고 있는 내부 문제 외에도 1인당 GDP를 기준으로 중국은 대부분의 서양 국가보다 많이 뒤처져 있다. 이는 강대국 간의 상대적인 본성을 보여준다. 특히 새롭게 등장한 아시아 국가와 이미 발전과 현대화를 완성한 서양의 강대국을 비교할 때 그러하다. 이는 또한 오랫동안 진행된 발전과 현대화 목표를 이루기 위해서는 당분간 중국의 경제력을 내부에 집중해야 한다는 것을 뜻한다.

경제 발전의 규모와 범위, 중요성 면에서 중국과 인도를 완전하게 비교하기는 어렵다. 하지만 인도 역시 경제 자유화를 추진하고 있으며 이를 통해 국제 자본시장과 더욱 활발한 교류를 이어가고자 한다. 또한 더욱 늘어나는 상호의존성을 바탕으로 인도는 시장과 거래, 자원이 모두 합쳐진 필수 국가로 거듭나고 있다. 이에 미국의 고위 관리는 "인도의 경제력과 문화적 영향력, 정치적 영향력이 향상함에 따라 인도는 국제 정세에서 더욱 영향력 있는 역할을 자처하고 있다(국방부, 2010:60)"고 평가했다. 이는 경제학과 다른 요인 사이의 상호작용을 잘 보여준다. 인도의 인구가 머지않아 세계 최대를 기록할 것이라는 점을 바탕으로 2050년에는 인도의 GDP가 세계에서 가장 높을 것이라고 주장하는 이들도 있다(혹스워스&쿡슨, 2008). 이는 현대화와 발전 목표를 더욱 강화하는 동시에 모든 권력을 망라하는 강대국의 입지를 개선할 것이다. 중국과 마찬가지로 인도는 내부 인프라와 빈곤, 환경오염, 부패, 불평등 등 여러 어려움을 마주하고 있다. 이를 해결하려면 상당한 물질적 자원과 정치적 의지가 필요하다. 따라서 엄청난 숫자의 인구는 물질적 무기가 될 수도 있고 치명적인 단점이 될 수도 있다. 또한 의도적으로 덜 부각해야 할 또 다른 종류의 힘을 상징할 수도 있다. 국내 영역이 국제 사회 속으로 스며듦에 따라 평등과 발전, 민주주의와 관련된 인도의 가치관이 영향을 미칠 것이다(제1~3장 참고). 이는 인도와 중국처럼 식민지 시절을 거쳐 독립한 국가들, 즉 본능적으로 국제 정세를 경계하는 국가들의 특징이다.

제 5 장

주변국과의 관계

상대적 포지셔닝과 물질적 역량, 잠재적 영향력과 입지를 지정학적 견해로 본다면 강대국을 논할 때 "영토와 해상이 외교 문제와 국가 안보에 가져오는 강점과 약점(D. 스콧, 2008:3)"을 고려하지 않을 수 없다. 국가의 지리적 크기, 자연, 위치는 모두 국제관계에 영향을 미치는 중요한 요소들이다. 단순히 영토와 그와 관련된 팽창주의 개념을 벗어나 지역적 입지와 우월성, 패권주의를 고려한다면 국가의 물리적인 포지셔닝에 있어 인식이 어떤 역할을 하는지 알 수 있다. 이는 과거에서 현재로 이어지는 국가 대 국가/국가 대 지역의 교류, 역사적 기억, 상대적/희망 권력 계급을 통해 진화해왔다. 따라서 주변국과의 관계는 국가의 경험과 자아상, 스스로 부여하고 도맡은 역할을 모두 아우른다. 주변 국가를 지리적으로 움직일 수 없다는 점을 감안하면 이러한 요소는 더욱 중요해진다.

지역 내 입지는 곧 외교, 군사, 무역상의 우월성을 비롯해 근접 국가에 대한 영향력과 관리 정도를 나타낸다. 근본적으로 계급에 따라 분류되는데, 패권을 "다른 국가의 행동에 영향을 주거나 통제할 수 있는 국가의 능력(캐리, 2008:61)"이라고 정의하는 현실주의적 해석을 바탕으로 한다. 따라서 현실주의는 본질상 상대적이고 상호작용적인 교류에 초점을 맞춘다. 프라이스(2008:8)의 말처럼 인식, 예상, 대비는 지역 질서의 핵심이라고 할 수 있는데, 긍정적/부정적 상호작용과 경험, 역사를 통해 자리 잡는 의도와 욕구, 야망, 두려움과 위협을 포함해 물질적 그리고 관념적 측면을 모두 아우른다. 이러한 이해에 영향을 주는 것이 선제적 야망이다. 지역 내 패권을 장악하려는 국가의 자발적 노력이 국제 정세에 있어 필요 조건으로 여겨지기 때문이다(코헤인&나이, 1977). 특히 상대적으로 약소한 국가 역시 패권국으로부터 어느 정도 이익을 누릴 수 있으므로 이러한 우월성은 강압적일 필요가 없다. 상품을 비롯해 무역, 시장, 자본이 모두 패권국 위주로 분배되어 있을 때도 마찬가지다. 그러므로 "물질적 인센티브의 조종은 패권국이 권력을 행사하는 수단(아이켄베리&쿱찬, 1990:283)"이며, 이제 각각 동아시아와 남아시아에서 가장 큰 규모의 경제를 자랑하는 중국과 인도에 도움이 될 수 있다.

나아가 구조주의적 해석은 "문화적으로 형성된 개념으로서의 기능(웬트, 1999:41)" 또한 권력이 미치는 영향력 중 하나라고 주장한다. 이전 장에서 살펴본 바와 같이 정체성과 "역사적, 문화적, 사회적 맥락(호프, 1998:176)"은 국가 간 관계에 엄청난 영향을 끼치며 지리적 조건과 비슷한 중요성을 지닌다. 이는 인도와 파키스탄, 중국과 일본 간의 지역적 분쟁에서도 알 수 있다. 강대국이라는 정체성이 "자국에 대한 인식과 국제 사회에서 다른 국가가 가지고 있는 인식 사이의 상호작용(부잔, 2004:61)"이라고 생각한다면, 이러한 요소들은 더욱 중요해진다. 다른 국가의 인식은 정체성 형성에 도움을 줄 뿐만 아니라 잠재적인 폭력적 성향을 제한하며 지역적/국제적 정당성을 제공한다. 그러나 이러한 인식이 부재할 경우 경쟁과 갈등이 벌어질 수 있다. 대립적인 역학관계는 특히 질서 확립과 우월성, 순위와 관련될 때 문제가 될 수 있다. 각국의 역할은 교류와 사회화를 통해 형성되는데, 이 과정에는 전례와 경험, 인식 또한 영향을 미치며 과거로 인해 미래에 대한 부정적 시각이 생기기도 한다. 제3장과 제4장에서 살펴본 물질적 권력에 대한 인식도 고려해야 할 요소다. 또한 제1장과 제2장에서 다룬 믿음과 정치적 지도층 집단, 민족주의도 영향을 끼친다. 중국과 인도 모두 서로 밀접한 관계가 있는 여러 요소가 지역 내 존재하고 있으며, 이 중에서도 역사와 예전 상호관계가 차지하는 비중이 크다.

이번 장에서는 아시아 최대 규모의 국가들이 주변국과 어떤 관계를 맺어왔는지 살펴본다. 중국의 경우 동아시아 지역, 인도는 남아시아 지역에서 영향력을 행사 중이다. 인도와 중국의 지도층이 지역 내 자국의 위치를 어떻게 인지하고 있으며, 자국을 지역 내에서 인정받는 패권국으로 분류하고 있는지에 분석의 초점을 맞춘다. 이를 위해 중국과 인도의 외교 정책에서 나타나는 지속적인 인정과 입지 그리고 영토 분쟁과 관련한 사례 연구를 들여다본다. 특히 인도의 경우 파키스탄과의 불안정한 관계가 계속되고 있고 중국은 일본과 역사를 둘러싼 논쟁을 벌이고 있다. 또한 이번 장에서는 보다 광범위한 주변국과의 관계에 있어 두 국가 지도층의 전략적 우선순위에 집중한다. 나아가 각각 인도양 지역과 남중국해를 영토적 영향력/통치권을 행사할 수 있는 '자연적' 연장선이라고 여기는 지도층의 해석을 분석한다.

: 전략적 우선순위

인구, 영토, GDP를 기준으로 주변 국가의 총합에서 인도가 차지하는 비중은 75퍼센트가 넘는다. 군사비 또한 주변국을 앞지른다. 이러한 인도는 "남아시아에서 명백하고 압도적인 비대칭(와그너, 2005:1)"을 이루고 있다. 때문에 인도는 하드 파워와 소프트 파워를 동시에 추구하는 쌍방 전략을 통해 주변 국가보다 훨씬 뛰어난 역량을 확보한 지역의 시혜적 패권국이라고 할 수 있다. 이러한 해석은 "아덴에서 싱가포르에 이르기까지 지배적인 영향력을 행사했던 영국 통치 시절의 전통을 계승(오그덴, 2014b:75)"하는 지도자들의 생각에도 반영되었다. 인도가 패권국이라는 주장에 따르면 인도는 이란과 아프가니스탄, 태국, 티베트, 인도양 지역까지 영향력을 행사한다. 또한 인도는 굉장히 불안정한 지역 내에서 고립된 민주주의의 상징으로 간주된다. 주변국 중 단 한 곳을 제외한 나머지 국가들은 2015년 외교 정책 취약국가 지수에 이름을 올렸으며, 파키스탄, 미얀마, 네팔, 방글라데시, 스리랑카는 각각 14위, 26위, 33위, 36위, 43위를 차지했다. 반면 인도는 17위였다(FP, 2016). 이러한 이유로 인도 지도층의 주요 전략적 우선순위는 근접해있는 전략적 주변국을 관리함으로써 안정성과 통제력을 높이는 것이다.

1971년 이전에는 5개의 국가와 국경을 이루었지만, 오늘날 인도의 국경은 6개의 국가와 맞닿아 있다. 총 길이는 1만 3,888킬로미터로, 남아시아에 속하는 모든 국가와 국경을 접하는 유일한 국가다. 자연스럽게 인도는 남아시아의 버팀목 역할을 하고 있다. 주변국 중에서 부탄과 네팔은 육지로 둘러싸인 국가들로, 해상에 접근하려면 인도를 거쳐야 한다. 인도의 해안선 길이는 7,000킬로미터 이상으로 스리랑카, 몰디브와 근접해있다. 통일성과 일관성, "국가적 정체성과 생존(차투르베디, 2000:214)"의 중요성을 인식한 인도의 선출된 지도자들은 지속적이고 때로는 강압적으로 영토 합병을 추진해왔다. 인도의 물리적 크기에 대한 명확한 이해를 바탕으로 하는 이러한 과정에는 1947년 하이데라바드와 주나가드의 군사 합병, 1961년 무력을 통한 고아 탈환(포르투갈로부터), 1963년 프랑스의 퐁디셰리 반환, 1975년 시킴 흡수 등이 포함된다. 하지만 이러한 노력과는 반대로 인도는 1951년 코코스섬 중 한 곳을 미얀마에 반환했다. 이는 인도의 지도자들이 팽창주의를 무조건적으로 추진하는 대신 자국의 영토 범위를 정확하게 이해했음을 보여준다. 인도의 주요 "지도 제작상의 우려(크리슈나, 1994)"는 이제 카슈미르를 둘러싼 파키스탄과의 끝나지 않은 분쟁과 아루나찰프라데시와 아커싸이친, 카슈미르 일부 지역에 대한 중국과의 갈등이다. 불명확한 국경은 식민지 시절에 시작된 것으로, 여러 문제의 원인으로 작용해왔다. 특히 커즌 라인과 맥마흔 라인은 중국뿐만 아니라 네팔, 부탄, 방글라데시와의 영토 분쟁의 불씨로 평가되며, 마운트배튼 계획은 카슈미르와 1971년 이전 동파키스탄 지역을 둘러싼 지역 갈등을 불러일으킨 것으로 간주된다.

인도의 지역적 우월성을 강조하는 동시에 테러와 이주, 밀수와 관련된 위협으로부터 인도를 보호하기 위해 외교 정책과 방향 수립에 있어 자주성 보존이 매우 중요한 과제로 주목받았다. 이에 따라 인도의 외교 정책은 냉전 당시 주변국을 상대로 무력을 빈번하게 사용했다. 또한 다자간보다는 양자 간 관계 형성에 집중했다. 외부 개입을 축소하기 위해 "인도는 우월성을 추구하고 외부 세력의 영향력을 거부(모한, 2006:17)"하면서도 한편으로는 파키스탄을 상대로 미국과 중국을 견제하며 더 큰 영향력을 확보하고자 노력했다. 또한 치명적이고 분리적인 역사적 관계로 인해 여러 주변국과의 관계가 점점 불안정해졌다. 많은 사람이 이러한 불확실성이 인도의 단기적 경제 성장에 있어 걸림돌이 될 것이라고 주장한다(대쉬, 2001:210). 정리하자면 "아시아의 주요 강국으로서 자리매김할 수 있을지는 인근 주변국을 다루는 인도의 능력에 달려있다(무니&모한, 2004:318)."

중국의 물리적 크기와 경제적/군사적 역량은 오랫동안 중국이 아시아의 주요 국가로 활동해온 배경이 되었다. 과거 제국 시절 중왕국이라는 입지와 패권주의적 우월성을 추구했던 것처럼, 중국은 다시 한번 아시아의 패권국이 되고자 한다. 수 세기에 걸쳐 지역 내 다른 국가보다 중국 문명이 훨씬 뛰어나다고 믿는 중국 예외론은 오늘날 중국의 지도층과 국민의 사고방식에 큰 영향을 미친다. 따라서 권력과 안보, 존경을 얻기 위한 '국제적 입지'에 대한 열망은 1990년대부터 중국의 외교 정책을 지배해왔다. 이러한 요소는 중국 외교 정책과 2만 2,447킬로미터에 달하는 국경과 접해있는 주변국의 인식(육지로는 14개국, 해상으로는 7개국)에 영향을 미친다. 1만 4,500킬로미터 정도인 해안선을 비롯해 중국은 세계에서 토지 경계선이 가장 긴 국가이며 인접국의 숫자도 가장 많다. 또한 태국, 아루나찰프라데시(인도와의 분쟁), 여러 소규모 섬(일본과 여러 동남아시아 국가와의 분쟁)을 둘러싼 영토 분쟁에서 살펴볼 수 있듯이 중국은 자국 영토의 범위에 대한 명확한 인식을 가지고 있다. 주변국과의 영토 분쟁을 '신성한 헌신'이라고 여기는데, 이를 통해 위대한 국가적 통합(대일통)의 영광을 재현하고 과거의 굴욕을 만회하고자 한다. 이러한 목표를 바탕으로 중화인민공화국은 1950년 10월 티베트에 침입했고 중국 영토의 일부로 흡수했다.

마오쩌둥 시기의 관념적 열정을 보여주듯 중국 지도자들은 동남아시아 전역에 사회주의적 혁명을 전파하고자 했다. 뿐만 아니라 제2차 세계대전 이후 몰락한 일본의 국가적 위상을 고려해 일본과 거리를 두었으며 나아가 1960년대 정치적으로 사이가 멀어진 소비에트 연방과의 관계를 정리했다. 1970년대에는 덩샤오핑이 외교 정책에 변화를 추구함에 따라 중국 공산당은 "관념적 접근법에서 벗어나 주변국의 관념적 성향과 정치 체계와 관계없이 우호적인 관계를 형성(S. 자오, 2004:214)"하는 데 초점을 맞췄다. 또한 1989년 천안문 사태 이후 중국은 지역 내 관계 개선과 정치적으로 시혜적이며 비패권적 국가라는 이미지 추구에 힘썼다. 주변 정세의 안정화를 도모하는 동시에 중국 내부의 현대화 프로그램을 지원하기 위함이었다. 원자바오 총리의 말처럼 이러한 "주변국 정책"의 목표는 중국이 "좋은 이웃이자 좋은 파트너"라는 점을 보여주는 동시에 "주변국과의 우호적인 관계를 형성하고 지역 협력을 강화하며 중국과 주변국 간 교류와 협력을 한 단계 향상(비슨&리, 2012:37)"하기 위함이었다.

중국은 자국을 "없어서는 안 될 파트너이자 미국이 주도하는 서구 열강을 대체할 수 있는 권력(란티녜, 2013:109)"으로 보여주는 데 목표를 두고 한층 더 적극적이고 자신감 있는 태도로 주변국과의 외교를 펼쳤다. 평등과 신뢰, 모두에게 이득인 윈윈하는 협력이 보장되는 안정적인 지역 상황을 바탕으로 공통적인 '평화적 발전'을 통해 1992년 중국은 대한민국, 러시아, 새로 등장한 중앙아시아 국가들과 중요한 외교관계를 맺고 무역 협력을 강화해 지역 간 관계를 크게 발전시켰다. 그 결과 2010년대 초반, "중국은 아프가니스탄을 제외한 모든 주변국에 있어 상위 5위 안에 드는 수출국이자 상위 3위 안에 드는 수입국(워맥, 2013:918)"으로 자리 잡았다. 이는 중국과 주변국 사이에 높은 수준의 진보적이고 지배적인 독립성이 형성되었음을 보여준다. 중국은 또한 국경을 둘러싼 많은 논쟁을 해결했다. 예컨대 1990년대에는 라오스, 부탄, 몽골과 협약을 체결했고, 1991년과 1994년, 2004년에는 러시아와 협정을 맺었다. 1999년에는 베트남과 그 외 중앙아시아 국가들과도 협상했다. 이러한 합의는 대개 중국이 통치권을 타협했기 때문에 가능했다. 카자흐스탄의 경우 논쟁이 되었던 영토의 20퍼센트로 만족했고, 키르기스스탄의 경우 30퍼센트에 대한 통치권 확보에 합의했으며, 타지키스탄 파미르고원에 대한 소유권을 상당 부분 양보했다(램튼, 2008:48). 일각에서는 이러한 행보가 주변국에 대한 물질적 주도권보다는 중국의 제국주의 문화에서 비롯되었다고 주장한다(강, 2007).

하지만 우리가 주목해야 할 점은 동아시아 국가들의 경제와 군사력이 세계에서 손꼽히는 수준으로 발전하고 핵을 보유하고 있거나 이제 막 도입한 국가들이 생겨나면서 지역을 둘러싼 안보와 관련한 역학관계가 더욱 광범위해졌다는 점이다. 특히 이러한 현상은 일본과 러시아가 주도권을 잡은 동시에 미국이라는 외부 세력의 영향력이 커지면서 더욱 두드러졌다. 그 결과 중국은 "안방의 주도권 싸움에서 밀려나는(투미, 2008:405)" 상황을 마주하고 있다. 또한 이 지역은 폭력적이고 충격적인 과거가 계속해서 긴 그림자를 드리우는 곳으로, 그로 인해 역사적인 반감/불안정이 존재하고 다자주의가 제한된다. 따라서 미국을 중심으로 한 허브 앤 스포크 시스템은 지역 안정을 유지하는 데 매우 중요하며, 단기간 내 중국이 지배하는 계층적 방식 등 다른 종류의 지역 질서로 대체될 가능성은 희박하다. 때문에 현 상황은 "강자가 강력한 힘을 행사하고 약자는 그 힘을 받아들인다(김&리, 2002:131)"는 현실주의적 견해를 거스르고 있으며 그 대신 구조주의적/자유주의적 경제학을 기반으로 한 구성주의적 해석이라고 볼 수 있다.

: 주요 논쟁

지역 간 관계 내에서 인도와 중국은 각각 파키스탄과 일본과 입지, 영토, 관념을 둘러싸고 주요 논쟁을 펼치고 있다. 여러 물질적 요소(특히 군사력과 경제력)와 지각적 요소(위상, 트라우마, 굴욕) 간의 상호작용과 상호연결성을 더욱 강조하는 이러한 경쟁 구도는 정체성과 자아상이라는 강대국의 필수 조건을 더욱 부각한다. 이러한 점에서 역사는 중요한 역할을 한다. 국가 간의 교류를 추적할 수 있는 연대순으로 기록된 시간적 도구이자 정책과 행동과 관련한 이전 경험과 전례를 들여다볼 수 있는 저장소이기 때문이다. 시간 또한 필수적 요소로, 국가의 안보가 불변의 본질이라기보다는 역사적으로 변화와 논쟁을 겪어왔다는 점을 보여준다. 나아가 강대국이라는 입지를 다진 국가들의 역사적 특수성을 설명한다.

중국과 일본의 경쟁 구도는 그 원인이 1894~1895년까지 벌인 중일전쟁으로 거슬러 올라간다. 중국은 전쟁에서 패하면서 지역의 주도권과 우월성을 일본에 넘겨주어야 했다. 중국의 완전한 영토 보존의 부재는 같은 기간 지속되었다. 특히 1930년대 일본은 중국 북쪽에 만주국이라는 괴뢰 국가를 세웠다. 이러한 침략은 일본에 대만을 빼앗기는 결과로 이어졌으며, 한반도의 분단에도 영향을 미쳤다. 일본의 물리적 존재감은 1945년 제2차 세계대전이 종료되어서야 끝났다. 하지만 그 이전에 일어난 부정적 사건들은 이른바 중국의 굴욕의 한 세기 동안 지속된 주요 정서의 밑바탕이 되었다. 특히 굴욕의 한 세기는 중국이 오랫동안 가지고 있던 중왕국이라는 자부심을 산산조각 냈다. 중국-일본 관계에 어두운 그림자를 드리운 일련의 사건들은 "역사적 트라우마가 향후 인식에 상당한 영향을 미칠 수 있다(저비스, 1969:470)"는 점을 잘 보여주었다. 중화인민공화국 설립 이후 이러한 부정적 갈등은 일본이 미국의 힘을 빌려 현대화를 달성한 후 보호주의를 펼치면서 더욱 심화되었다. 특히 일본은 1960년 '미국-일본 상호 안전 보장 조약'을 체결하기도 했다. 반공산주의에 대한 의견을 명백하게 밝힌 일본의 요시다 독트린에도 불구하고 중국은 일본이 다시 군사력을 확보하는 것보다 미국과 군사 동맹을 맺는 편을 선호했다. 따라서 "국가의 주권으로 전쟁을 영원히 포기(란티네, 2013:125)"하는 내용의 상당히 평화주의적인 일본 헌법 제9조의 혜택을 누렸다고 볼 수 있다.

1960년대에 들어서면서 중국이 경제적 교류를 더욱 확대함에 따라 1972년 중국과 일본의 관계는 정상으로 돌아왔다. 이에 따라 역사적 문제도 일부 해결되었다. 1972년 '평화와 우정 조약'의 제2조를 통해 중국과 일본은 "양국 모두 아시아와 태평양 지역, 그 외 어떤 지역에서도 패권 장악을 시도하지 않을 것이며 패권주의를 추구하는 어떠한 국가 또는 집단의 시도에 반대(TPF, 1978)"한다고 밝혔다. 우호적인 경제적, 외교적 관계는 시간이 지나면서 더욱 단단해졌다. 일본은 미국과의 관계와 민주주의를 바탕으로 처음에는 1989년 천안문 사태를 부정적으로 받아들였으나, 나중에는 중국이 다시 국제 무대에 합류할 수 있도록 도왔다. 양국 간의 경제적 이익은 명확하다. 그러나 어느 정도 압박이 존재하는 양국 간의 상호의존성과 입지를 둘러싼 문제 등 지역의 패권이 어느 쪽으로 기우느냐는 여전히 불확실하다.

최대 주요 갈등 중 하나는 중화인민공화국 설립 이전 제국주의 일본의 침략에 대한 중국의 국가적 기억이다. "일본은 전쟁을 통해 중국 국민에게 입혔던 엄청난 손해에 막중한 책임을 느끼고 굉장히 자책한다(호시야마, 2008:100)"는 내용의 1972년 공동성명에도 불구하고 "일본이 제2차 세계대전 당시 중국에서 저질렀던 악행에서 비롯된(S. 자오, 2004:223)" 정서가 여전히 뿌리 깊게 자리 잡고 있다. 1937~1938년에 걸쳐 이루어진 난징 대학살을 부인하는 등 일본 역사 교과서의 정확성을 둘러싼 논쟁, 일본 총리의 야스쿠니 신사 참배, 전쟁 당시 잔혹 행위에 대한 일본의 지속적인 부인 등으로 인해 갈등이 수기적으로 발생하면서 양국 간 역사는 삼성적 시금석으로 남아 있다. 이러한 갈등은 "태평양전쟁은 공격을 위한 전쟁이 아니라 자기방어를 위한 전쟁(모치즈키, 2007:758)"이라는 일본의 역사관으로 인해 더욱 심화되고 있다. 이는 그 자체로 인식, 역사, 기억의 지속적인 싸움이라고 할 수 있다. 전반적으로 이와 같은 문제는 중국 외교 정책에 엄청난 영향을 주었다(제1장 참고). 일본과의 관계뿐만 아니라 강대국으로 거듭나겠다는 중국의 열망/재주장과도 관련 있다. 학자들은 이러한 부정적 접점이 국내에서 민족주의적 비판에 부딪힐 경우 지도자들이 꺼낼 수 있는 효과적인 '역사적 카드'라는 점에서 중국 공산당의 집권 정당성과도 연결되어 있다고 주장한다.

일본과 중국의 경쟁 구도는 여러 극심한 영토 분쟁도 포함하고 있다. 이는 서로를 향한 관념적 적대감에 물리적 측면이 더해진 것이라고 볼 수 있다. 주로 중국에서는 댜오위다오라고 부르고 일본에서는 센카쿠열도라고 부르는 지역을 둘러싼 논쟁이 치열하다. 중국은 이 지역이 대만의 일부라고 주장하고 있고 일본은 오키나와의 일부라고 여긴다. 1992년 중국은 영해법을 통과시켰으며, 유엔의 해양법 협약에 따라 해양 지역이 자국의 배타적 경제 수역에 해당하므로 잠재적 석유 및 천연가스 탐사가 가능하다고 주장한다. 그러나 문제는 중국이 주장하는 배타적 경제 수역이 일본의 배타적 경제 수역과 겹친다는 점이다. 일본 역시 자국의 배타적 경제 수역을 바탕으로 해당 지역에 대한 권한을 주장하고 있다. 이러한 갈등으로 인해 상호 간에 민족주의적 감정이 종종 표출된다. 양국 국민이 해당 지역을 방문하거나 민간 선박과 해군이 대치하는 상황도 벌어졌다. 2013년 11월 중국은 해당 지역에 대한 방공식별권을 선언했지만, 일본과 미국, 대한민국은 이를 인정하지 않았으며 중국의 발표 직후 바로 해당 지역 상공에 군용기를 통과시켰다. 남중국해를 둘러싼 해상 갈등도 점점 더 심화되고 있다. 특히 중국이 2003년부터 시추를 시작한 춘샤오 가스전이 논쟁의 중심이다. 양측 모두 무력 대응을 펼치고 있으며 "일본은 오키나와 제도와 중국 본토 사이에 있는 해상의 중간선이 경계선이라고 주장하는 반면 중국은 대륙붕의 자연 연장 이론을 내세운다(호시야마, 2008:87)." 이러한 갈등으로 인해 중국 국내에서 반일 시위와 폭동이 일어나고 있는 점을 감안하면 "실질적인 정책을 추구하는 동시에 점점 더 고조되는 민족주의와 반일 감정의 균형을 찾는 것은 중국 지도층에게 엄청난 과제(판다. 2012:136)"임이 틀림없다.

중국과 일본은 세계에서 손꼽히는 경제 대국이다. 2014년 세계은행에 따르면 중국은 세계 2위, 일본은 세계 3위를 차지했다. 두 국가는 금융 시장에서도 경쟁을 벌이고 있으며, 상호의존성 또한 더욱 높아지고 있다. 이로 인해 일부에서 '차가운 정치, 뜨거운 경제'라고 부르는 현상이 목격된다. 두 국가 모두 자국의 안보를 보장하기 위해 상업적 현실주의를 기반으로 금융과 기술 발전에 주기적으로 힘쓰고 있다. 따라서 "통화 스와프, 지역 채권 시장, 중앙은행의 협력(비슨&리, 2012:48)"을 포함한 국가 간의 무역 증진과 상호 간의 외국인직접투자 증가에도 불구하고 경제 성장이라는 필요성은 종종 경쟁 구도로 이어졌다. 예컨대 중국은 에너지 안보를 위한 국가 주도적 접근(제4장 참고)을 통해 가스와 석유 공급 통로를 통제하기 위해 노력하고 있다. 그러나 이러한 행동은 영토 주장과 해군의 능력 확대로 이어졌고(제3장 참고), 나아가 일본과 갈등의 골이 너욱 깊어지는 결과를 초래했다. 경제적 측면은 또한 국가적 입지, 위상, 정부 기관과도 연관이 있다. 지역 내 경제적 리더십은 이제 중국에 넘어간 것으로 보인다. 1997년 아시아 금융 위기에도 중국의 위안화는 가치가 떨어지지 않았고, 중국은 2008년 국제 금융 위기 이후 재정 부양책을 펼쳤다. 이러한 노력을 바탕으로 중국은 지역 내 안정을 도모하고 외국인직접투자의 외부 유출을 막을 수 있었다.

역사적 경험과 예전 위상을 바탕으로 동아시아의 지역적 패권을 누가 차지할 것인가에 대한 광범위한 논쟁은 여전히 해결되지 않고 있다. 이는 상대적이면서도 상호 간의 영향을 받는 문제로, 분석가들은 중국이 일본 민족주의의 부활과 굴욕의 한 세기가 반복되는 것을 두려워하는 가운데 "일본을 지역 내 경제적 강대국을 넘어 정치적 강대국으로도 인정하는가(호시야마, 2008:74)"라는 질문을 던진다. 따라서 중국은 일본이 유엔 안전보장이사회의 상임이사국이 되는 것을 반대한다. 또한 일본의 재무장으로 이어질 수도 있는 일본 헌법 9조의 재해석에 대해 매우 민감하게 반응하며 반대 의견을 표출하고 있다. 2014년 일본의 아베 신조 총리는 50년간 유지되어온 무기 수출 금지 정책을 폐지했다. 이는 중국의 우려를 재확인하는 계기가 되었는데, 특히 일본의 공군과 해군의 역량이 중국보다 훨씬 더 우월하다는 점에서 중국의 고심은 깊어졌다(스웨인, 2005:274). 미국의 역할 또한 이러한 갈등을 더욱 심화했는데, "일본이 자체 핵무기 개발을 시도하지 않는 이상 미국의 핵 확장억제력에 의존할 수밖에 없다(모치즈키,

2007:742)"는 점이 명확할뿐더러 미국이 철수할 경우 지역 내 마찰이 더욱 고조되고 일본이 핵무기 개발에 착수할 수 있기 때문이다. 따라서 동아시아는 여러 국가가 강대국으로 거듭나기 위해 경쟁하는 유동적인 패권주의의 무대라고 할 수 있다.

남아시아에서는 인도가 파키스탄과 갈등을 겪고 있다. 파키스탄은 "우세한 인도에 군사적, 관념적 수단을 활용해 반기를 든 유일한 남아시아 국가(S. P. 코헨, 2002:229)"다. 두 국가의 라이벌 관계는 영토, 체계, 핵무기, 지각적 측면 등 광범위하게 형성되어 있다. 1947년 영국령 인도가 분리되면서 탄생한 인도와 파키스탄은 두 갈래로 나누어진 분리적인 원칙을 바탕으로 한다. 인도는 근본적으로 종교적 다양성과 공생을 중요시하는 반면, 파키스탄은 단일종교인 이슬람교를 바탕으로 국가적, 영토적 정체성을 확립했다. 이러한 원칙과 국가적 정체성의 차이점은 본질적으로 양립할 수 없다. 분리 이후 카슈미르 지역을 둘러싸고 열띤 논쟁이 벌어지며 이러한 관념적 갈등의 골이 더욱 깊어졌다. 그리고 이는 1947~1948년의 전쟁으로 이어졌다. 그 이후에도 지속되어온 카슈미르에 대한 소유권 분쟁은 1965년과 1999년 전쟁의 원인이 되었다. 뿐만 아니라 1971년 동파키스탄과의 갈등과 1980년대부터 빈번하게 일어나고 있는 반란과 테러 행위 또한 이러한 갈등에서 비롯되었다.

두 국가 간의 직접적인 갈등에 있어 인도가 훨씬 더 유리했지만, 파키스탄은 카슈미르 지역을 둘러싼 논쟁에서 인도의 세속적인 소유권에 이의를 제기했다. 이는 인도의 물리적, 정치적, 관념적 정체성이 지속적으로 부딪혀온 비판이기도 했다. 1950년대 네루가 "부서진 것은 매우 중요한 것으로, 바로 인도의 몸통이었다. 이는 수백만 명의 사람들의 마음과 정신에 엄청난 결과를 가져왔다(크리슈나, 1994:509)"고 말한 것에서 알 수 있듯이, 이처럼 해결되지 않은 문제는 인도의 영토 보존을 약화시킨다. 반면 1971년 인도의 개입으로 인해 동파키스탄이 독립하면서 동쪽 영토를 잃어버린 파키스탄은 어떠한 대가를 치르더라도 카슈미르를 지켜내고자 한다. 1971년의 갈등은 "남아시아의 지정학을 완전히 바꿔 놓았으며 라이벌인 파키스탄과 그 외 남아시아 지역에 대한 인도의 군사적 우월성을 한층 더 강화시켰다(D. 스콧, 2011:120)." 1972년 심라협정을 통해 정해진 통제선(분쟁 지역의 60퍼센트를 인도, 30퍼센트를 파키스탄, 10퍼센트를 중국이 가져가는)이 카슈미르 지역의 경계선이 되었다. 관념적 성향이 강한 인도 지도층(제1장 참고)은 이 경계선을 침범하지 않았다. 1971년 전쟁 이후 인도는 "확보했던 대부분의 영토를 다시 포기했고 9만 4,000명의 포로를 돌려보냈다(오그덴, 2014b:78)." 강압적인 태도 대신 책임을 지는 모습을 보이며 국제적 위상을 얻고자 한 것으로 풀이된다.

카슈미르 지역을 둘러싼 직간접적인 논쟁이 지속되면서 양국 간의 관념 또한 마찰을 빚었다. 평화를 위한 정상회담과 논의를 진행하고 통제선 주변으로 휴전을 선언하는 등 갈등 해결을 위한 노력에도 불구하고 이러한 문제는 계속되었다. 빈번하게 일어나는 급습과 여전히 불분명한 경계선은 두 국가 사이의 관계를 더욱 악화시키고 있다. 지난 70년간 인도와 파키스탄에 서로 불신과 적대감을 야기하고 양국의 국가적 정당성 확보와 관련된 주요 문제로 불거져 온 카슈미르는 결국 제로섬 상황에 놓여 있다. 해당 지역을 완전히 잃는 것은 곧 씻을 수 없는 패배이자 치욕을 뜻하기 때문이다. 이렇듯 복잡하게 얽힌 영토적, 관념적 역학관계 외에도 인도 지도층은 카슈미르 지역에 대한 통제를 완전히 잃었을 경우 전반적인 영토 보존에 미칠 악영향을 우려하고 있다. 특히 이로 인해 북동 지역의 분리주의 운동이 정당화되는 것을 원치 않는다. 민족적 그리고 문화적으로 복잡한 인도의 패권 또한 이러한 논쟁에 영향을 끼칠 수 있다. 지금까지 인도는 화합을 중심으로 하는 "인도의 관념(킬나니, 1997)"을 바탕으로 다양한 민족적 정체성을 포용해왔다.

이와 같은 영토적, 관념적 갈등은 더 광범위한 국제 시스템에도 그대로 반영되어 인도와 파키스탄은 서로 다른 행보를 보여왔다. 인도는 다자간의 비동맹운동을 도왔다. 비동맹운동의 목표는 반식민지주의와 반제국주의를 바탕으로 두 갈래로 나누어진 냉전 시대의 세계에 반대하고 무력 동맹을 억제하는 제3세계 연대를 형성하는 것이었다(제6장 참고). 반면 파키스탄은 미국이 지지하는 동남아시아조약기구와 중앙조약기구에 가입하며 상호 간의 협력과 보호, 집단 방어에 초점을 맞췄다. 1950년대 중반부터 파키스탄은 소비에트 연방의 영토 근접 지역에 감청 부대를 짓고자 했던 미국으로부터 상당한 원조와 군사 훈련을 지원받았다. 미국은 파키스탄과의 관계를 통해 1980년대 아프가니스탄을 향한 소비에트 연방의 군사적 영향력에 대응했으며, 향후 9·11 테러 사건 이후에도 '테러와의 전쟁'에 활용했다. 최근 들어 미국은 파키스탄과의 관계가 흔들릴 정도로 인도에 대한 지원을 늘리고 있다(제7장 참고). 반면 인도는 냉전 시기에 소비에트 연방으로부터 사회주의를 기반으로 한 정치적 영향을 받았으며, 산업적 그리고 군사적 원조를 제공받았다. 이를 토대로 군사, 경제, 외교에 걸친 전략적 파트너 관계를 추구했다. 이러한 관계는 동 파키스탄전쟁 이전인 1971년 '평화, 우정 그리고 협력 조약'에 서명하면서 더욱 강화되었다. 해당 조약은 미국, 중국과 손잡은 파키스탄을 상대로 소비에트 연방이 인도를 보호한다는 내용이었다. 인도는 유엔 안전보장이사회의 상임이사국인 러시아의 도움 덕분에 카슈미르 지역을 둘러싼 논쟁과 관련해 외부의 비판/개입에서 벗어날 수 있었다. 이러한 이익관계는 오늘날까지 지속되고 있다.

파키스탄 역시 중국과의 밀접한 관계를 통해 이익을 누려왔다. 이러한 '전천후적인 관계'는 군사적 원조, 기술적 협력, 카슈미르 지역의 전략적 영토 교환 등의 형태로 표출되었다. 현재 중국은 카슈미르 지역의 10퍼센트에 대한 소유권을 보유하고 있다. 중국의 입장에서 이러한 노력은 "인도와 파키스탄의 관계가 지속되어 인도가 지역 내 강대국으로 성장하는 것을 막고 중국이 아시아 및 세계적 강대국으로서의 입지를 다지기 위함이다(팬트, 2011a:237)." 카슈미르 지역을 둘러싼 여러 차례의 갈등은 이러한 중국의 목표에 도움이 되었다. 그러나 파키스탄을 돕기 위해 중국이 해당 지역에 군사적으로 개입한 적은 없다. 파키스탄의 심해항은 중국이 중동으로부터 에너지를 수송하는 통상로를 확보하는 데 도움이 된다. 최근 들어 인도와 중국의 개선된 관계로 인해 카슈미르 지역에 대한 중국의 입장이 중립적으로 변화했다는 점에 주목해야 한다. 이는 또한 지역 내 불안정을 야기할 수 있는 파키스탄의 테러 활동의 영향에 대한 대응이기도 하다. 전반적으로 지역 외 국가와의 관계는 파키스탄이 군사력을 현대화하고 인도와 지역적 경쟁을 벌이는 데 도움이 되었다. 다소 기복이 있지만 지속되고 있는 파키스탄과 미국, 파키스탄과 중국의 관계는 인도 지도층으로 하여금 인도가 둘러싸여 있다는 인식을 심어준다. 이는 강대국으로 부상하려는 인도의 야망과는 반대된다.

이렇듯 관념, 영토, 지역적 측면이 모두 뒤섞여 있는 경쟁 구도의 핵심은 인도와 파키스탄이 모두 핵무기를 보유하고 있다는 사실이다. 1998년 파키스탄은 같은 해 인도의 핵실험에 보복하기 위해 핵실험을 진행했다. 이후 파키스탄의 핵 보유 능력을 가늠해볼 수 있는 계기는 없었지만, 양국이 물리적으로 인접해있다는 사실만으로도 이미 존재하는 갈등은 한층 더 깊어진다. 지역적으로 파키스탄의 핵무기 보유는 "동등하지 않은 두 국가 사이에서 '위대한 균형추' 역할을 도맡아온 인도의 우월성을 어느 정도 무효화(네이어&폴, 2003:51-52)"시켰으며, 역으로 1999년 카르길전쟁처럼 저강도 갈등의 위험성을 고조시켰다. 또한 인도를 향한 파키스탄의 테러 행위를 뒷받침했다(제3장 참고). 파키스탄 내부의 권력 균형(정부와 군대, 안보기관 사이의)에 대한 불확실성과 근본적인 사회적 불안정, 체제 붕괴에 대한 두려움은 이러한 우려의 심각성을 더욱 증가시킨다. 특히 역사적/관념적 관점으로 볼 때 더욱 그러하다. 무역과 에너지 공급이 늘어나는 등 인도와 파키스탄의 관계가 어느 정도 정상 궤도에 접어들고 있는 듯 보인다. 하지만 정체성, 자아상, 위상에 관련한 문제는 여전히 지속되고 있다. 이러한 요소 때문에 미국과 중국, 러시아 등 다른 강대국에 있어 남아시아는 꼭 필요한 시금석이며, 나아가 인도는 그들의 외교 정책 계산에 반드시 포함되어야 하는 부분이다.

: 광범위한 지역적 관계

인도는 파키스탄 외에도 방글라데시, 부탄, 몰디브, 네팔, 스리랑카와 같은 남아시아의 소규모 국가들과도 관계를 맺고 있다. 또한 동남아시아 가장자리에 자리 잡은 미얀마와 더불어 인도양 해안선을 따라 지역적 관계를 유지해오고 있다. 물리적 그리고 물질적으로 우월한 인도는 역사적으로 불평등한 조약을 기반으로 하는 안보 협약을 줄지어 맺어왔다. 예를 들어 1950년에는 네팔, 1949년에는 부탄, 1972년에는 방글라데시, 1987년에는 스리랑카와 이러한 조약을 체결했다. 이를 통해 결정적인 영향력과 통제권을 행사하며 지역 내 정세, 특히 군사적 상황에 개입해왔다. 이러한 조약은 영국 식민지 시절부터 전해 내려온 것으로 강압적인 정치적 수단을 통해 주변국에 대한 인도의 영향력을 안정적으로 유지하기 위한 "외교적인 하드 파워 전략(와그너, 2005:9)"으로 볼 수 있다.

이러한 상호작용은 또한 인도 지도층의 세계관을 보여준다. 네루의 주요 외교관이었던 크리슈나 메논은 "왜 우리가 3급 세력에 개입해야 하는가? 우리의 목적은 강대국에 있다(바르키, 2002:161)"고 말하기도 했다. 불평등한 안보 조약을 바탕으로 1960년대 중반부터 인도의 외교 정책에 더욱 실질적인 정서가 반영되면서 인도의 지역적 우월성을 보장하는 수단으로 지배 원칙과 암묵적 패권주의, 군사력 배치와 무력을 활용하기 시작했다. 이는 네루의 딸인 인디라의 이름을 딴 인디라 독트린에 잘 나타난다. 인디라 독트린은 인도가 "내부 위기에 대응하기 위해 외부 도움이 필요할 경우 지역의 지원을 받을 것이며 지역 외 외부 세력의 개입(아유브, 1999:256)"은 허용하지 않겠다고 밝혔다. 이러한 입장을 토대로 인도는 네팔과 스리랑카, 몰디브, 파키스탄 등을 포함해 지역적 안정을 도모하기 위해 무력을 활용했다. 일부의 이러한 전략은 "남아시아 국가의 순위가 인도와의 관계에 의해 정해지는 지역적 질서를 만들기(A. K. 굽타, 2008:62)"위한 구체적인 목적을 바탕으로 시행되었다.

하지만 일부는 "비지역 권력을 지역에서 소외한다는 개념은 패권주의를 교묘하게 위장한 것이며 자국의 영향력을 극대화하기 위한 주장(데보타, 2003:368)"일 뿐이라며 비판의 목소리를 내기도 했다. 그런가 하면 이러한 정책이 "인도 내부 상황에 외부 세력이 개입하는 것에 대한 편집증에 가까운 두려움에서 비롯(길보이&헤긴보탐, 2012:57)"된 것이라는 의견도 있다. 근본적으로 이는 국가의 외교 정책이 상황에 따라 바뀔 수 있음을 보여준다. 예컨대 인도 지도층은 비개입을 원칙으로 내세우고 있지만(제1장 참고), 그들이 속한 지역에서 이러한 원칙을 스스로 지키지 않고 있다. 나아가 이러한 정책은 인도의 정책 입안자가 적극적으로 자주성과 국가적 위상을 추구하고 있음을 보여준다. 또한 주변국과의 관계를 강대국으로 거듭나는 과정의 중요한 일부로 여기고 있음을 알 수 있다. 자급성의 표출은 자아상에도 영향을 미친다. 예를 들어 1988년 몰디브의 쿠데타 실패 이후 인도가 개입한 데는 몰디브 외무부 장관이 미국과 영국에 도움을 요청했다는 보도가 결정적인 원인을 제공했다(하거티, 1991:359). 군대를 통한 군사력 행사인 동시에 지역을 보호하고 안정을 유지하는 역할을 도맡아야 한다는 인도의 관념에서 비롯된 개입이었음에도 인도의 이러한 행동이 긍정적이었다고 보기는 어렵다. 특히 1987년과 1990년 스리랑카에 개입하면서 수많은 인도 국민이 목숨을 잃는 실패를 경험했다.

　냉전이 막을 내리고 인도의 초기 경제 자유화(제4장 참고)가 진행되는 동시에 세계 전략적 상황이 더욱 안정됨에 따라 개입, 억제, 상호관계를 수단으로 지역적 패권을 잡겠다는 인도의 정책은 구지랄 독트린으로 진화했다. 호의와 자애를 토대로 "인도는 대가를 바라지 않고 선의와 신뢰를 베푼다(D. 스콧, 2011:121)"는 구지랄 독트린은 지역 내 협력 강화라는 구체적인 목표를 가지고 있었다. 파키스탄과 중국, 미국을 설득하는 동시에 평등과 평화적 수단, 영토 보존에 대한 존중이라는 주요 가치를 내세웠다. 이를 통해 새로운 인도의 정책은 지역의 안정을 구축하고 인도의 지역적 입지와 정당성을 향상하고자 했다. 또한 파키스탄을 제외한 다른 국가와의 관계에서 좀 더 유연한 입장을 취함으로써 남아시아 전반에 걸친 무역과 에너지, 권력 관계를 개선하는 데 초점을 맞췄다. 그 결과 "외부 세력을 봉쇄하고 거부하는 전략은 협력을 기반으로 하는 전략으로 교체(프라이스, 2013:289)"되었다. 이러한 노력은 적극적인 군사력보다는 발전과 종합적 안보에 집중하는 인도의 소프트 파워를 더욱 강조하는 데도 도움이 되었다. 이와 같은 긍정적인 비대칭은 남아시아 지역에 대한 인도의 '전략적 해방'으로 이어졌다.

　새로운 전략지정학적 현실에 따라 유동적으로 정책을 바꿀 수 있음을 입증한 인도는 상대적으로 약소한 남아시아 국가를 상대로 강대국의 면모를 지속적으로 보여주었다. 2000년대 들어선 이후 인도는 지역 안보 환경을 적극적으로 조성하는 동시에 합동, 상호관계, 호혜를 강조했다. 또한 잔인한 무력 사용을 자제했다. 이를 위해 분리주의자와 반란주의자, 테러 범죄자를 지지하는 주변국에 압박을 가하고 국경 간의 밀수와 침입을 제한하는 등 새로운 형태의 협력을 추진했다. 그러나 대부분의 인도 국경은 여전히 불분명하게 분리되어 있다. 이와 관련해 2015년 인도와 방글라데시가 영토 교환 협약을 맺은 점은 고무적이다. 그런데도 다양한 국경 간 정체성의 차이가 이러한 문제를 더욱 악화시키며 지역적으로 부수적인 민족주의를 낳았다. 따라서 인도는 통제와 감시를 지속하고 있다.

또한 인도는 주변국과 에너지 및 무역 관계 형성에 힘쓰고 있다. 특히 부탄과 네팔과는 수력 발전 사업을 추진했으며 방글라데시로부터 가스를 공급받고 있다. 뿐만 아니라 방글라데시와 부탄, 네팔, 스리랑카에 한해 인도 시장에 대한 무관세를 적용하고 있다. 이러한 맥락에서 인도는 모두 이익을 누릴 수 있는 윈윈 전략으로 경제 성장과 발전을 적극적으로 도모하고 있다(제4장 참고). 또한 주변국에 "인도에 둘러싸이는 것이 아니며 광활하고 생산적인 내륙 지역을 통해 내부 시장에만 의존할 때보다 더 많은 경제적 성장 기회를 창출한다(쿠기엘, 2012:364)"는 점을 설득하고 있다. 그러나 남아시아가 이로 인해 "복잡한 불협화음(고든, 2014:43)"을 낸다는 지적도 있다. 인도가 종종 약소한 주변국의 완전한 동의 없이 영향력을 행사하기 때문이다. 이는 패권주의의 시초로 볼 수 있으며 1989~1990년까지 이어졌던 네팔과의 분쟁에서 인도가 고수한 입장이다. 또한 2000년대에는 방글라데시가 미국과의 부대 배치 협약을 맺지 못하도록 압박을 가했다. 이러한 태도는 인도가 다른 국가보다 우월하다고 주장하는 '브라만 체제'에서 비롯된 것이라는 의견도 있다(A. 굽타, 1990:712). 이와 같은 자아상은 2007년 당시 인도 국가안보보좌관이었던 M. K. 나라야난의 "우리는 지역 내 강국이다. 따라서 그들이 우리에게 손을 내밀어야 한다는 점을 명확하게 밝힌다. 또한 우리는 그들이 필요하다고 판단되는 것을 제공할 것이다. 우리는 그들이 중국이나 파키스탄, 그 외 어떠한 국가에 도움을 요청하는 것을 원치 않는다(데스트라디, 2012:79)"라는 말에 잘 반영되어 있다. 이런 독재적인 입장을 통해 지역 내 실질적 체제가 부재한 이유를 가늠해볼 수 있다.

1990년대부터 인도 지도층이 추진해온 실용주의 기반의 전략적 사고에도 몇 가지 의문스러운 부분이 있다(제1장 참고). 특히 미얀마와의 관계를 재정립하면서 관념적 이론보다는 네루의 영향을 받은 실용주의를 추구했다(오그덴, 2014b:89-91). 그 결과 두 국가 사이의 관계는 공통의 안보 문제를 해결하는 데 초점을 맞추고 있다. 이에는 에너지 자원 확보와 테러/밀수 집단의 국경 간 반란, 미얀마를 통해 인도와 광범위한 동남아시아 지역을 연결하는 인프라 구축 등이 포함된다. 경제 원조와 무기 판매는 두 국가 간의 관계를 더욱 돈독하게 만들었다. 2007년 인도는 정치적 현실을 적나라하게 보여준 민주주의 지지자들을 강력하게 탄압한 미얀마의 행동을 눈감아주었다. 공통의 문화적, 사회적, 종교적, 역사적 유산에 대한 재조명 역시 인도와 미얀마 간의 유대감을 증폭시켰는데, 이는 인도가 자국의 안보 문제를 국경 너머로 표출한 또 다른 예라고 볼 수 있다. 2015년 6월 인도는 지역적 통제를 다시 한번 주장하기 위해 미얀마 영토에 군대를 파병해 반군 부대 소탕 작전을 수행했다.

인도의 지도층은 남아시아 지역 외에도 인도양 지역 또한 자국이 영향력을 행사할 수 있는 범위에 속한다고 여긴다. 이러한 믿음은 바다를 통해 인도로 들어온 침략자와 같은 부정적인 역사적 경험에서 비롯되었으며, 해당 지역에 외부 강대국이 개입하는 것을 억제하기 위한 지속적인 노력으로 이어졌다. 1960년대와 1970년대에 인도는 인도양 지역을 '평화지대'로 선포했다. 오늘날 인도양 지역은 인도의 '확장 전략적 인근 지역'으로 분류되며 무역과 에너지 안보에 있어 그 중요성이 강화되었다. 실제로 인도 총 무역량의 90퍼센트와 사실상 총 석유 수요가 해상 접근성에 달려있다(오그덴, 2014b:92). 남아시아 내 인도의 자아상은 자국의 발전과 현대화, 달성하고자 하는 입지에 영향을 미친다. 이에 따라 인도는 인도양 지역에 해군을 배치하고 지휘 본부를 설치했다(제3장 참고). 인도양 지역 내 가장 강력한 해군을 보유하고, 인도양 해군 심포지엄과 같은 제도적 기관을 설립하며, 해적 소탕과 재난 구조 등의 활동을 적극적으로 펼치고, 자국의 "지역적 초강대국이라는 전략적 발자국(H. 자오, 2007:138)"을 선포함으로써 인도는 지역적 패권을 장악하고 지역적으로 중요한 국가임을 자처했다.

중국 역시 지정학적 배경, 경제적 영향력, 군사력 증강과 같은 강대국의 물질적 역량과 관념적 요소를 한데 모아 동아시아의 약소국에 대한 지배적인 영향력을 행사하고 있다. 라오스와 미얀마, 육지로는 베트남, 해상으로는 필리핀과 같은 동남아시아 국가들과 북한이 중국의 영향력을 받고 있다. 인도와 파키스탄의 관계처럼, 이러한 포지셔닝은 강대국 경쟁에서 중국이 우위에 있다고 생각하지 않는 일본과 미국과도 관계가 있다. 제국수의 시절 숭왕국이라는 믿음을 바탕으로 중국은 약소한 주변국에 종주권을 요구했다. 중화인민공화국 설립 이후 냉전을 겪으면서 중국은 강압적인 정책을 고수했다. 이를 통해 캄보디아와 인도네시아, 베트남 등 지역 내 사회주의적 운동과 정권을 지지했다. 1967년 동남아시아국가연합(아세안) 출범은 이러한 중국의 과도한 이념적 전파에 대응하기 위한 목적도 있었다. 그럼에도 불구하고 중국은 1979년 베트남을 침략했고 1990년까지 국경 분쟁을 지속했다.

관념에 대한 집착을 완화했던 덩샤오핑의 전략에 따라 중국 공산당은 경제 발전을 수용했고(제1장, 제4장 참고), 그에 따라 주변국에 대한 중국의 접근 방법 또한 훨씬 더 온순해졌다. 특히 1989년 천안문 사태와 함께 소비에트 연방이 붕괴하면서 중국은 주변 외교 전략을 바탕으로 주변국과의 관계 형성에 주력했다. 아시아 태평양 지역이 "무역과 투자, 사회적 유입의 지속 등 중국의 경제적 이익에 있어 핵심적(콜더&예, 2010:164)"이라는 점을 인식한 중국은 이러한 접근법을 통해 호혜적인 무역관계를 추구했다. 또한 지역 내 적극적이고 협조적인 국가로서의 역할을 도맡았다. 1997년 아시아 금융 위기 동안 중국이 보여준 태도에서 중국의 생각을 읽을 수 있다. 중국은 위안화의 평가절하를 막고 대출을 제공하는 등 동남아시아 국가들이 서서히 회복할 수 있도록 도왔다. 2000년대 이후부터 중국은 지역적 리더십 발휘 외에도 "다른 국가가 중국과 좋은 관계를 유지할 수밖에 없을 정도로 경제적으로 중요한 나라가 되었다(비슨&리, 2012:46)." 이러한 매력적인 영향력 덕분에 더 많은 나라가 중국 주변으로 모여들었고 그 결과 중국의 지역 내 입지와 중요성, 위상이 향상되었다. 윈윈 전략을 추구하는 신자유주의를 바탕으로 한 국가 간 교류는 동남아시아국가연합과 같은 기구와의 관계도 강화했다. 또한 중국이 "더욱 강압적인 외교 정책(로이, 1996:759)"을 펼칠 것이라는 현실주의적 예측을 비껴갔다.

이를 바탕으로 중국은 지역 내 정치, 경제, 외교 환경에 막대한 영향력을 미치는 강국으로 빠르게 성장했다. 중국의 '신안보 개념'에서 알 수 있듯이(제2장 참고), 이러한 접근법은 무력 사용을 자제하는 대신 소프트 파워와 공공 외교를 강조한다. 또한 경제적 협력에도 초점을 맞춘다. 자국에 대한 인식과 역할에 대한 뚜렷한 이해를 바탕으로 중국은 스스로 '자애로운 강대국'이라는 이미지를 부각하기 위해 '평화적 부상'을 추구하고 있다. 이는 곧 중국이 "다른 국가의 내부 상황에 개입하지도 않을뿐더러 자국의 생각을 강요하지도 않는다. 보유한 힘의 강력함과 관계없이 절대로 패권을 추구하지 않는다(시, 2014b)"는 것을 뜻한다. 이러한 접근법은 역사에 대한 의식을 반영하고 있는데, "지역적 패권을 장악하기 위해 강압적인 시도를 했던 일본과 달리 중국은 외교적 수단과 숙련된 '매혹 공세'를 통해 주변국의 지지를 얻는다(비슨&리, 2012:35)"고 주장한다. 중국은 자국이 믿을 수 있는 강대국의 역할을 해주기를 바라는 지역의 의견을 수렴해 패권 경쟁을 하거나 특정 영향력을 행사하지 않을 것이라고 밝히고 있다. 또한 동아시아의 가장 강력한 국가로서 "다른 국가에 위협을 가하지 않을 것(램튼, 2008:61)"이라는 의사를 내비치고 있다.

따라서 지역 내 국가들은 "중국을 부정적이 아닌 긍정적인 시각으로 바라보며(샴보, 2004:67)" 스스로 "우호적이고 평화적이며 번영한" 중국의 주변국임을 자처하고 있다. 여기서 경제적 핵심축 역할을 하는 것이 2010년 1월 발효된 중국-아세안 자유무역협정으로, 이를 계기로 총 20억 명의 잠재적 소비자를 포함하는 세계 최대 규모의 자유무역 지역이 탄생했다. 특히 주목할 점은 중국-아세안 자유무역협정을 순조롭게 진행하기 위해 "중국의 정책 입안자들이 상대적으로 불리한 조건을 받아들일 준비가 되어있었다(비슨&리, 2012:44)"는 사실이다. 이를 통해 중국이 강압적이기보다는 이타적인 접근법을 택했음을 알 수 있다. 중국은 나아가 강대국이라는 염원을 이루기 위해 지역 내 다양한 안보 문제를 해결하는 데 생산적인 역할을 하는 책임감 있는 강대국으로서의 이미지를 만들고자 꾸준히 공들이고 있다. 공동의 안보와 다자주의를 기반으로 테러와 내란, 밀수 등 지역 내 국가들이 공통으로 마주하고 있는 비전통적 안보 문제를 해결하고 국경 안보를 강화하려는 노력을 기울이고 있는데, 2003년 아세안과 맺은 '우호 협력 조약'이 그 예다. 아직은 중국이 미국 또는 일본처럼 지역 내에서 뚜렷한 존재감을 드러내는 국가들보다 군사적 역량이 우월하다고 주장할 준비가 되지 않은 듯하다. 하지만 동시에 중국은 강대국이라는 입지가 비위협적이고 "건설적인 파트너 국가이자 다른 국가에 귀 기울이는 신중한 국가(샴보, 2004:64)"라는 인정, 인식, 지도력에서 비롯된다는 점을 잘 이해하고 있다.

중국의 자아상을 보여주는 또 다른 측면은 주로 영토적인 문제로, 사실 이는 지역 내 안정에 큰 위협을 가하고 있다. 국내의 민족주의

적 압박이 발생하거나 중국 공산당 안팎으로 지도자의 정당성을 확
보해야 하는 상황이 벌어지고(제1장 참고) 중국을 향한 국제 시스템의
감시가 더욱 강화되는 경우 이러한 문제의 긍정적 요소는 더 이상 유
효하지 않게 된다. 특히 중국과 베트남은 남중국해와 그에 속한 섬들
에 대한 소유권을 주장하고 있다. 브루나이와 인도네시아, 말레이시
아, 필리핀 역시 주변 지역에 대한 영토권을 요구하는 상황이다. 잠재
적 갈등이 빚어질 수 있는 이 지역에서는 이미 군사 훈련, 봉쇄, 어업
과 석유 등의 해상 자원에 대한 분쟁, 물리적으로 섬을 '확보'하기 위
한 소규모 민족주의 집단의 시도 등이 끊이지 않고 있다. 2010년대
중반부터 중국은 적극적으로 매립 사업을 진행 중인데, 특히 파이어
리크로스 암초(용수자오)에 활주로를 건설한 이후 영토권 분쟁이 더
욱 심화되었다. 전 세계 수송 선박의 절반 이상과 일본과 대한민국이
수입하는 석유의 80퍼센트 이상이 남중국해를 가로질러서 운항하
는 점을 고려한다면 이 지역을 통제하는 강대국이 "동남아시아를 지
배할 것이며 향후 서태평양과 인도양에서 결정적 역할을 할 것(H. 자
오, 2012:220)"을 알 수 있다. 또한 연간 최소 5조 3,000억 달러 규모의
무역이 남중국해를 건넌다(글레이저, 2012). 중국 해군의 현대화와 확
장으로 인해(제3장 참고) 이제 주변국들은 중국을 "평화로운 코끼리가
아닌 굶주린 호랑이(랜스다운&우, 2008:222)"로 생각하고 있다.

중국과 조선민주주의인민공화국(북한)의 관계는 지역적 안정을
추구하고 외부 개입을 차단하며 강대국으로서 영향력을 행사하고자
하는 중국의 열망을 고스란히 드러낸다. 1950~1953년까지 계속된
한국전쟁에서의 중국의 역할을 비롯해 냉전 시기 마르크스-레닌주

의적 '순치의 관계'를 형성한 중국과 북한은 1961년 양국 사이의 관계를 성문화했다. 중국이 경제 자유화를 추진하면서 지금은 이념 차이로 인해 관계가 예전보다 소원해졌지만, 중국은 여전히 북한의 몇 안 되는 동맹국 중 하나이며 한반도의 장기적 미래에 영향력을 행사한다. 중국은 완충재 역할을 하는 국가로서 지역 안정과 경제 발전을 위협할 수 있는 북한의 정치적, 경제적 붕괴를 막고 지역 내 갈등을 해소하기 위해 2003년부터 일본, 러시아, 대한민국, 미국이 참여하는 6자 회담에서 주도적인 역할을 하고 있다. 하지만 이와 같은 역할은 북한이 2006년과 2009년, 2013년, 2016년에 핵실험을 강행하면서 더욱 어려워졌으며, 중국이 북한에 대한 유엔 안전보장이사회의 제재안을 지지하는 결과로 이어졌다. 중국은 북한의 핵 무장화로 인해 일본과 대한민국이 북한에 상응하는 역량을 보유하려는 목적으로 핵무기 개발에 돌입할지도 모른다는 우려를 내비치고 있다. 강대국의 책임/관리를 다하기 위한 노력의 한계를 보여주듯 중국은 이제 공식적으로 북한을 비판하고 있다. 특히 시진핑 주석은 "그 누구도 이기적인 이익을 얻기 위해 지역과 전 세계를 혼돈에 빠뜨려서는 안 된다(가오, 2013)"고 말한 바 있다.

: 근접성, 매력 그리고 초월성

물리적 권한, 경제적 우월성, 군사적 역량 또는 외교적 솜씨 중에서 강대국의 힘이 어디에서 비롯되는지와는 별개로 강대국은 "대륙 정세에 대한 개입이 다른 국가의 이해 계산에 반영되어야 하는 필수 요소(브롬몰러, 2012:68)"인 국가를 가리킨다. 물질적 그리고 관념적 요소들 사이에 밀접한 연관성이 중요하며 지역적으로 중요한 국가로 자리매김해야 강대국으로서 입지를 다질 수 있다. 이러한 "영향력은 종종 경제적 유동성 또는 기술적 진보의 결과(제네스트, 2004:126)"다. 또한 자국의 필요성과 가능성을 충족시키기 위해 리더십을 발휘하는 경우가 많다. 중국과 인도 모두 이러한 측면에서 굉장히 적극적이며 지역의 방향성을 제시하고 질서와 관리를 도맡는 등의 행동을 취하고 있다. 인식 또한 핵심적인 요소로, 두 국가의 실제 그리고 희망하는 입지에 지속적으로 이의를 제기하는 지역 내 도전자(각각 일본과 파키스탄)를 상대로 우월성을 확보하는 데 필요하다. 특히 이러한 경쟁자는 부동적이라는 점에서 이러한 갈등이 심화될 수 있다. 따라서 모든 강대국은 저마다의 지역적 역학관계에 대응해야 한다.

중국은 동아시아에서 따라올 자 없는 막강한 국가로 거듭났다. 거의 모든 주변국과 경제적으로, 따라서 외교적으로 관계를 맺고 있으며 강대국 반열에 올라서는 데 필수적인 역학관계를 조성하고 있다. 이러한 중요성은 중국이 중왕국의 위치로 다시 돌아가는 것을 의미하는데, 오늘날의 안보 활동과 우월성은 문화적 의미를 대변한다. 경제 성장은 여전히 중국의 주요 대내외 목표다. 뿐만 아니라 현실주의적 전면 지배보다는 자유주의 성향의 상호의존성을 바탕으로 주변국과의 안정적 관계를 유지하는 것도 주요 목표다. 구성주의를 바탕으로 한 해석은 이러한 역학관계에서 우위를 차지하는 데 도움이 된다. 특히 중국의 경제가 하락하고 민족주의적 정서가 다시 힘을 얻게 되거나 중국의 새로운 입지를 인정하지 않는 일본과 관련해서 그러하다. 이는 강대국이라는 역할을 자처하고 도맡는 동시에 만들어가는 데 있어 중국의 한계를 보여준다. 그러나 반면 중국이 어떻게 "자국의 소프트 파워를 강화해 좋은 이미지를 심는(시, 2014a)" 노력을 하는지 강조한다. 이를 통해 중국은 입지와 관련된 긴장을 완화하고 역사적 영향이 지나치게 커지는 것을 방지하고자 한다.

　　인도 역시 공공 외교와 소프트 파워를 활용해 "인도의 브랜드를 설명하고 지지(라오, 2010)"하는 노력을 기울이고 있지만, 남아시아는 여전히 "세계에서 가장 덜 통합되고 가장 불안정한 지역(쿠기엘, 2012:351)"으로 간주된다. 인도의 물질적 역량이 우세하다는 점과 파키스탄을 제외한 주변국들이 이를 인정한다는 점은 의심할 여지가 없다. 이를 바탕으로 인도는 주변국과 안정적인 관계를 유지해오고 있으며 외교적, 경제적 협력을 더욱 강화하고 있다. 또한 무역과 에너지 안보 등 공통의 과제에 대한 관심도 유도하고 있다. 그러나 인도가 주변국의 전략적 계산에서 무시할 수 없는 국가이기는 하지만 광범위한 비대칭 전략으로 인해 인도는 반복되는 진퇴양난 속에 갇혀 있다. 만약 "주변 지역이 더욱 협력하여 번영을 이루지 못한다면 인도가 지역적 강국을 넘어설 가능성은 희박하다. 또한 주변 지역을 벗어나 광범위한 영향력을 행사하지 못한다면 강대국으로 거듭날 수 없다는 점은 명백한 사실이다(말론, 2012:128)." 인도는 중요한 안보 문제를 해결하는 데 있어 폭넓은 관리 전략보다는 개별적인 양자 간 관계를 선호한다. 그러나 현재로서는 지역적 리더십을 효과적으로 발휘하지 못하고 있다. 그 결과 인도는 지역적 강국으로서의 면모와 전략적 중요성은 갖췄지만 중국이 보유하고 있는 관리 차원의 역할은 부족하다. 특히 중국의 경우 이미 지역을 넘어서 국제적 영향력을 행사하고 있다.

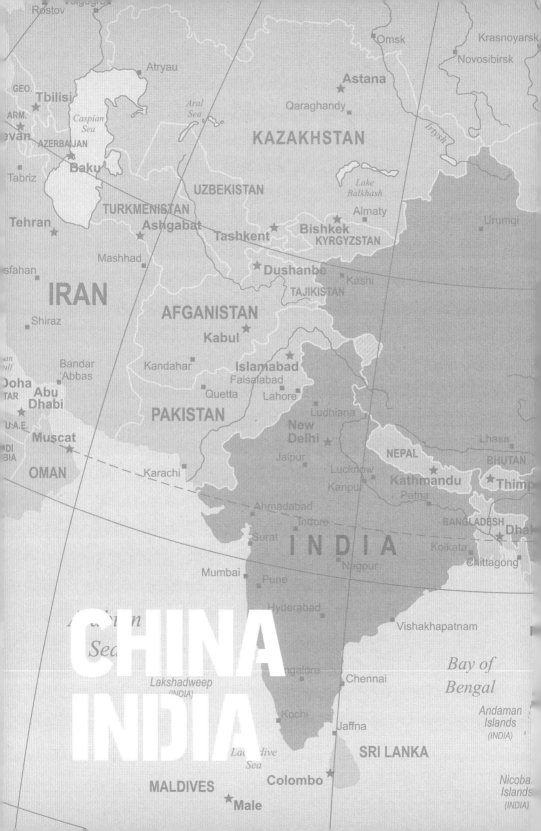

제 6 장

다자간 상호작용

공통의 이익과 위협이 복합적으로 작용하는 다
자주의는 "뚜렷한 집단 정체성과 공통의 가치가 뒷받침되어야 하며
국제 협력을 위해 반드시 필요하다(헤머&카첸스타인, 2002:575-576)." 역
사적으로 뿌리 깊게 자리 잡은 교류와 공동의 관점을 나타내는 지역
적 또는 국제적 다자주의는 "역사적 시간과 지리적 공간에 걸친 국
제 사회를 표현(불, 1977:17)"한다. 참여하는 국가 간 공통의 가치를 기
반으로 결정된 규칙과 관행에 의해 구현되고 지속되는 다자간 기구
는 국제 질서의 탄생과 관리, 유지를 돕는다. 이는 구성 국가 간의 유
대감을 더욱 돈독하게 하고 부정적인 오해를 줄인다. 국제적 범위와
이익, 영향력(대개 문화적, 군사적, 경제적 영향력. 제1~4장 참고)을 바탕으로
강대국은 주기적으로 이러한 다자간 체제를 지배해 한층 더 광범위
한 국제적 의무로 발전시킨다. 이러한 개념은 세계 최초의 강대국 제
도인 1815년 빈 회의를 통해 처음 만들어졌으며, 오늘날 비전통적
안보 문제를 포괄적으로 다루고 있다.

이러한 다자간 구조 속에서 강대국은 정량화할 수 있는 힘과
보다 관념적인 힘을 역동적으로 조합해 그들이 보유한 물질적 역량
과 사회적 역할을 한데 묶는다. 강대국은 전반적으로 모든 "경제, 군

사, 지식, 규범을 바탕으로 한 주요 국제 구조(네이어&폴, 2003:31)"에서 우위를 유지해야 한다. 마지막 요소는 여러 국가와 강대국들이 가치와 인식, 경험, 정치적 문화를 통해 서로 타협하고 영향을 미친다는 이 책의 핵심을 강조한다. 다자간 기구는 "해석해서 행동을 옮길 수 있는 규범적이고 인지적인 지도(아이켄베리, 2000:15)"의 역할을 한다. 또한 이러한 사회적 집단은 주요 구성 국가의 정체성을 반영한다. 따라서 국제관계는 "다양한 문화 간의 관계(이리에, 1979)"라고 결론지을 수 있다. 여기서 소프트 파워라는 개념(제4장 참고)이 다시 한번 중요한 역할을 한다. 매력이 강요보다 훨씬 더 강력하기 때문이다. 하지만 일부는 "소프트 파워는 그저 강철 손을 감싸는 벨벳 장갑에 지나지 않는다(퍼거슨, 2002:24)"고 비판하며 다른 종류의 권력과의 상호관계에 집중한다.

강대국은 대개 다자간 체제에서 우세한 역할을 맡는다. 강대국 역시 전통적으로 이러한 관리자 역할을 원한다. 체제 안에서 이루어지는 규범과 관행은 허용 가능한 행동과 허용 불가능한 행동을 규정하거나 금지한다. 그러나 상대적으로 강력한 물질적, 관념적 권력을 보유한 강대국이 이러한 규범을 결정하는 경우가 많으므로, "주요 국가가 자국의 부와 힘, 위상을 높일 수 있도록 국제 환경을 조성한다(골드스타인, 2005:17)." 권력의 최대화에 주목하는 현실주의적 관점에서 다자간 기구는 집단 목적을 이루기보다는 "권력관계를 행사하는 무대일 뿐(란티네, 2005:15)"이다. 이러한 권한을 부여받은 강대국은 문지기 역할을 효과적으로 수행하며 세계 질서에 대한 자국의 관점을 더욱 확고하게 다진다. 또한 국제 사회 내에서 자국이 생각하는

중국 인도

'정당성'을 추구한다. 주요 강국의 집단에 속한다는 것은 더 넓은 범위의 인정이자 타당성을 의미한다. 권한, 특권 그리고 대등한 국가에서 비롯되는 입지 등이 보장되며 '책임 있는' 국가로서의 역할이 주어지는 것이다.

미국이 제2차 세계대전 이후 만든 다양한 다자간 기구들은 미국이 주도하는 세계 질서를 형성하는 역할을 했다. 그러나 중요한 점은 이러한 집단들이 현재의 국제 시스템 내 현존하는 권력의 균형을 대변한다는 것이다. 즉, 19세기 말 국제 질서를 대체했듯이, 언젠가는 새로운 체제로 대체될 수 있다는 말이다. 냉전 이후 다자주의가 힘을 얻은 것도, 중국과 인도가 '아시아의 세기'로서 등장한 것도 모두 이러한 점을 잘 보여주는 예다. 따라서 "현재의 질서와 지배적인 규범을 자국의 이익, 우려, 가치에 따라 바꿀 수 있을 만큼의 역량과 정치적 집단을 보유한 나라가 현재 국제 질서의 타당성에 이의를 제기한다(허렐, 2006:2)"는 점에 주목할 필요가 있다. 오늘날 세계화는 힘과 권한, 국경을 넘나드는 비전통적 위협(2008년 금융 위기, 국제 테러, 질병, 밀수, 환경오염 등)을 국가에서 국제 체제로 전환했다(제4장 참고). 또한 다자주의의 중요성을 강조하는 한편 국제 질서에 더욱 깊이 관여하며 필수 구성원으로 거듭나고 있는 인도와 중국의 영향력과 존재감을 부각했다.

이러한 요소를 바탕으로 이번 장에서는 더욱 폭넓은 국제 시스템의 다자간 기구의 도전에 인도와 중국이 어떻게 대응하는지를 살펴본다. 먼저 두 국가가 이러한 집단에 대해 가지고 있는 주요 태도를 분석하고 그 형성 과정을 들여다봄으로써 중국과 인도의 정책 입안자/지도층이 특정 대내외 정책 가치를 국제 시스템에 어떻게 호소했는지 파악한다. 이러한 분석에는 중국과 인도가 실질주의와 현실정치를 바탕으로 소프트 파워를 통해 영향력을 행사하는 방식과 다극화된 세계 질서 속에서 공통으로 가지고 있는 위치, 평등성, 평화적 발전, 불개입 등이 포함된다. 그런 다음 두 국가가 과거와 현재에 국제적, 지역적 다자간 기구에 어떻게 참여했는지 사례를 통해 살펴본다. 마지막으로 두 국가가 강대국 다자주의를 새롭게 정의할 수 있을지 잠재력을 가늠해본다.

: 다자주의에 대한 태도 변화

인도와 중국의 외교 정책을 구성하는 주요 정치적, 문화적 가치와 규범, 믿음은 두 국가와 다자간 기구의 상호작용을 이해하는 데 매우 중요하다. 앞에서 다루었듯이 국내 결정 요인과 상호 간의 인식은 역사적 경험, 국가적 정체성, 안보 문화, 지도자/지도층 집단의 영향을 받는다. 또한 이는 "구조 변화의 과정이 반영되는 동시에 잠재적으로 전달되어 제도화되는(길, 1997:7)" 수단이다.

다자주의에 대한 중국의 태도는 "외부 세계와의 역사적 관계에 많은 영향을 받는다(W. 쉔, 2008:201)." 굴욕의 한 세기의 시작점이었던 1842년 난징조약 때부터 중국의 자주성은 외부 압력에 의해 지속적으로 약화되었다. 항구와 무역권, 영토를 포기해야 했던 여러 불평등 조약은 1940년대 중국 공산당이 들어서기 전인 제국 시절 내내 계속되었다. 이에 따라 중국이 제국주의의 피해자라는 인식이 지도층의 머릿속에 자리 잡았다. 그 결과 국제법을 기반으로 하는 다자주의는 "약자에 대한 강자의 통치권을 보장하는(란티네, 2013:58)" 불공정한 법적 속임수라고 여겨졌다. 부당한 대우로 인해 중화인민공화국은 하나의 통합된 국가로서 국제 시스템에 진입하는 데 실패했다. 또한 서양 국가의 주도하에 설립된 유엔과 관세 및 무역에 관한 일반협정, 국제통화기금으로부터 배제되었다. 이러한 모든 것이 모여 제2차 세계대전 이후 재정립을 시도했던 중국의 노력을 무력화시켰다. 그 결과 마오쩌둥은 이러한 기구들을 반사회주의적인 "서방 국제주의와 패권주의의 매개체(존스턴, 2008:34)"이며 중국의 통치권과 자주권을 위협한다고 여겼다. 그리고 이를 고립주의와 자립성을 확보하는 데 활용했다. 1950~1953년까지 계속된 한국전쟁 당시 중국 군대와 미국이 주도하는 유엔군이 대립하면서 이러한 중국의 인식은 더욱 견고해졌다.

"제국주의와 수정주의, 반동주의자를 반대하는(H. 왕, 2000:478)" 접근법은 1950년대에도 지속되었다. 이는 1960년대 중국이 소비에트 연방과의 관념적 관계를 종료하면서 더욱 강화되었다. 1960년대 말에 들어서야 마오쩌둥의 세계관이 변하기 시작했다. 이는 세계가 자본주의, 사회주의, 포스트 식민주의로 이루어져 있다는 마오쩌둥의 '3개의 세계 이론'과 중국을 커다란 개발도상국으로 묘사하려는 그의 노력에서 엿볼 수 있다. 중국은 그러나 계속해서 다자간 참여를 자제했으며 비동맹운동과 G77 가입을 거절했다. 이러한 태도는 마오쩌둥의 뒤를 이어 덩샤오핑이 지도자에 오르면서 변화했다.

덩샤오핑은 국제기구에 대한 중국의 비용편익 계산을 새롭게 바꿔 놓았다. 자본과 투자, 국제무역과 경제의 중심을 이루고 있는 규범과 관행에 대한 정보를 얻고자 했던 중화인민공화국은 이제 외부 세력과의 접촉과 참여가 필요할뿐더러 도움이 된다고 판단했다. 초반에는 외교 역량과 국제 정세에 대한 이해가 매우 부족했지만, 덩샤오핑의 '문호개방정책'에 힘입어 중국은 실질적 방향으로 빠르게 태세를 전환했다. 이는 중국이 국제적 집단에 가입하는 데 초석이 되었다. 1971년 중국이 가입한 국제기구는 단 한 개였다. 그러나 1989년 그 수는 37개로 늘었고(헴슨-존스, 2005:707), 2004년에는 266개가 되었다(진, 2007:333).

중국은 또한 "불신을 떨쳐 버리기(존스턴&로스, 2006:201)"위해 국제 교류에 주력했다. 또한 수정론자와 의사방해자라는 중국의 국제적 이미지를 탈피하고자 했다. 이러한 노력은 중국의 급부상을 위협이라고 받아들이는 부정적 견해를 해소하고 중국을 책임감 있는 세계 속의 국가로 보여주기 위함이었다. 자국에 대한 공산당 지도층의 높은 자의식이 이러한 노력의 밑바탕이 되었으며, 특히 중국의 군사력과 경제력이 빠르게 성장하는 데 도움이 되었다(제3장, 제4장 참고). 몇몇은 이를 근거로 중국이 이제 "새롭게 떠오르는 패권국(덩&왕, 1999:3)"이라는 주장을 펼친다. 마오쩌둥에서 덩샤오핑, 그 뒤를 이은 지도자들이 제로섬 접근법에서 벗어나 포지티브섬 전략을 추구하면서 외부 인식에 대한 중국의 노력은 강대국의 기반을 마련하는 데 긍정적으로 작용했다. 중국이 강대국으로 거듭나려면 다른 국가들의 인정과 허용, 승인이 필요했기 때문이다. 다자간 체제는 세계 무대에

중국 인도

중국을 좋은 방향으로 홍보할 수 있는 무대나 다름없었다. 이를 통해 상호관계와 협력, 공통의 학습을 바탕으로 양쪽의 상호과정이 이루어졌다. 중국 공산당이 경제 성장과 지역 안정을 중요시한 만큼(제5장 참고), "중국의 복지와 안보는 외부 세계와의 교류에 의해 좌우된다(원링&스핑, 2005:49)"는 인식은 중국이 다자간 교류를 수용하게 된 추가적인 원인으로 작용했다.

점차 개선되는 경제적 입지, 특히 시장의 규모를 바탕으로 중국은 다른 국가의 참여를 적극적으로 유도했다. 이는 중국에 더 큰 영향력을 부여했다. 그 과정은 여전히 점진적이고 조심스러웠지만, 중국은 2001년 세계무역기구에 가입하면서 기존의 세계 질서를 받아들였다. 예컨대 중국 공산당은 국제 기준에 부합하기 위해 2,300개의 국내법을 개정했다(J. 스콧&윌킨슨, 2011:11). 국제통화기금의 가입 역시 비슷한 과정을 거쳤다. 중국은 국제 시장에서 통용되는 기준을 적극적으로 수용했고 이를 통해 국제 재정 시스템에 더욱 수월하게 적응할 수 있었다. 이러한 태도는 국제기구에 가입함으로써 상호의 존성 형성이 필요했음을 보여주는 동시에 국제적 규범과 관행을 따르기 위해 더욱 활발한 교류를 하겠다는 중국의 의지를 나타낸다. 특히 외국인직접투자 또는 시장 접근성과 같은 금융적 보상이 수반되는 경우 중국은 더욱 적극적인 태도를 취했다. 크리스텐슨의 분석처럼 중국은 "체면이나 영향력을 잃지 않으면서도 자국의 경제적, 안보적 이익을 추구하고자(1996:38)" 여러 국제 체제에 참여했다. 반면 이익이 덜 명확하고 장기적 위험이 존재하며 비용 또한 상대적으로 많이 드는 국제 안보와 관련한 다자간 체제에 대한 가입은 꺼리는 대신 일부 양자 간 안보 동맹 관계를 선호했다.

따라서 중국의 지도층은 서방 국가가 수도하는 국제 질서를 거부하고 반대하는 대신 순응하며 따르기 시작했다. 다자주의에 대한 중국의 견해가 "의심에서 불확실성으로, 다시 지지로 진화(샴보, 2004:69)"했음을 알 수 있다. 그러나 중국이 국제 체제에 더욱 적극적으로 참여함에 따라, 역사적으로 다자간 기구들이 국제 시스템의 특성과 내부에서 일어나는 권력의 균형을 반영한다는 점을 파악한 중국의 지도자들은 국제 규범을 형성하는 데 자국이 영향력을 행사할 수 있는 방법을 모색하기 시작했다. 설립 과정에서부터 참여하지 않은 기구에 대한 가입은 중국에 다소 제약적이었다. 중국의 주요 규범과 이해, 가치관(특히 발전과 평등, 불개입 등. 제1장 참고)을 반영할 수 없었기 때문이다. 이러한 이유로 중국은 2000년대에 들어서면서부터는 자국이 구상한 기구를 직접 설립하기 시작했다. 그리고 이를 통해 국가적 이익을 도모하고 특정 전략적 문화를 반영했다(제1장, 제2장 참고). 이와 같은 적극적인 혁신의 일환으로 상하이협력기구와 브릭스(브라질-러시아-인도-중국-남아프리카공화국)가 탄생했다. 중국은 "미국이 전략적 구상을 실행하는 데 사용했던 방법(H. 왕, 2000:482)"을 그대로 따라했다.

중국의 지도자들은 여러 강대국이 "국제관계의 민주화(손, 2012:81)"를 통해 영향력을 행사하는 다극화를 선호한다. 이는 하나의 패권국이 주도권을 잡는 상황을 방지하고 새롭게 떠오르는 신흥국에도 더 큰 국제적 목소리를 부여한다. 중국의 자아상과 위상의 중심에는 "이른바 다극화된 세계 속에서 중국 또한 하나의 기둥이 될 것이다. 우리는 우리의 중요성을 비하해서는 안 된다. 어떠한 방식으로든 중국은 기둥이 될 것이다(허, 2009:125)”라는 덩샤오핑의 말이 자리 잡고 있다. 오랫동안 주요 전략적 이해로서 지속된 이러한 견해는 냉전으로 인해 초래된 양극화와 냉전 이후 자리 잡은 단극화를 비판하는 근거가 되었다. 또한 반패권주의적인 자국의 가식적 입장을 내세우는 데도 도움이 되었다(제2장 참고). 그러나 1990년대 중반 중국 공산당은 다극화는 “장기적 트렌드이기는 하지만, 하나의 초강대국과 여러 주요 강국으로 이루어진 국제 시스템이 오랫동안 지속될 것(허, 2009:129)”이라는 점을 받아들였다. 이번 장의 맥락상, 중국은 “다자주의를 다극화 형성을 위한 수단(지안웨이 왕, 2005:163)”이며 더욱 핵심적이고 실현 가능한 국제 질서에 대한 자국의 비전을 형성하는 기본적인 도구로 이해한다.

특정 중국식 소프트 파워의 배치는 국제 시스템에 중국의 가치관을 전파하는 데 도움이 되었다. 이는 다자간 환경에서 개방성과 공통성을 확립하는 데 특히 중요하다. 이제 중국의 ‘국가적이며 문화적인 소프트 파워’는 중국이 추진하는 외교 정책의 핵심이자 주요 목표로 자리 잡았다. “중국의 소프트 파워를 육성하고 향상함으로써 우리는 중국의 뜻을 표명할 것이다(Y. 왕, 2013)”라는 중국 외무부 장관의 말에서 이를 알 수 있다. 중국의 문화부 장관 역시 공식적, 문화적 외교를 통해 이러한 권력이 어떻게 “중국의 외교에 이로운 환경을 조성하는지, 주변국과의 관계 형성 시에 신뢰를 촉진하고 의혹을 감소하는지, 나아가 국민의 마음을 움직이는지(선, 2004)”가 중요하다고 말한 바 있다. 2012년 설립된 중국공공외교협회의 의무는 “중국과 세계의 상호이해를 돕고 친목을 도모하며 중국에 대한 좋은 인식을 심고 중국에 유리한 국제 환경을 조성(CPDA, 2015)"하는 것이다. 2008년 베이징올림픽을 통해 중국은 지역적, 국제적 리더로서의 이미지를 전 세계에 알렸다.

인도의 경우 국가적 정체성과 전략적 문화(제1장, 제2장 참고), 주요 가치관이 다자주의에 대한 태도에 영향을 미쳤다. 국익을 우선시하는 개념을 바탕으로 인도의 지도자들은 절대주권에 대한 신념을 형성했다. 이는 인도가 국제정치에서 독립과 불개입, 비동맹을 고집하는 배경이 되었다. 특히 불개입의 원칙은 식민지 시절의 경험에서 비롯된 것으로, 반식민지주의 정서를 전파했으며 외교 정책의 자주성에 있어 제한적인 그 어떤 외부 개입도 차단하는 노력으로 이어졌다. 또한 비동맹 전략을 통해 이러한 자립성을 유지하고자 했는데, 이는 "완벽하게 현실주의적이면서도 개념적(바즈파이, 1998:162)"인 전략적 목표였다. 결정적으로 인도 지도층은 자국의 접근법이 단순한 중립적인 태도가 아닌 국제 시스템에서 인도의 이익과 가치관, 전반적인 세계관을 도모할 수 있는 행동주의적 입장이라고 판단했다. 이는 마하트마 간디의 스와라지, 즉 자결권을 가진 국가들이 공통으로 추구하는 비전이 강대국 또는 패권국에 의해 억압받지 않도록 하는 자치라는 개념과도 관련 있다.

냉전 초반 이러한 인도의 행보는 중국의 고립주의 접근법과 정반대였다. 인도는 개발도상국과 반제국주의 성향의 비동맹운동을 설립하고 이끄는 데 도움을 주었다. 이러한 비전의 핵심은 국제적 평화와 안보, 관용, 평등, 진척의 보장과 관련한 공감대를 형성하는 것으로, 이는 모두 주요 국내적 요소이자 인도가 이 시기의 중요한 "제 3세계의 정치적, 경제적, 도덕적 열망의 상징(재인. 2009:20)"으로서 거듭나는 밑바탕이 되었다. 일부 학자는 비동맹 원칙이 "역동적인 국제 안보 정세의 신중한 평가와 인도가 택할 수 있는 옵션에 대한 고려로 이어지지 않았기(팬트. 2011b:16)" 때문에 비효율적이었다고 주장한다. 그러나 비동맹 원칙을 기반으로 한 많은 나라가 쉽게 이해하고 공감할 수 있는 가치관을 명확하게 제시했다. 때문에 비동맹 원칙과 이를 주장한 인도는 다른 개발도상국과 한때 식민지였지만 독립을 쟁취한 국가들로부터 국제 시스템 내에서 더 높은 정당성을 부여받았다. 이러한 주요 규범은 인도가 오늘날까지 추구하고 있는 인정과 입지와도 관련이 있다.

다자주의에 대해 인도는 지역적보다는 국제적 초점을 유지했다. 이를 통해 앞서 설명한 태도를 유지하고 목표로 삼은 대상에 맞는 전략을 펼쳤다. 또한 네루는 특유의 성격을 바탕으로 강대국에 대한 열망을 지속적으로 표현했다. 부정적 역사의 유산으로 인해 집단 안보 체제에 대한 반대는 심했으나, 잠재적 이익이 훨씬 더 명확한 경제적 집단은 선호했다. 이러한 성향을 보여주듯 인도는 국제 시스템 내 여러 강국 중에 인도도 포함되는 "협력적 다극화 질서(치오치아리. 2011:64)"를 지속적으로 주장했다. 본질적으로 포용적이고 반패권주의적인 이러한 비전의 근거로 세계는 한 가족이라는 바수드하바 쿠텀바캄 vasudhaiva kutumbakam이라는 개념이 제시되었다. 이는 모든 세대의 인도 지도자들이 자주 언급하는 부분이다. 현재, 21세기의 비전통적이고 종합적인 안보 위협에 맞서는 가장 효과적인 수단으로 다극화와 비동맹을 함께 추구하는 "다차원 동맹(타루르, 2012)"이 주목받고 있는데, 이는 완전한 자주성도 전면적인 동맹도 적용되지 않는 개념이다.

1947년 이후부터 인도 지도층은 다양한 다자간 기구와 활발히 교류하면서 힘의 균등화를 위해 힘썼다. 이는 경제적, 군사적 결핍을 채우기 위해 반드시 필요한 부분이었으며, 인도의 규범을 전파하고 국제적 위상을 향상하는 데도 필수적이었다. 지도층의 자신감과 존재감을 통해 더욱 강화된 이러한 접근법을 바탕으로 인도는 자국과 다른 국가를 위한 연대를 글로벌 비전으로 제시했다. 네루는 이와 관련해 "아시아든 아프리카든 지속적으로 우세한 나라가 존재한다면 그곳에서도 그리고 사람들의 마음에도 평화가 자리 잡을 수 없다. 아시아의 마음속에는 유럽에 대한 지속적인 의심이 피어날 것이다(필라이&프레마쉐카라, 2010:6)"라고 말한 바 있다. 이러한 접근법은 인도가 스스로 강대국이라고 생각한다는 추측에 힘을 실어주었다. 또한 자국에 대한 자긍심이 강했던 네루와 인도 정부도 큰 영향을 미쳤는데, 네루는 "도덕적이고 공평한 세계 질서를 확립하는 과정에 인도가 촉매제 역할을 할 수 있다고 생각했기 때문에(디시트, 2004:84)" 국제기구에서 리더 역할을 자처했다. 이러한 요소들은 인도가 제3세계에서 중요한 영향력을 행사하는 데 도움이 되었다. 또한 인도는 로비활동을 도맡았는데, 특히 1950년대와 1960년대에 효과적이었다. 그러나 인도는 여전히 유엔과 같은 일부 기관의 동기를 불신했고 외교에 있어 다자간보다는 양자 간 관계를 선호했다.

1960년대 들어서면서 인도의 다자간 영향력은 점차 줄어들었고 현실 정치의 요소들이 인도 외교 정책에 반영되기 시작했다(제2장 참고). 이에 따라 네루에 의해 끊임없이 반복되었던 주요 규범들의 진실성이 흔들렸다. 1971년 동파키스탄 침략, 점차 가까워지는 소비에트 연방과의 관계, 1974년 핵실험 등 일련의 중요한 사건들이 발생하면서 평화와 불개입, 자주성이라는 인도의 가치관이 깨졌다. 그 결과 신국제경제질서와 같이 제3세계를 대변하는 기구를 만들려는 노력에도 불구하고 1970년대부터 다자 체제 속에서 인도의 목소리는 힘을 잃었다. 냉전이 종료되고 나서야 국제 정세가 인도에 유리한 방향으로 흘러가기 시작했다. 이는 당시 인도가 추구했던 실질주의와 점차 늘어나는 경제적 필요성과 잘 맞아떨어졌다. 특히 인도는 외국인직접투자와 기술, 새로운 시장에 목말라 있었다(제4장 참고). 구성주의적 해석과 전략적 문화 해석에서 살펴볼 수 있는 수용과 진화의 요소들과 더불어 인도 지도층은 '시간과 함께 변화한다'는 뜻의 유가드하마yugadharma를 선보였다.

1990년대 유엔 안전보장이사회가 국제 문제에 더욱 적극적으로 관여하면서 유엔 평화유지활동의 역할 또한 더욱 중요해졌다. 이에 따라 인도는 유엔 평화유지활동에 대한 기여도를 높였다. 또한 무역과 비핵화, 환경에 대한 '글로벌' 논의가 더욱 확장됨에 따라 인도 역시 한층 더 활발하게 의견을 제시했으며 개발도상국의 참여를 주도했다. 여기에 더욱 강력한 국내 정치적 의지, 명확한 경제적 목표와 개발 목표가 더해졌고 제도적 환경에서 국제적 입지와 정당성, 존중을 얻음으로써 강대국이라는 야망이 실현 가능해졌다. 그 결과 다자 체제 내 인도의 외교 정책은 더욱 복잡해졌다. 앞장에서 자세히 다룬 바와 같이 국제 정세 전반에 걸쳐 일어난 트렌드에 발맞춰 인도와 다른 국가 사이의 교류 또한 그 범위와 규모가 확대되었다.

이러한 발전에도 불구하고 인도 지도층은 국제기구를 통해 활동하는 다른 강국들의 의도를 경계했다. 오늘날까지도 인도는 이와 관련해 비난을 받고 있다. 이전 상호작용에서 비롯된 역사적 짐, 예컨대 1948년 카슈미르 분쟁이 유엔의 안건으로 상정되었을 때 회원국이 파키스탄의 손을 들어주었는데, 그러한 경험 등이 걸림돌로 작용했다. 그 결과 인도 지도층은 지나친 개입 또는 모험을 불신하게 되었다. 이와 같은 경계심은 방어적이고 강경하며 반대를 일삼는 태도로 이어졌다(나킬라. 2006). 점차 향상되는 인도의 물질적 역량과 자국이 강대국이라는 근본적인 믿음 사이의 단절은 이러한 문제를 더욱 심화시켰다. 결과적으로 인도는 하향식 다자간 체제, 특히 자국의 규범과 가치관, 비전을 바탕으로 만든 기관을 선호했다. 그 예가 비동맹운동, 신국제경제질서, G77(제3세계의 개발도상국으로 구성된 집단), G4(유엔 안전보장이사회를 개혁하기 위해 설립된 기구), 브릭스(신흥 강대국의 국제적 이익을 대표하는 기구) 등이다. 인도의 다자간 정책은 다른 국가가 아닌 자국의 규범 반영에 초점을 맞추었다. 또한 지역주의나 다자주의보다는 양자 간 외교관계를 중요시했는데, 이는 2016년을 기준으로 30개에 달하는 인도와 주요 강대국 간의 전략적 파트너십을 통해 알 수 있다.

인도식 소프트 파워 추구 또한 지난 10년 동안 인도 외교 정책의 주요 목표였다. 이를 위해 인도 외교부 산하 대여론 외교부서와 인도 문화교류처가 설립되었다. 전 문화교류 처장은 소프트 파워가

"인도를 다양한 문화적 사회로 조명하고 정치적 외교의 목적을 달성 (슈클라, 2006:24)"한다고 설명한 바 있다. 이러한 힘은 인도의 문화와 종교에 대한 인식을 바탕으로 한다. 외교부 관계자는 "이러한 구조가 퍼져나감에 따라 종교적 관행이 정치적으로 활용되었으며 이는 곧 인도가 주변국에 행사하는 소프트 파워를 보여주는 지표(와드하, 2015:235)"라고 설명했다. 2015년 6월 21일, 나렌드라 모디는 유엔을 상대로 로비 활동을 펼친 후 인도의 국제적 위상을 높이고 '소프트 파워 초강대국'으로 거듭나기 위해 준비한 '브랜드 인디아' 캠페인의 일환으로 제1회 국제 요가의 날을 이끌었다(무케르지, 2007). 소프트 파워가 효력을 다하려면 하드 파워의 도움이 필요한 만큼, 인도는 지난 60년 동안 소프트 파워를 비롯해 다른 종류의 힘을 다양하게 활용하면서 다자 체제에 참여해왔다.

: 국제적 참여

앞서 살펴본 바와 같이 인도와 중국은 각각 남아시아와 동아시아를 넘어서까지 자국의 주요 가치관과 규범을 전파하고자 한다. 두 국가모두 "강대국에 특별한 위치가 주어지며 국제적 평화와 안보를 유지하는 것이 강대국의 임무(모델스키, 1974:154)"라는 주장에 동의하고있다. 그러나 동맹 결성을 포함한 군사적 수단은 배제해왔다. 강압적관리 통제주의 대신 교류를 늘려 국제적 참여의 폭을 넓히는 데 주력하고 있다. 두 국가의 경제적 중심성은 자유민주적인 독립에서 비롯된 것이기도 하지만(제4장 참고), 다자간 체제 속에 자리매김함으로써 상호 간에 영향력을 행사하고 주요 정치적, 외교적 문제에 관한 의사 결정에 참여하게 되었다. 중국과 인도는 서서히 체제의 중심을 바꾸고 있으며 자국의 전반적인 국제 영향력을 "그들이 보유한 권력의 절정 너머로(아이켄베리, 2000:53)" 확대하고 있다.

1947년 이후 다자간 체제에 대한 인도의 참여는 주로 세 가지 주요 집단을 중심으로 이루어졌다. 또한 인도가 보유한 역량에 따라 기여도가 달라졌다. 냉전 시기에 인도는 반식민지주의적이고 반제국주의적인 과거와 민주주의 도입 등으로 인해 소프트 파워만 보유한 상태였다. 따라서 비동맹운동에 초점을 맞췄다. 반면 인도와 유엔의 관계는 계속해서 변화했다. 1940년대에는 자국의 관념을 지지했지만 이후 유엔 평화유지활동에 지속적으로 기여했다. 그리고 오늘날 인도는 안전보장이사회의 상임이사국 자리에 관심을 보이는데, 이를 위해서는 더욱 폭넓은 인정과 정당성, 입지를 갖춰야 한다. 그런가 하면 냉전 이후 국제적 자유경제에 참여하고자 하는 인도의 열망을 보여주듯 세계무역기구와의 관계 개선에 힘썼다. 그리고 서서히 인도의 경제력을 키워나갔다. "따라서 인도는 과거에도, 지금도 자유민주적인 제도와 규범, 미사여구를 통해 국익을 추구하는 외교 정책을 펼치고 있다(치오치아리, 2011:70)."

냉전으로 인해 양극화된 세계 속에서 국제적 영향력을 확보하고 서방 국가의 남아시아 개입을 차단하는 두 가지 목표를 달성하기 위해 인도는 비동맹운동을 공동 설립했다. 비동맹운동은 1955년 반둥회의에서 공식적으로 출범했다. 제2차 세계대전 이후 과거 식민지에서 독립을 쟁취한 최초 국가들 중 하나라는 입지를 바탕으로 인도는 "자신감 있는 행위자(킬나니, 1997:176)"였으며, 인도 지도층은 망설임 없이 자국의 국제적 비전을 세계 무대에 공표했다. 강대국으로 거듭나려면 군사적, 경제적, 영토적 역량보다 도덕적 이상주의를 갖추어야 한다는 믿음을 가지고 있었던 인도는 비동맹운동이 추구한 '평화공존 5원칙(판츠실이라고도 부른다)'을 전파하기 위해 노력했다. 평화공존 5원칙에는 영토 보존과 주권의 상호존중, 상호불가침, 내정 불간섭, 평등한 상호이익, 평화 공존이 포함되어 있다. 인도는 대한민국과 콩고, 수에즈, 베트남에서 목격한 서양 국가의 강압적인 태도를 공개적으로 비판했고, 다른 개발도상국과 공통으로 가지고 있는 인도의 가치관을 전 세계에 알림으로써 이들 국가와의 관계를 돈독하게 다졌다. 이러한 인도의 노력으로 총 120개의 국가가 비동맹운동에 동참하며 당시 세계에서 두 번째로 규모가 큰 국제기구로 자리매김했다. 또한 인도는 다자간 기구에 활발히 참여하는 강대국이 갖추어야 하는 인정과 혁신, 상호의존성, 공통의 리더십이라는 요소를 모두 충족했다. 하지만 냉전이 끝난 후 비동맹운동은 관련성이 많이 감소했고 인도 입장에서도 효율적인 플랫폼으로서의 가치가 없어졌다.

인도가 국제적 영향력을 확보하기 위해 주력하고 있는 또 다른 국제기관은 바로 유엔이다. 유엔의 창립 회원국으로서 인도는 협력과 발전, 평화, 안보를 추구하며 분쟁을 해결하기 위해 국제법과 중재를 활용한다는 유엔의 주요 원칙에 동의하고 있다. 유엔을 통해 인도는 보유한 소프트 파워를 확장할 뿐만 아니라 다른 회원국과 공통성을 찾고 유엔 평화유지활동에 적극적으로 참여함으로써 국제적 위상을 높여왔다. 특히 인도는 유엔 평화유지활동에 가장 많이 기여하는 국가 중 하나다(UN, 2016b). 이와 같은 참여를 바탕으로 인도는 책임감 있는 강국으로서 국제적 신뢰를 쌓아왔다. 연대의 원칙보다 다른 국가의 인정과 세계적인 영향력, 그리고 입지에 대한 필요성이 더 중요해진 것이다. 그러나 이와 같은 긍정적인 측면과 더불어 유엔은 정치적인 부분에서 인도의 공정함에 대해 의구심을 내비쳤다. 특히 인도의 핵 프로그램을 차별적으로 견제하는 '핵무기 아파르트헤이트'를 추구했다(제3장 참고). 또한 1947년 파키스탄과의 전쟁 이후 카슈미르 지역에 유엔 평화유지군을 계속해서 파병하고 있다. 이러한 불신으로 인해 1999년 카르길전쟁 당시 인도 총리였던 아탈 비하리 바즈파이는 양측의 의견을 중재하기 위해 특사를 파견하겠다는 유엔 사무총장의 제안을 "즉석에서 거부(차울리아, 2011a:280)"했다.

유엔 안전보장이사회의 상임이사국이라는 지위는 강대국의 반열에 오르는 과정에서 인도가 아직 달성하지 못한 주요 목표로 남아 있다. 인도가 이러한 목표를 추구하는 이유는 "안전보장이사회의 영구적인 다섯 개 상임이사국이 실질적 권력을 차지하고 있다(자빈, 2010:242)"는 점을 알고 있기 때문이다. 인도 지도층은 자국의 경제적 능력, 문명적 역사, 민주주의적 배경, 유엔 평화유지활동에 대한 기여도, 유엔 원칙에 대한 전반적인 고수 등을 근거로 들며 상임이사국이 '인도의 정당한 자리'라고 주장한다(J. 싱, 2000). 인도의 나렌드라 모디 총리는 상임이사국과 관련해 "인도가 간청해야 했던 시대는 지났다. 이제 우리의 권리를 주장할 때다(『타임스 오브 인디아』, 2015)"라고 말한 바 있다. 중요한 점은 국가가 다른 국가의 공식적인 인정에 의해서만 강대국으로 거듭날 수 있다는 사실이다. 따라서 주요 의사 결정 기관의 회원 자격을 부여받는 것도 중요하지만, 이러한 국가 간의 합의는 특정 시기와 상황의 영향을 받는다. 1950년대 네루는 두 번이나 상임이사국 자리를 거절했다(차울리아, 2011a:279). 이를 통해 언젠가는 상임이사국의 자리에 오를 것이라는 인도 지도층의 믿음을 엿볼 수 있다. 이제 막강한 하드 파워를 바탕으로 중심적인 역할을 하고 있는 인도에 비공식적인 거부권이 있다고 봐도 무방하지만, 유엔 안전보장이사회의 상임이사국이라는 공식적인 자리에 올라야만 어젠다와 규범을 정할 수 있는 권한을 얻을 수 있다. 이러한 위상은 여러 국제 문제에 있어 이미 중요한 인도의 영향력을 표면적으로 보장할 뿐만 아니라 국제 사회의 책임감 있는 기여국이라는 사회적 역할을 부여할 것이다.

인도는 또한 1995년 관세 및 무역에 관한 일반 협정의 공동 창설국이다. 이 협정은 세계무역기구의 전신이라고 볼 수 있다. 냉전 시기 인도는 비동맹과 제3세계를 대표하는 데 초점을 맞추었다. 인도 외교관은 연대와 발전, 동등함을 주장했고 외부적인 경제 지배에 대한 우려를 나타냈다. 이러한 입장을 보여주듯 인도 측 대표는 "평등한 대우는 평등한 국가 사이에서만 공평하다. 약자는 거인이라는 짐을 감당할 수 없다(날리카, 2006:63)"고 말한 바 있다. 그러나 소비에트 연방이 붕괴되고 1991년 채무 위기를 겪으면서 인도는 다자간 기구에 더욱 활발하게 참여할 수밖에 없었다. 인도는 이러한 참여가 경제 성장을 촉진해 발전과 입지를 위한 목표를 달성하는 데 도움이 된다는 점을 잘 알고 있었다. 동시에 세계무역기구를 제3세계를 대변할수 있는 국제무대로서 받아들였다. 최대주의를 기반으로 한 협상 방식은 인도가 서서히 지지와 영향력, 리더십과 인정을 얻는 데 도움이되었다. 하지만 동시에 인도는 투자와 시장 접근성에 대한 수요를 고려해 경제적 자유화의 열렬한 지지자로 거듭났다. 이러한 다자주의에 대한 인도의 접근법은 점차 진화하고 변화했다. 이를 통해 인도는 "여러 강국에 의존하던 가난한 개발도상국에서 세계무역기구의주요 국가들과 어깨를 나란히 하는 신흥국으로(말론, 2012:261)" 변모했다.

중국 역시 국가적 정체성을 구성하는 주요 가치관을 추구하는 동시에 인정받는 국제기구에 더욱 적극적으로 관여함으로써 더 많은이익을 확보하는 방향으로 다자간 참여를 지속해오고 있다. 인도와마찬가지로 중국이 다자간 기관과 교류하는 과정에서 학습과 순응,사회화의 요소를 찾아볼 수 있다. 또한 국가적 정체성과 본질적인 규범을 반영하는 구체적이고 역사적인 접근법을 바탕으로 중국의 강대국 입지 향상이라는 목표를 가지고 있다. 이러한 관념적이고 물질적인 요소들은 특히 세계무역기구와의 관계를 통해 알 수 있다. 마오쩌둥은 세계무역기구의 가입을 거절했지만, 시간이 지나고 덩샤오핑이 지도자의 자리에 오른 후에는 중국의 국제적(경제적) 부상을 위해 꼭 필요한 준비물이 되었다. 유엔 가입 역시 마찬가지다. 비록 여러 부정적인 인식이라는 한계에 부딪히기는 했지만 중국의 태도와접근법은 점차 진화했고 다른 국가들 역시 중국의 국제적 위상을 받아들였다.

안보 체제보다는 경제적 기구가 더 투명하다는 판단하에 중국은 1986년부터 관세 및 무역에 관한 일반 협정에 가입하고자 했지만 경계심 많은 서방 국가들의 반대에 부딪혔다. 엎친 데 덮친 격으로 1989년 천안문 사태가 발생했고 소비에트 연방까지 붕괴되었다. 또한 개발도상국으로서 중화인민공화국의 경제 원숙기에 대한 우려와 중국을 위협으로 감지한 미국을 비롯한 주요 국가들의 반대까지 이어지면서 다소 어려운 상황이 지속되었다. 2001년 12월 다른 국가들로부터 인정받은 후에야 중국은 관세 및 무역에 관한 일반 협정의 후속 기관인 세계무역기구에 가입할 수 있었다. 세계무역기구는 "중국의 가입으로 인해 진정한 의미의 세계적인 기구를 향해 한 발짝 더 전진할 것이며 국제적 경제 협력을 이끌어내는 데 핵심적인 역할을 할 것이다(WTO, 2001)"라고 발표했다. 중국의 참여가 선택적일 수도 있으며 세계무역기구의 가치관과 역할을 재정의할 수도 있다는 우려의 목소리가 있었지만, 실제로 중국은 체제가 제공하는 재정적 이익을 누리면서 기관의 제도적 관행을 구성하는 기존의 공동 규범을 수용했다.

중국의 "자주성을 침해하는 규범에 대한 오래된 반발심과 강압적이고 의무적인 국제 활동에 대한 경계심(콘테시, 2010:331)"은 안보 체제에 대한 의구심을 초래했다. 따라서 중국은 유엔을 미국 제국주의와 신고전주의의 또 다른 형태로 인식했다. 유엔은 1945년부터 중국의 가입을 차단했다. 그러나 1971년 10월 중화인민공화국은 중국의 유일한 법적 대리인으로 대만을 대신해 유엔 회원국 명단에 이름을 올렸다. 이제는 미국을 비롯한 다른 국가들로부터 사회적 인정을 받고 있는 중국은 유엔 안전보장이사회의 상임이사국이라는 상징적인 자리를 확보하며 상당한 영향력을 손에 쥐었다. 이를 통해 중국에 기관의 활동을 승인할 수 있는 권한이 주어졌다. 이렇듯 중요한 구조적 역할을 바탕으로 중국은 1990년대 유엔의 '체제-유지' 본성과 안보 구축, 무장 해제 노력을 강력하게 지지했으며 "선택적이고 상징적인 (킴, 1999:45)" 방식으로 유엔 활동에 참여했다. 중국이 거부권을 행사한 사례는 손에 꼽을 정도로 적은데, 1971년부터 2015년까지 단 아홉 차례에 불과하다. 반면 미국은 72번, 영국은 23번, 소비에트 연방/러시아는 22번, 프랑스는 13번 거부권을 행사했다. 중국이 행사했던 거부권 중 6번은 2000년 이후의 일로, 같은 기간 러시아와 미국은 거부권을 11번 행사했다(UN, 2016c).

유엔의 다른 영역에서도 중국은 서서히 더 큰 책임을 도맡고 있다. 그중 가장 뚜렷한 것은 유엔 평화유지활동에 대한 참여다. 중국은 상임이사국 중에서 가장 많은 인원을 파견하고 있다(UN, 2016a). 1981년부터 참여한 중국은 자국의 규범과 국가적 자주성, 불개입 원칙을 국제정치에 주입하고 중국을 책임감 있는 강대국으로 묘사하며 개발도상국과 관계를 형성하기 위해 유엔에 더욱 활발히 관여했다. "서방 국가가 자유민주적 가치를 토대로 연대를 강조하는 세계 질서 확립을 위해 노력하는 동안 중국은 문화적, 정치적 다양성에 기반을 둔 다원적 세계 질서를 보호하는(P. K. 리 외, 2010:21)" 방법을 모색했다. 이에 따라 중국은 다른 국가의 기대를 충족시키는 동시에 자국의 비전을 세계에 전파하고 있다. 이를 통해 상호 간의 사회화를 추구한다. 중국의 참여는 역할을 부여하고 도맡고 만드는 과정에서 "강대국이라는 입지는 의무와 역할을 다함으로써 단순히 '체크박스'에 표시를 하는 데서 끝나는 것이 아니라 이러한 역할과 책임을 다할 수 있는 능력을 기준으로 결정되어야 한다(C. 존스. 2014:598)"는 점을 강조한다.

: 지역적 협정

다자 체제는 지역 내 질서에도 영향을 미친다. 이는 중국과 인도의 주변국과의 관계를 살펴봤던 제5장의 분석에도 일부 반영된다. 대개 더욱 집중적이고 지역적이며 구체적인 지역 안보 공동체는 "특정 가치관과 정체성을 공유함으로써 교류를 지속하고 전략적 이타심을 드러낸다(애들러&바넷. 1998:31)." 안정을 도모하고 갈등을 방지하는 데 필수적인 이러한 공동체는 또한 국가가 세계관과 가치를 다른 국가에 표출, 설명, 권장할 수 있는 매우 유용한 발판이다. 상대적인 지리학적 위치 때문에 인도와 중국은 동남아시아국가연합에 참여하고 있다. 또한 두 국가는 각자의 지역에서 참신한 시도를 추진했는데, 성공 여부에는 차이가 있다. 중국의 가장 눈에 띄는 성과는 상하이협력기구이고, 인도의 경우에는 남아시아지역협력연합이다. 신흥 강대국으로서 두 국가가 공유하는 위상과 공통의 관심사를 바탕으로 중국과 인도는 서로 힘을 모아 새로운 지역 내 기구를 설립하기도 했다. 바로 브릭스와 아시아인프라투자은행이다.

중국과 동남아시아국가연합 사이의 관계는 적대적 고립주의에서 적극적인 실질주의로의 중국의 변화를 보여준다. 제5장에서 살펴본 것처럼, 1967년 설립 당시에는 이념적 차이로 인해 동남아시아국가연합과 중국의 관계가 가까워질 수 없었다. 그러나 냉전이 끝난 후 중국은 자국의 급격한 성장과 지배적인 제국주의의 과거가 지역 안보에 불안을 초래한다는 점을 깨닫고 연합의 두려움을 해소하기 위해 적극적으로 나섰다. 광범위한 의혹을 부추기는 "과거와 뼈아픈 기억, 계속 남아 있는 갈등(샴보, 2004:76)"을 청산하기 위해 1997년 아시아 금융 위기 이후부터 주기적으로 회의를 개최하며 양측 간의 관계를 개선했다. 이러한 노력의 결과로 동남아시아국가연합 10개국과 중국, 일본, 대한민국이 참석한 아세안+3회의가 개최되었고, 중국만 참석한 아세안+1회의 또한 열렸다. 중국아세안자유무역협정을 통해 신뢰와 상호의존성을 구축하고 서로에게 이익이 되는 경제적 연결고리를 마련하는 것이 목표였다. 중국은 또한 연합의 가치관과 규범, 특히 투명성, 자주성, 불개입과 평화적 해결 등을 적극적으로 수용했다. 양측 모두 서로의 관념적 원칙에서 공통성과 상호이익을 목격할 수 있었다. 이러한 상호관계는 나아가 "중국이 더욱 활발하게 참여할 수 있는 비공식적이고 광범위하며 논의와 합의를 바탕으로 하는 점진적 접근법(쿠익, 2005:107-108)"인 '동남아시아국가연합 방식'의 탄생으로 이어졌다. 영토를 둘러싼 논쟁(제5장 참고)에도 불구하고 자국의 이미지를 관리하고 다른 국가의 두려움을 인지하며 공통의 규범에 집중함으로써 중국은 동남아시아국가연합과 탄탄한 관계를 맺어왔다.

인도 역시 지역적 영향력과 무역 범위 확장, 입지 개선을 염두에 두고 공통의 원칙과 가치관을 바탕으로 동남아시아국가연합에 참여해왔다. 처음에는 그저 서방 안보 기구의 대리인이라고 여긴 인도는 1967년 동남아시아국가연합의 가입을 거부했다. 하지만 1990년대 초 공통된 종교와 예술적, 언어적, 정치적 유산, 발전 관계 등을 바탕으로 끈끈한 유대감을 형성했다. 이러한 관념적 유대관계는 '평화 공존 5원칙'에 대한 공감대와 비정치적이고 비구속적인 동남아시아국가연합의 기본 원리를 중심으로 형성되었다. 보다 광범위한 측면에서 "평등한 전략적 균형의 유지(모한, 2013:140)" 역시 중국과 미국을 상대로 인도양 지역에 대한 주도권을 확보하고(제5장 참고) 태평양 지역에 더 많은 영향력을 행사해야 하는 인도에 있어 중요했다. 국제적 위상을 다지는 과정에서 인도의 이미지를 긍정적으로 연출한 것도 남아시아 최대 국가인 인도를 평화를 수호하는 국가로 보여주는 데 도움이 되었다. 2002년 12월, 연례행사인 아세안+1이 처음으로 개최되었다. 2003년 인도는 동남아시아국가연합과 우호협력조약을 체결했으며 아세안-인도 자유무역협정은 2010년 1월 발표되었다. 공통의 기본 규범과 경제적 목표를 바탕으로 "본격적인 협력(시나, 2003)"은 계속해서 확장되어 해군 합동훈련과 반테러협약, 재난관리, 환경협약, 식량 및 인간 안보 등의 분야에 걸쳐 추진되고 있다. 이와 같이 밀접한 관계를 보여주듯 2014년 인도와 동남아시아국가연합은 전략적 파트너십을 구축했다.

자국의 자아상, 정체성, 관심사가 다른 국가의 두려움과 욕구에 어떤 영향을 미치는지에 대한 이해를 바탕으로 관계를 쌓는 것 외에 지역적 그리고 국제적 기구를 창설하는 것은 강대국의 또 다른 특징이다. 이러한 강대국의 능력은 다른 국가의 관심과 인정, 공통성이라는 요소를 나타내며 특정 가치와 규범, 원칙을 국가 밖으로 표출하겠다는 정치적 의지를 보여준다. 남아시아에서 인도는 주변국과 비교했을 때 강력한 경제적, 정치적 비대칭을 이루었으며 주변국에 수차례 군사적으로 개입해왔다. 이는 인도에 대한 지역 내 공동의 경계심을 불러일으켰고, 그 결과 지역 기반의 기구 형성이 쉽지 않았다. 더욱이 "영국 제국주의의 잔해가 남아시아 국가 형성에 영향을 미치면서 지역적 경제 협력을 애초에 불가능하게 만드는 거의 영구적인 관계들이 자리 잡았다(리드, 1997:235. 제5장 참고)."이에 더해 인도는 자국이 지역 내 패권국이라는 자아상을 갖고 있었고 국제적 관계보다는 지역적 관계에 초점을 맞췄다. 또한 다자간 대신 양자 간 관계를 훨씬 더 선호했다.

그럼에도 불구하고 1947년부터 인도는 여러 개의 지역적 기구 설립을 시도했다. 이를 통해 경제적, 문화적 협력을 강화하거나 집단 안보와 관련한 문제점을 해결하고자 했다(특히 중국과 관련된 문제들). 이러한 노력은 1985년 남아시아지역협력연합이 탄생하면서 마침내 결실을 보았다. 2004년 남아시아자유무역지대 협약을 체결하는 등 경제적 협력을 내세웠던 이 기구는 뿌리 깊은 "불신과 경쟁, 두려움(바랄, 2006:267)"으로 인해 영향력이 크게 약화되었고 국가별 이익 추구와 회원국 사이의 공통점 부족 등으로 인해 실패하고 말았다. 이와 관련해 인도는 훨씬 약한 주변국으로부터 얻을 수 있는 이익이 별로 없으므로 주변국과의 교류는 큰 의미가 없을 뿐만 아니라, 전반적으로 공통성이 거의 없고 불안정한 남아시아의 본질 때문에 어떠한 국가도 해당 지역에서 다자간 기구를 설립할 수 없다는 현실주의적 해석에 주목할 만하다. 공통의 다민족주의, 다문화주의, 민주주의 성향을 기반으로 하는 IBSA(인도-브라질-남아프리카공화국 경제협력체)의 대화 포럼만이 인도가 설립한 유일하고 효과적인 다자간 기구다. 2003년 남남 협력을 강화하고 글로벌 지배 구조를 개혁하며 농업, 무역, 문화, 국방 분야에서 협동하기 위해 출범한 IBSA는 보다 광범위한 기구인 브릭스의 그늘에 가려 빛을 보지 못하고 있다.

반대로 지역 기반의 조직을 형성하는 데 성공한 중국은 상하이협력기구를 출범시켰다. 원래 상하이 5국이라는 이름으로 1996년 설립된 이 기구는 자신감, 소통, 협력, 공동의 이익, 평화적 공존을 포함하는 '상하이 정신'을 바탕으로 중국과 러시아, 중앙아시아 국가(카자흐스탄, 키르기스스탄, 타지키스탄, 우즈베키스탄)의 화합을 이끌어냈다. 중국 공산당의 국제관계 비전을 반영하는 상하이협력기구는 중국의 지역적 외교 정책과 가치관을 장려한다. 그리고 이를 통해 자연스럽게 자국 고유의 요소들을 주변국과 전 세계에 선보인다. 또한 상하이협력기구는 미국과 같은 서방 국가의 영향력을 차단하는 역할을 한다. "지역 내 규범과 규칙을 기반으로 한 안보 질서(위, 1999:183)"로서 동맹보다는 합의를 추구하는 상하이협력기구는 설립 초기 테러와 분리주의, 극단주의라는 세 가지 지역적 공통 위협에 대응하는 데 초점을 맞추었다. "상호신뢰와 상호이익, 평등, 협의를 지지하고 문화적 다양성을 존중하며 공동의 발전을 도모(위안, 2010:862)"한다는 기본 원칙은 이를 뒷받침한다. 또한 이러한 요소들은 다자주의에 대한 중국의 전반적인 태도를 보여준다.

중국이 제시한 기본 원칙을 다른 국가들이 받아들임으로써 중국은 인정과 존중, 동의를 얻는 동시에 지역 정세를 적극적으로 관리하고 중국의 이미지 형성에 유리하게 활용하는 능력을 증명했다. 특히 자국의 가치관을 다른 국가에 전파하고 자국이 만든 기관의 가입을 유도한 후 긍정적인 상호의존성을 형성하는 방식으로 중국은 상하이협력기구의 성공을 견인했다. 이러한 모든 것은 다자주의에 대해 강대국이 갖춰야 할 기본적인 태도다. 때문에 상하이협력기구는 "아시아에만 한정되는 지역적 정치와 안보 대체 체계(친, 2010:84)"로 평가받고 있다. 중국은 상하이협력기구를 바탕으로 자신감을 축적하고 효과적인 협력을 추진하는 동시에 지역 내에서 리더와 관리자 역할을 한다는 평판을 얻었다. 설립 이후 상하이협력기구는 활동 영역을 점차 넓혀 아시아의 평화 수호까지 아우르고 있다. 이에는 공동 군사 훈련 조율도 포함된다. 이 외에도 중국은 현재 기구를 활용해 "더 광범위한 지역적 경제 통합을 촉진하고 에너지 공급을 확보 및 유지하며 대화와 합의, 상호이익, 존중, 평등, 갈등의 평화적 해소를 바탕으로 하는 새로운 안보 개념을 지지(위안, 2010:856)"하는 방법을 모색 중이다. 아시아 전역에서 여러 국가가 상하이협력기구의 활동에 참여하고 있는데, 2017년 인도와 파키스탄을 정식 회원국으로 받아들임으로써 기구의 활동 범위와 영향력은 중앙아시아를 넘어 전 세계로 확대될 것이다.

공동의 이익과 전망, 위협을 기반으로 한 협력을 통해 인도와 중국은 지역 내 기구를 공동 설립하기 위한 노력을 기울이고 있다. 이는 두 국가 사이의 상호파트너십을 잘 보여준다. 이러한 협력은 무역(세계무역기구의 도하라운드)과 환경 관련한 국제 협상 테이블에서 이미 나타나고 있다. 환경 관련 협상의 경우 2015년 코펜하겐회담에서 "인도와 중국의 협상 포지션에 거의 차이가 없었다(차오, 2014:326)." 이러한 맥락에서 2005년 12월, 두 국가는 아세안+3에 인도와 호주, 뉴질랜드를 포함하는 동아시아정상회의의 출범을 지지했다. 2011년 동아시아정상회의에 미국과 러시아가 가입하면서 광범위한 지역 공동체를 형성하는 유용한 기구로 거듭났다. 중국과 인도의 상호 노력은 미국을 비롯한 특정 유럽 국가들에 유리한 서방 국가 중심의 기존 체제와 국제기구에 도전하는 대체 기구를 활성화하기 위한 두 국가의 적극적인 의지를 강조한다. 또한 중국과 인도는 이러한 기구를 통해서 자국의 외교 정책과 다자간 협력을 강화, 탐구, 제도화하고자 한다.

여러 개발도상국과 강대국을 염원하며 부상 중인 국가들이 함께 모여 설립한 기구의 가장 대표적인 예로 2009년 이후 출범한 브릭스를 꼽을 수 있다. 불개입과 반패권주의, 다극성 지지, 발전과 평등이라는 공통된 규범을 바탕으로 브릭스 회원국은 새로운 세계 질서에 대한 비전을 공유했다. 이러한 관심사를 국제적으로 표출함으로써 수적 우세를 통해 목표에 한 발짝 더 다가섰으며 점차 향상된 경제적, 인구학적 역량을 바탕으로 구조적 영향력을 확장했다. 브릭스는 2012년 델리 선언을 통해 "우리는 세계 평화, 경제적 그리고 사회적 진전이 목격되며 글로벌 거버넌스 속에서 신흥국과 개발도상국의 권한이 강화되는 미래를 꿈꾼다(MEA, 2012)"고 공표했다. 2014년 7월, 브릭스는 개발도상국의 지속가능한 발전과 인프라 프로젝트에 자금을 지원하기 위해 신개발은행을 설립했다. 초기 자본은 1,000억 달러로, 세계은행의 초기 자본의 절반에 달하는 액수였다. 아직 과도기를 거치고 있는 신흥 기구로서 신개발은행은 국제통화기금과 같은 서방 중심의 기관과 경쟁하겠다는 뜻을 공공연하게 밝히고 있으며 국제 금융의 구조를 혁신적으로 개혁하겠다는 목표를 브릭스 회원국과 함께하고 있다.

이러한 노력의 국제적 결실이 바로 아시아인프라투자은행이다. 중국이 설립을 제안하고 인도가 힘을 보태면서 2014년 10월 탄생한 아시아인프라투자은행은 2016년 1월 첫 회의를 소집했다. 2016년 초, 가입을 거절한 미국과 일본을 제외한 아시아 57개국과 서방 국가들(프랑스, 독일, 이탈리아, 영국)이 한자리에 모여 노동과 인권 문제에 대해 논의했다. 1,000억 달러의 예비 자금을 보유하고 있는 아시아인프라투자은행은 세계은행과 국제통화기금한테는 신개발은행보다 훨씬 더 큰 경쟁 상대다. 일각에서는 아시아인프라투자은행의 설립이 "미국이 세계 경제 체제의 보험회사 역할을 상실한 순간(H. 왕, 2015:1)"이라고 설명한다. 아직까지 국제 경제학의 현 상황을 완전히 뒤집지는 못했지만, 아시아인프라투자은행은 그에 대한 대안을 제공한다. 또한 '아시아의 세기'의 일환으로 주요 권력 이동이라는 맥락에서 인도와 중국이 고유의 세계관을 전파하는 매개체 역할을 하고 있다. 향상된 대표성 또한 역학관계에 영향을 미치는데, 아시아인프라투자은행 내에서 중국과 인도의 의결권이 가장 크다(각각 26.06퍼센트와 7.51퍼센트). 이는 두 국가가 국제통화기금에서 갖고 있는 의결권(6퍼센트와 2.6퍼센트) 또는 세계은행에서 갖고 있는 의결권(5.1퍼센트와 3.21퍼센트)보다 훨씬 높다(아시아인프라투자은행, 2016; 국제통화기금, 2016; 세계은행, 2016e).

: 수용, 영향력 그리고 질서 확립

강대국이 되기 위해 국가는 "광범위한 외교 정책의 어젠다, 다양한 국제적 관심사, 전 세계에 권력을 행사하는 능력을 갖춰야 하며 또한 이 모든 것을 인정받아야 한다(레비, 1983:17)." 공통의 가치관, 원칙, 관심사를 바탕으로 공통성을 가지고 있는 다자 체제는 강대국 입지를 달성하고 확보하며 재현할 수 있는 주요 배경이다. 이러한 조직은 "국제 체제를 구성하는 규칙과 사회적 관행을 행하는 국가들의 상호작용을 통해서만 존재한다(첸, 2003:168)"는 점에서 근본적으로 이종교배적이며 상호의존적이다. 따라서 강대국은 반드시 인정받아야 하고 수용되어야 하며 인증되어야 한다. 또한 다른 국가에 의해서 존중되어야 한다. 소프트 파워뿐만 아니라 하드 파워(주로 경제력의 형태로)까지 갖춰야 다른 국가로부터 이러한 반응을 유도할 수 있다. 적극적 또는 암묵적인 방법으로 행해지는 질서 확립과 관리는 하드 파워와 소프트 파워를 기반으로 한 외교 활동을 통해 실현된다. 이는 국제 사회의 운영과 관련한 서양 주도 개념의 핵심이다. 사회적 집단으로서 규범과 정체성, 인식을 바탕으로 형성된 다자 체제는 시간이 지남에 따라 이러한 기반을 바꾼다. 진화와 변화의 과정을 통해 국제 사회는 강대국 사이에 더욱 폭넓은 물질적, 관념적, 사회적 역량의 분배에 상응하는 "다른 종류의 구체적 표현(러기, 1993:12)"을 확보하게 될 것이다.

이번 장에서 살펴본 것처럼 다자 기구와 관련한 인도와 중국의 핵심적 가치관은 서방 국가에 의해 탄생한 여러 체제의 중심 생각과는 상이하다. 다극성, 평화로운 평등, 불개입이라는 개념은 이러한 근본적인 차이점을 잘 보여준다. 특히 불개입과 관련해 일각에서는 중국과 인도가 "강대국의 관리 통제주의와 오랫동안 자국에 드리웠던 유럽 제국주의의 그림자(비슬리, 2012:163)"를 거부한다고 설명한다. 두 국가 모두 고유의 가치관과 세계관을 통해 새로운 기구 형성에 영향을 미치고자 한다. 이는 상하이협력기구와 IBSA, 브릭스, 아시아인프라투자은행의 설립 과정을 통해 알 수 있다. 중국과 인도는 강압이 아닌 합의를 바탕으로 이러한 목표를 추진한다. 그 결과 양국의 지도자들에게 "국제관계를 관리하는 국가들의 집단 개념은 평등주의적 세계 질서에서 용납할 수 없는 것으로 간주된다(비슬리, 2012:182)." 따라서 중국과 인도는 제도적 배경 속에서 강대국이 보여준 행동들을 그대로 따르지 않고 있다. 자주성과 관련하여 중국과 인도가 서구적 개념과 다른 점은 두 국가가 "이러한 원칙을 자국뿐만 아니라 다른 국가에 적용한다(베지르가아니두, 2013)"는 것이다. 이는 중국과 인도가 더욱 공평하고 자애로우며 덜 강압적인 세계관을 가지고 있음을 보여준다.

인도와 중국이 계속해서 부상함에 따라 이러한 중요한 차이점은 기존의 세계 질서에 영향을 미칠 것이다. 두 국가 모두 스스로 만든 기구에 다른 국가의 참여를 유도할 만큼 성장했다. 특히 중국이 인도

보다 더 큰 성공을 거두고 있다. 이러한 차이점이 더욱 커지면서 결국 새로운 세계 질서가 등장할 수 있다. 이를 결정짓는 것은 기회를 잡겠다는 인도와 중국의 의지다. 두 국가가 "세계를 형성하는 능력을 갖추게 되면, 권력의 필요에 따라 세상을 형성할 것이다(킬나니 외, 2012:69)."

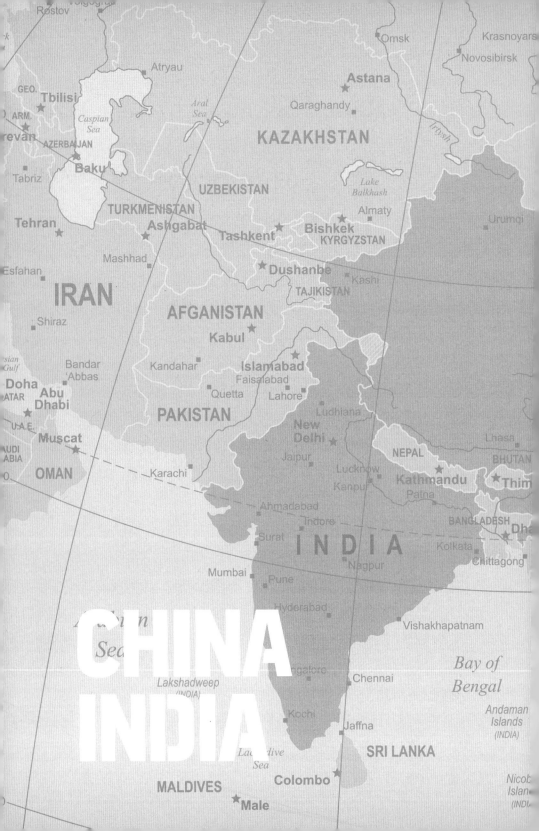

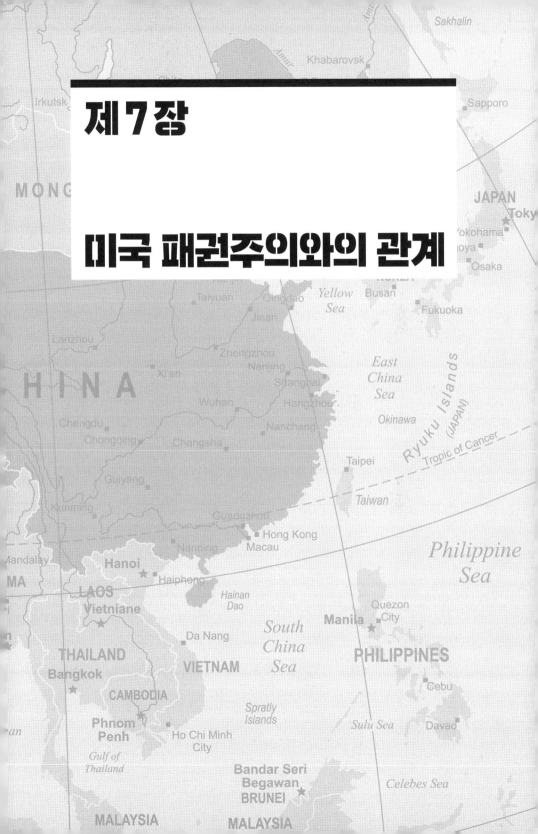

제 7 장

미국 패권주의와의 관계

앞에서 살펴본 바와 같이, 지난 30년간 중국과 인도의 권력이 규모, 범위, 중요성 면에서 강화되었으며 앞으로도 계속 강화될 것이라는 점은 부정할 수 없는 사실이다. 그러나 현재 국제 시스템에서 가장 중요한 국가는 중국과 인도가 아니라 강대국의 전형이라고 할 수 있는 미국이다. 이 책의 서론으로 돌아가자면 미국은 네이어와 폴이 주장한 '열 가지 미덕'을 모두 충족시킬 뿐만 아니라 압도적으로 우세한 면모를 보인다. 하드 파워 측면에서 미국은 2015년 기준으로 세계에서 가장 많은 군사비를 지출한 나라(SIPRI, 2016b)다. 또한 같은 해 구매력평가 면에서 미국의 GDP는 중국과 유럽연합 다음인 세계 3위를 기록했다(CIA, 2016d). 또한 2013년에 미국은 외국인직접투자 1위를 차지했다(UNCTAD, 2016). 2015년 미국의 인구는 중국과 인도, 유럽연합 다음으로 세계 4위였다(CIA, 2016e). 토지 면적 면에서 보자면 세계 3위다(CIA, 2016a). 마지막으로 미국은 세계 최고 수준의 과학기술을 자랑한다. 소프트 파워 역시 마찬가지다. 미국의 규범은 유엔, 세계은행, 국제통화기금과 같이 현재 세계에서 가장 중요한 다자 체제의 설립, 제도화, 리더십 과정에 엄청난 영향을 미쳤다. 뿐만 아니라 미국의 대중문화는 세계에서 가장 매력적이며 광범위하게 퍼져 있다. 또한 미국은 가장 강력한 외교 역량을 보유하고 있다(마키, 2009:83-84). 명확한 전략적 문화(월턴, 2012)를 통해 국가적 리더십을 발휘하고 있으며 국제 체계를 지배하는 데 필요한 정부 기관과 의지를 갖고 있다.

지난 10년간 일부 역량이 비교적 약화되기는 했지만, 미국은 여전히 여러 면에서 유일하게 온전한 완성형 글로벌 강국이다. 따라서 국제 시스템 내 초강대국으로 간주되며 때에 따라 세계 유일의 권한을 누린다. 우리의 분석에서 미국은 인도와 중국이 가지고 있는 열망의 원천이라고 할 수 있으며, 두 국가가 지금까지의 진전과 국제 시스템 내 다른 강대국과 비교한 상대적 권력과 포지셔닝을 가늠하고 앞으로의 행보를 전망하는 데 있어 일종의 기준을 제시한다. 국제적으로 입김이 센 미국은 기존 국제 시스템의 구조를 유지하고자 하지만, 중국과 인도는 이러한 틀에서 크게 벗어나고 있다. 그중 가장 눈에 띄는 이탈은 바로 패권주의와 관련 있다. 패권주의는 "엄청나게 강력해서 체계 내 다른 모든 국가를 지배하는 국가(미어샤이머, 2001:40)"로 거듭나는 것을 말한다. 현실주의적 해석의 핵심으로 무정부 상태에서는 강압적인 패권을 바탕으로 이룬 안정성을 통해 국제 질서가 탄생하고 존재한다. 반면 자유주의는 패권이 "국가 간 관계를 통치하는 중요한 규칙을 유지(클라크, 2011:18)"하는 데 필요하다고 주장한다. 이에는 국제 정치 경제 및 다자 체제가 포함된다.

이미 체계 내에 존재하는 계층을 통제함으로써 패권국은 "변화하는 힘의 균형에 따라 기존의 국제적 이익 분배를 바꿀 것인지, 얼마나 바꿀 것인지, 어떻게 빨리 바꿀 것인지(찬, 2004:112)"를 결정한다.

패권국을 뜻하는 'hegemon'이라는 단어는 그리스 어원에서 비롯된 것으로 지배와 리더십이라는 의미를 가지고 있다. 패권국은 국제 시스템의 궁극적인 문지기이자 관리자다. 이를 바탕으로 미국은 정당성을 다른 국가로 확장할 수 있으며 새로운 강대국을 선택할 수 있다. 패권국이라는 다른 국가의 수용과 인정은 "강압적인 힘에 의해 동의가 이루어지는 것이 아니라 강압과 동의가 서로 균형을 이루는 조합(그람시, 1971:215)"을 기반으로 형성된다. 따라서 이러한 역학 관계에 상당한 영향을 미친다. 우월한 위치에 있는 국가를 다른 국가들이 인정하고 수용하는 순간 패권국의 리더십이 정당화된다. 이는 공통의 가치관과 규범, 이익에 대한 상호주관적인 인정/용인과 관련한 구성주의적 해석을 암시한다. 이러한 관점에서 패권국은 "문화와 사상의 영역을 통해 통치한다(스틴스&페티포드, 2001:114)." 여기서 소프트 파워는 하드 파워를 보조하는 역할을 한다. 패권국은 리더십을 발휘해야 할 뿐만 아니라 동의하는 다른 국가들이 영토, 금융, 실존적 보안과 관련된 문제들에 있어 필요한 바를 충족하고 역량과 가능성을 펼칠 수 있는 수단을 제공해야 한다.

패권주의적 주장과 패권주의에 대한 동의 외에 우리는 마지막으로 주체가 누구인지에 따라서 패권주의의 정의가 달라진다는 점에 주목한다. 따라서 구성주의적 관점에서 보자면 패권주의는 국가의 특정 가치관과 규범, 규칙을 반영하며, 이는 국가의 역사적 경험과 행동, 상호작용에서 비롯된다. 서방 국가가 주도하고 있는 현대적 패권주의의 의미는 그 중심에 패권국은 책임감이 있어야 한다는 믿음이 자리 잡고 있다. 때문에 패권국은 "체계 유지 비용의 상당 부분을 감당한다(베클리, 2011:48)." 따라서 이러한 책임을 지는 국가는 이례 석인 권한을 부여받으며 "국제 사회의 평범한 구성원이 시켜야 하는 도덕적, 법적, 정치적 제약에서 자유롭다(비슬리, 2012:9)." 그러나 앞서 살펴본 것처럼, 또한 앞으로도 강조할 테지만, 중국과 인도의 외교 정책을 구성하는 주요 규범이 이러한 세계적 비전과 질서와 일치한다는 보장은 없다. 국제 시스템이 구성 국가 간에 역사적으로 형성된 물질적, 관념적 권력 균형을 반영하듯이, 중국과 인도가 계속해서 부상함에 따라 이러한 토대 역시 진화를 거듭할 것이다.

이를 바탕으로 지역 너머를 살펴보기 위해 이번 장에서는 인도와 중국이 기존의 패권국인 미국을 상대로 어떤 외교 정책을 펼쳐왔는지를 분석한다. 또한 이와 같은 국가들 사이의 상호작용이 정치적, 경제적, 군사적 측면에서 냉전과 냉전 이후 시기 동안 어떻게 상대적으로 발달했는지를 검토한다. 역사적 그리고 현대적 관계를 모두 들여다보는데, 특히 지난 70년 동안 공통의 관심사, 가치관, 전략적 목표가 합쳐지고 다시 분리되는 과정을 살펴본다. 오늘날 패권국과 강대국이라는 입지, 폭넓은 역학관계를 규정짓는 지배적인 규범 및 관행을 중국과 인도가 따르고는 있지만 동시에 서방 국가의 안보 방향으로부터 차별화된 행보를 보이고 있다는 점에 주목한다. 또한 전반적인 국제 시스템을 향한 인도와 중국의 태도를 살펴본다. 특히 패권주의보다는 다극성을 바탕으로 하는 세계 속에서 자주성과 평등, 자립성이라는 양국의 공통된 열망을 분석한다.

∶ 냉전

미국은 인도 독립운동의 근간이 된 반식민지주의를 지지하면서도 물질적 빈곤과 문화적, 경제적, 사회적 연결성의 결핍을 근거로 대며 1945년 이후 인도의 전략적 세계관을 사실상 저지했다. 인도의 주요 원칙인 비동맹은 이러한 차이점을 더욱 강조했고 "미국과 함께하지 않는 국가는 적(말론, 2012:154)"이라고 주장하는 미국의 이분법적 세계관과 충돌했다. 1950년대 인도 지도층이 러시아와 중국을 공식 방문하면서 이러한 차이점을 다시 한번 재확인했고, 인도는 비동맹운동과 국민회의파의 사회주의적 정치 성향을 통해 미국의 입장에 대한 비난을 내비쳤다. 자주성과 자급성이라는 인도 지도층의 오래된 염원은 이러한 관념적 갈등을 더욱 심화했다. 네루는 "너무 오랫동안 아시아의 우리는 서방 법정에 탄원을 제출하는 진정인이었다. 이러한 이야기는 이제 과거의 일이어야만 한다. 우리의 두 발로 당당히 설 것을 제안한다. 아시아의 국가들은 더는 다른 국가의 노리개가 되지 않을 것이다(R. 스리바스타바, 1995:3)"라고 말한 바 있다. 더욱 중요한 점은 인도가 미국의 외교 정책이 세계 제패와 자본주의적 제국주의를 목표로 하고 있다고 간주했다는 것이다. 이처럼 인도–미국 간 상호작용은 의심과 분노로 정의되었다.

　냉전이 지속되면서 두 국가 간에는 직접적인 이념적 갈등 외에도 다른 종류의 차이점이 발생했다. 미국은 소비에트 연방이 남아시아에서 존재감을 드러내는 것을 막기 위해 인도에 주기적으로 기술, 농업, 군사, 식량 지원을 제공했다. 하지만 이러한 원조의 조건으로 특히 파키스탄을 상대로 하는 군사적 확장을 금지하고 경제적 발전을 수용하며 중국과 러시아와의 관계를 제한할 것을 인도에 요구했다. 미국의 원조는 또한 일관성이 부족했다. 예컨대 인도가 중국과 전쟁을 치르던 1962년에 미국은 군사적 지원을 제공했지만, 인도가 고아의 통치권을 주장했던 1961년에는 원조를 보류했다. 식량 지원 또한 1954년에는 제공되었다가 기근이 발발한 1965년에는 파키스탄과의 전쟁을 이유로 멈췄다. 이와 같이 불규칙한 상호작용이 일어나는 동안 미국은 남아시아에서 인도의 적수이자 경쟁 상대였던 파키스탄과(제5장 참고) 관계를 더욱 단단히 하면서 "냉전을 인도 문턱까지 가져왔을 뿐만 아니라 아대륙 내에서 인도의 자연적인 우월성을 무효화하겠다는 의지를 보였다(팬트, 2013:2)." 파키스탄과 미국의 관계가 가까워짐에 따라 인도는 특히 1971년 동파키스탄전쟁을 계기로 소비에트 연방과의 동맹을 강화했다. 상호이익을 기반으로 한 관계 속에서 인도는 자국을 국제 사회의 부수적인 구성원이라고 여겼다. 이는 강대국을 지망하는 국가적 자아상과는 정반대라고 할 수 있다. 냉전으로 인한 이분법적 접근은 미국과 인도의 세계관의 이념적 차이점을 더욱 부각했다. "미국의 지속적인 압박에 굴복하느니 차라리 죽는 편이 낫다(자야카르, 1992:185)"는 인디라 간디의 말은 인도-미국 관계에 깊게 자리 잡은 분리적 정서를 잘 묘사한다.

이러한 점과 더불어 냉전이라는 배경 때문에 미국은 "인도의 국가적 자부심과 야망을 만족시키는 국제 전략을 찾지 못했다(샤, 1983:175)." 냉전이 계속되면서 세계 곳곳에서 발생한 의견 차이는 인도-미국 관계에 영향을 미쳤다. 가장 눈에 띄는 사건은 1974년 인도의 평화적 핵폭발로, 이는 미국이 주도한 1967년 핵확산금지조약에 대한 반대로 간주되었고 결국 미국의 제재로 이어졌다(제3장 참고). 인도는 원래 핵확산금지조약을 지지했으나 나중에는 가입하지 않았다. 1979년 소비에트 연방이 아프가니스탄을 침략한 이후 미국은 파키스탄과 새롭게 재정의된 관계를 바탕으로 파키스탄에 군사적 지원을 제공했다. 이는 인도와 미국이 더욱 멀어지는 계기로 작용했고 결국 양국의 관계는 소외, 적의, 환멸로 대변되었다. 인도 지도자들(주로 인디라 간디와 라지브 간디)의 연이은 미국 방문과 1978년 미국 지미 카터 대통령의 인도 방문이 이루어지고 나서야 양국 관계는 서서히 개선되었다. 무역이 증가했고 국방 관련 기술 이동의 제한이 해제되었으며 인도 국민에 대한 미국 취업 비자도 확대되었다. 그러나 인도-미국 관계는 여전히 냉전으로 인한 구조주의적 제약으로 정의되었다. "인도는 체스를 하고 있지만 미국은 체커를 하고 있다. 서로 다른 게임판에 있는 것이다(오그덴, 2014b:142-143)"라는 미국 국방부 고위 당국자의 말에서 주요 가치관, 관행, 세계관에 있어 두 국가가 계속해서 충돌했다는 점을 볼 수 있다.

중국의 경우 미국과의 공식적인 관계는 1949년 중화인민공화국의 탄생 이전으로 거슬러 올라간다. 최초의 접촉은 1700년대 후반에 이루어졌다. 이후 19세기에 미국은 중국을 이용하지 않는 실질적 파트너로 여겨졌다. 이러한 정서는 이 시기 중국에 강요된 다른 조약보다 비교적 공평했던 1844년 왕샤조약을 통해 굳건하게 자리 잡았다. "미국의 부, 강력한 군대, 기술적 진보(무어, 2010:129)"에 대한 중국의 존경을 반영하듯, 미국의 중국어 이름은 '아름다운 나라'라는 뜻을 가지고 있다. 1911년 독립 이후와 일본 제국주의의 점령 당시 그리고 이후에 미국은 중국을 동맹국으로 대했다. 제2차 세계대전에서도 마찬가지였다. 그러나 미국이 지지했던 민족주의 성향의 중국 국민당은 내전에서 공산당에 패배했다. 국민당이 대만으로 피난한 이후에도 미국은 계속해서 국민당을 지지했다. 여기에 1950~1953년까지 계속된 한국전쟁에서 미국과 중국이 군사적으로 충돌하면서 한때 긍정적이었던 양자 관계는 산산조각 났다. 그리고 세계를 두 갈래로 나눴던 냉전이 일어나면서 두 국가뿐만 아니라 전 세계의 정치적 대립이 고조되었다. 미국-중국의 상호반대 관계는 사회문화적 측면으로까지 확대되었다.

정치 지도층에 스며든 주요 가치관(제1장 참고)을 보여주듯 중국은 미국의 외교 정책이 중국 공산당과 중화인민공화국에 반하며 부당하고 불화를 일으킨다고 주장했다. 또한 미국이 국제무대를 장악하는 것은 제국주의라고 간주했다. 마오쩌둥은 미국의 외교 정책의 기반은 강압적인 "공격적 정치이므로 미국은 교수형에 처해질 것(바오, 2005:79)"이라고 말한 바 있다. 이를 근거로 중국은 '한쪽에 치우친' 정책을 추진하며 소비에트 연방과의 관계를 강화했다. 1950년대 첫 번째 대만 해협 위기가 발생하면서 외교 단절 직전의 상황이 벌어졌지만 이는 오래 가지 않았다. 1953년 스탈린의 사망은 중국과 소비에트 연방의 이념적 분열을 촉발했고, 이로 인해 중국은 국제 사회에서 더욱더 소외되었다. 이런 가운데 관계 회복의 기회가 등장했다. 1960년대 말, 리차드 닉슨은 관념이 아닌 현실정치를 기반으로 교류를 재개하자고 제안했다. 이를 통해 미국은 중국의 수정주의를 차단

중국 인도

하고 핵확산을 방지하며 러시아를 견제하는 동시에 미국이 베트남에 군사적으로 개입하면서 쏟아진 비난을 완화하고자 했다. 따라서 "중국을 국제 사회 속으로 다시 이끄는 것(닉슨, 1967:122)"이 관계 개선의 목표였다. 1971년 7월 헨리 키신저가 비밀리에 중국을 방문한 이후(당시 공산주의 국가와의 관계 개선 필요성에 대한 국민적 공감 형성이 어려웠기 때문이다), 다음 해 2월 닉슨이 중국을 방문했다. 이를 계기로 강대국 경쟁을 공식적으로 반대하고 대만이 중국 영토라는 미국의 입장을 포함하는 상하이공동성명이 발표되었다. 중국은 국제 사회 주류로의 재합류와 유엔 상임이사국 선임을 강대국에 상응하는 위상이라고 여겼으며 "강대국 집단의 일원은 다른 국가, 즉 집단에 속하는 구성원의 인정이 뒷받침되어야 하는 사회적 범주(허렐, 2006:4)"라는 점을 강조했다.

중국 지도층은 이제 관계 개선의 필요성을 인지하게 되었다. 덩샤오핑은 "중미 관계는 반드시 우호적이어야 한다(S. 자오, 2004:248)"고 말하기도 했다. 외교 정책의 기조가 경제적 그리고 다자간 협력을 수용하는 방향으로 바뀌었고(제4장, 제6장 참고) 국제 체계의 물질적 그리고 관념적 요소들이 유입되기 시작했다. 이러한 새로운 관점의 중심에는 "중국이 순응을 통해 전 세계의 존중과 신뢰를 얻을 수 있도록 '복종으로서의 순응'과 '동등한 위치로의 부상' 사이의 모순(시, 2005:756)"의 해결이 자리 잡고 있었다. 중국과 미국은 유용한 동맹국으로 거듭났다. 예컨대 중국은 1980년대 미국의 아프가니스탄 개입을 도왔다. 그러나 1989년 천안문 사태로 인해 외교관계는 악화되었다. 경제적 협력관계는 빠르게 회복되었지만, 미국은 중국의 무기 판매를 금지하는 제재를 가했다. 동시에 인권 문제를 둘러싸고 양국은 서로 상반되는 의견을 주장했다.

: 냉전 이후

소비에트 연방의 붕괴로 인해 국제 시스템에서 주된 공산주의 국가가 된 중국의 배경에는 상호실질주의와 근본적인 불신, 강대국 경쟁 심리가 뒤섞여 있었다. 중국의 세계관은 세계를 제패하며 국제적 패권국으로 거듭난 미국의 세계관과 충돌했다. 중국은 1991년 걸프전쟁 이후 미국이 선포한 '신세계 질서'를 반대하며 이는 '신국제 질서'일 뿐만 아니라 '하나의 초강대국, 여러 개의 강대국'이라는 개념을 장려한다고 주장했다. 양국 지도자들은 "건설적이고 전략적인 파트너십을 구축(샴보, 2002:98)"해야 한다고 역설했지만, 민주주의와 대만 문제, 남중국해 분쟁 등과 관련된 정치적 이견이 지속되었다.

   이러한 역학관계에 중국의 경제 급성장과 군사비 인상 등의 요소가 더해지면서 중미 관계에 갈등이 빚어질 가능성이 매우 높다고 주장하는 '중국의 위협'이라는 학설이 제기되었다. "중국은 신흥 세력으로서 역사적으로 목격된 강대국들과 다른 행보를 보일 가능성은 낮다(프리드버그, 2005:20)"는 현실주의적 해석을 기반으로 하는 이러한 접근법은 중국을 미국 패권의 전략적 경쟁자이자 잠재적 도전자로 지정했다. 양국 간에 정치, 개인주의, 민족주의, 국제 경제학을 둘러싼 주요 관념적 차이점이 다시 발생했다. 중국 외교 정책이 "지역적 또는 국제적으로 권력을 재분배하려는 노력을 보여주는 명확한 증거를 제공하지 않는다고 해서 중국이 이러한 야심을 생각하지 않는다고 단정할 수는 없다(존스턴, 2008:209)”는 주장에서 양국 사이의 불신을 엿볼 수 있다. 중국이 유교 사상과 자제력을 비롯해 평화적인 기타 규범을 앞세워 자국의 문화적 정체성을 강조(제2장 참고)했음에도 불구하고, 중화인민공화국의 부상은 이전 강대국과 마찬가지로 국제 시스템의 불균형과 갈등을 일으킬 것이며, 결국 중국은 자국의 이익에 따라 국제 시스템을 바꾸려고 할 것이라는 의견이 불거져 나왔다. 이러한 견해는 새로 등장한 강대국이 기존의 입지를 유지하려는 또 다른 강대국과 만났을 때 불가피하게 갈등을 겪을 수밖에 없다는 미국 지도층의 자아 인식과 자아상을 그대로 반영했다.

권력은 상대적이므로 한 국가의 힘이 강해지면(중국) 다른 국가의 힘이 약해지는(미국) 현상이 발생한다는 인식이 이러한 주장을 뒷받침한다. 이러한 우려는 관념적 견해와 물질적 견해의 조합에서 비롯되는데, 중국의 실재적 역량이 어떻게 실현될 것인지에 대한 불확실성을 강조한다. 이는 미국과 중국 간의 강력하게 상호관계적이고 상호지각적인 교류로 이어진다. 미국은 서로 반대되는 정책 사이를 오가며 입장을 바꿨다(커시너, 2010:53). 현실주의를 바탕으로 한 첫 번째 정책은 미국 주도하에 일본, 대한민국, 호주, 동남아시아 국가들과의 공식 동맹을 확대해 중국의 지역적, 국제적 확장을 억제함으로써 권력 획득을 제한하는 것을 목표로 했다. 자유주의를 기반으로 한 두 번째 정책은 중국이 “다양한 국제기구에 참여함으로써 민족주의 정책을 지양하고 글로벌 시민권을 누리도록(후크&푸, 2006:168)” 서양식 규범이 지배하는 오늘날 국제 시스템으로 유도하고 사회화하는 데 목적을 두었다. 현재 중국 경제는 아직 다듬어지지 않은 매력을 가지고 있다고 여겨진다. 또한 중화인민공화국은 다양한 재정 체제의 회원국으로 활동 중이다(제4장, 제6장 참고). 따라서 미국의 정책은 앞서 설명한 두 가지 방향 사이를 오가는 봉쇄 및 포용 전략을 추구한다.

중국은 이러한 이중성을 실질적 반응이라고 받아들인다. 그러나 이는 중국이 동아시아에서 영향력을 행사하지 못하도록 미국이 중국을 옭아맬지도 모른다는 두려움을 고조시킨다. 이에 따라 중국의 정책은 자국이 급부상하고 있는 강대국이라는 자기 인식과 같은 선상에서(제2장 참고) "미국의 권력을 수용하고 공통의 관심사를 추구하며 미국과의 유연한 관계를 막는 여러 요소를 제한(허렐, 2006:14)"해 왔다. 또한 국제기구의 역할(제6장 참고)과 국제무역, 투자에 주목함으로써 이처럼 매우 실질적인 윈윈 전략을 강화해왔다. 이를 통해 중국은 책임감 있고 '건설적인 이해관계'의 지지를 표명했다. 중국은 또한 미국을 경계하거나 균형을 이루기 위해 다른 국가와의 동맹을 맺지 않겠다고 밝혔다. 이는 중국이 추구하는 평화, 평등, 반패권주의의 규범과도 일치한다. 미국의 정책에도 불구하고 "중국이 이룬 큰 성과는 '기존의 틀과 규범 안에서 활동'하며 이루어 낸 것이며 세계 질서로 인해 방해받은 것이 아니라 세계 질서 덕분에 성공적(클라크, 2011:25)"이었고 중국은 이러한 상호작용을 활용해 더욱 광범위한 국내 발전과 현대화, 공산당의 정당성을 도모했다.

2001년 9월 11일 테러 이후 미국과 중국의 교류가 활발해졌다. 두 국가가 서로 정보를 교환하고 미국 주도의 아프가니스탄 침략을 중국이 지지하는 등(그러나 이라크 침공에 대한 중국의 입장은 다소 애매하다) 양국 관계가 개선되었고, 테러와 대량살상무기에 대한 협력도 강화되었다. 그 결과 중화인민공화국은 미국의 '전략적 경쟁자'가 아닌 '건설적 파트너'로 자리매김했고 '국제 테러 위협'이 '중국의 위협'을 대체했다. 조지 W. 부시 대통령은 이와 관련해 "세계의 강국인 우리는 이제 같은 편이며 테러로 인한 폭력과 혼돈의 위험에 의해 단결되었다(2002:4)"라고 말한 바 있다. 양측은 북한의 핵 프로그램과 관련한 노력도 기울였는데, 미국 고위 관계자는 "우리는 이러한 과정의 목표뿐만 아니라 이러한 목표를 이루기 위한 전략에 있어서도 중국과 협력할 수 있다(힐, 2007:62)"고 밝혔다. 늘어난 무역과 더불어 에너지 효율성, 저공해 석탄 연소 기술, 친환경 자동차에 대한 합의는 양국의 긍정적 관계를 더욱 촉진했다. 중국과 미국의 지도자들은 "긍정적이고 협력적인 관계(백악관, 2013)"를 형성하겠다고 약속했다.

그러나 이러한 긍정적 교류에도 불구하고 급부상하는 중국에 대한 두려움으로 인해 양국 관계에 갈등이 빚어지며 다양한 문제가 제기되기도 한다. 더욱 광범위해진 중국의 국제적, 지역적, 다자간 관심사는 대내외 정당성과 현대화 목표와 밀접하게 연결되었다. 이러한 관념 주도의 압박은 긍정적인 중미 관계에도 불구하고 양국의 관계에 좋지 않은 영향을 미쳤다. 일각에서는 미국이 현재 보유한 하드 파워와 소프트 파워의 우월성, 세계 최고 수준의 세력 투사 능력을 감안해 "미국에 대립하는 정책은 역효과를 낳을 것이므로 피해야 한다(고드윈, 2004:92)"는 중국 공산당 지도층의 합의에 주목한다. 중국은 여전히 평화로운 국제 환경 속에서 발전 목표를 이루기를 꿈꾼다.

또한 패권주의 대신 다극성 세계 질서를 선호한다. 미국 지도층은 매우 현실주의적인 지도자들의 통치 아래 빠르게 성장하는 중국의 경제력과 점점 늘어나는 국방 예산을 위협적인 트렌드라고 여기며 민감한 입장을 고수하고 있다. 양국의 정책과 포지티브섬 또는 제로섬 결과는 궁극적으로 서로를 향한 지도층의 인식에 달려있다. 때문에 학자들은 "중국이 21세기의 위협인지 아닌지는 인식의 문제(이&펑, 2002:37)"라는 점에 주목한다. 즉, 다른 국가(미국)와 비교한 중국의 물질적, 강압적, 규범적 권력만이 중요한 것은 아니다.

미국과 인도의 경우 냉전이 종료되면서 양국 관계의 중요한 "조건적 현실(오그덴, 2014b:143)"이 사라졌다. 냉전으로 인한 양극 체제가 없어지고 세계화 속에서 경제적 교류가 강조됨에 따라 "인도와 미국은 전략적, 구조적 목표에 구애받지 않고 더욱 유연하게 양자 관계를 추구할 수 있게 되었다(샴보, 2009:153)." 그러나 과거의 적대감을 초월하는 데 시간이 걸렸다. 특히 인도는 미국에 대해 뿌리 깊은 부정적 인식을 갖고 있었다. 나중에 바뀌기는 했지만, 인도에는 여전히 모든 강대국에 대한 불신이 남아 있었다. 서방이 주도하는 핵확산 반대 체제(핵확산금지조약과 포괄적핵실험금지조약)와 미국의 인도양 지역 침범, 국제정치 내 인도의 비동맹 입지를 약화하려는 노력 등은 인도가 전략적 방향성을 통해 추구했던 주요 규범(제3장, 제5장 참고)을 모두 위협하는 정책들이었다. 미국 지도층은 1988~1989년에 걸쳐 소비에트 연방이 아프가니스탄에서 철수한 후 남아시아에 큰 관심을 보이지 않았다. 하지만 인도와 미국은 1992년 육군 및 해군 합동훈련을 실시하는 등 밀접한 군사적 관계를 추구했다. 또한 상호무역이 증가하면서 경제적 관계 또한 개선되었다. 1993년 인도는 거대한 이머징 마켓으로 선정되었다.

1998년 5월 인도는 수차례에 걸쳐 핵실험을 진행했다. 이를 계기로 인도는 국제 정세의 주류에 다시 합류하게 되었다. 핵실험은 근본적으로 미국의 관심을 이끌어냈다. 인도의 핵실험 이후 파키스탄도 재빨리 보복성 핵실험을 진행하면서 미국은 남아시아에 개입할 수밖에 없는 상황에 놓였다. 비밀리에 인도가 핵실험을 하지 않도록 설득했던 미국의 노력에도 불구하고 인도는 핵실험을 강행하며 미국이 주도하던 핵 체제에 공개적으로 저항했다. 또한 핵실험은 인도의 전략적 사고(제2장 참고)가 실질적인 성향을 띠게 된 계기가 되었다. 핵실험 직후 인도는 미국의 맹비난과 국제 사회의 제재(일본을 포함한 미국의 동맹국으로, 주요 유럽 국가는 제외되었다)를 받았으며 유엔 결의안이 채택되었다. 뿐만 아니라 1963년 이후 인도-미국 관계에 있어 가장 오랫동안 대화가 지속되었다. 그러나 시간이 지나면서 인도-미국 관계는 점차 개선되었고 인도는 1999년 카르길전쟁에서 자제력을 보여주며 국제적 신임을 얻었다. 특히 카르길전쟁은 미국이 파키스탄을 상대로 처음 개입한 사례로, 미국 지도층이 인도와 파키스탄을 분리해서 보기 시작했음을 알 수 있다. 양국 간의 공통성은 급부상하는 인도의 경제력과 중간 시장, 자력으로 확보한 핵 능력, "민주주의, 다원주의, 법치(크론스타트 외, 2011:1)"를 기반으로 한 안정적 정치 체계 등에 관련해 전략적 합일점을 찾는 데 중요한 역할을 했다.

이러한 물질적이고 관념적인 요소들은 인도와 더욱더 많은 공통점을 찾기 시작한 미국에 상당히 매력적인 것이었다. 1990년대 인도는 발전, 현대화, 강대국 입지라는 목표(제4장, 제6장 참고)를 달성하기 위해 국제 사회와의 자유주의적 자본주의 교류를 수용했다. 미국의 입장에서 인도는 이제 남아시아의 안정을 도모하기 위해 가장 필수적인 파트너다. 또한 미국 지도층은 인도의 엄청난 잠재력을 인정하고 있다. 이를 토대로 미국은 국제 시스템 내 우월한 위치를 활용해 스폰서 역할을 하고 있으며 인도의 강대국 계획을 "함께 실행(모델스키, 1974:150)"하고 있다. 국제적으로 전략적 포지셔닝을 바꿀 수 있는 능력을 입증함과 더불어 인도는 미국과의 우호적인 관계 형성을 위한 기회를 받아들였다. 이를 통해 인도는 역할을 도맡고 역할을 만들어낼 수 있음을 증명했다. 냉전으로 인한 불안에도 불구하고 2000년 미국과 인도는 서로 '자연적 동맹국'으로 천명하고 "더욱 가깝고 질적으로 새로운 관계를 형성(오그덴, 2014b:146)"하기로 맹세했다.

양국 간에 방문이 이어지면서(2000년 빌 클린턴이 미국의 현직 대통령으로서는 22년 만에 처음으로 인도를 방문했다) 테러와 아시아 안보, 기술, 무역, 민주주의 촉진 등 다양한 분야에 걸쳐 협력이 빠르게 강화되었다. 미국은 여전히 인도에 핵확산금지조약과 포괄적핵실험금지조약에 가입할 것을 요구했지만, 9·11 테러 이후 중동과 중국 사이에 자리 잡은 인도의 지정학적 위치와 민주주의 성향, 오래된 테러 경험이 중요해지면서 이러한 요구는 중단되었다. 미국이 냉전 시기와는 반대되는 정책을 추진한 것처럼, 인도 정책 역시 네루주의의 비동맹으로부터 "놀라운 변화(모한, 2004:49)"라고 평가받는다. 상호이익과 구조적 역학관계, 상호의존성에 의해 두 국가는 서로 우호적인 관계를 형성했다. 인도는 9·11 테러 이후 미국에 도움을 제안했는데, 나중에 인도 의회에서 거부하기는 했지만 미군 초청까지 고려했다. 이는 "자국의 국익이 미국의 국익과 같다는 인도의 인식(블랙월 외, 2011:4)"을 보여준다. 2002년 조지 W. 부시는 "오늘부터 인도를 세계에서 성장하고 있는 강국으로서 우리와 전략적 관심사를 함께하는 국가로 인정한다(치리얀칸다스, 2004:208)"며 매우 유의미한 발언을 남겼다.

이러한 일련의 사건들은 끊임없이 진화하는 국제 정세의 본질을 재확인시켜준다. 상대적 위협과 관심사, 힘의 균형이 지속적으로 유입되면서 국제정치의 본바탕과 더불어 강대국 교류의 본질과 자유의지가 재조정된다. 21세기 초 인도-미국 관계는 계속해서 성장했다. 미국 고위 관계자는 "인도는 지역 세력뿐만 아니라 국제적 강국으로서 부상하고 있다. 나는 경제, 안보, 에너지 협력 등 우리가 인도와 함께 추구할 수 있는 다양한 기회가 더 많을 것이라고 생각한다(A. K. 굽타, 2006:5)"고 말한 바 있다. 더욱 고조된 개인 간 교류와 정상회담, 공식 방문 등은 이러한 관계를 한층 더 강화했다. 또한 이는 향후 강국으로 거듭날 것으로 기대되는 국가와의 협력을 추구하고자 하는 미국의 목표를 담고 있었다. 이러한 의미에서 2006년 부시 대통령의 인도 방문은 1972년 닉슨 대통령의 중국 방문과 비슷하다고 할 수 있다. 이는 이제 임박한 인도의 입지 상승을 미리 인정하는 것으로 풀이된다. 미국 대통령의 인도 방문으로 인해 인도의 위상과 중요성은 한층 더 부각되었다. 또한 명확한 상호 간의 이익이 수반되는데, 무역량과 군대 간 교류(무기 판매 포함), 반테러 활동 등이 모두 크게 증가했다. 특히 무역과 군사적 교류는 물질적 역량과 지역적 통제를 증진하기 위해 인도에 반드시 필요했다(제3~5장 참고).

한편 미국 지도층은 인도의 지역적 입지에 대해 더욱 민감한 반응을 보이며 인도를 "매우 위험한 지역의 안정, 번영, 민주주의, 법치를 도모하는 강력한 국가(CFR, 2011:3)"로 간주했다. 또한 점점 더 거세게 저항하는 파키스탄과 아프가니스탄을 경계할 수 있는 전략적 수단으로 여겼다. 인도를 핵보유국으로 인정함으로써 양국 관계는 더욱 단단해졌는데, 2010년 오바마 대통령은 인도를 방문해 강대국으로서 "인도는 이미 부상했다(코브리지 외, 2012:305)"고 말하며 인도의 높아진 위상을 전 세계에 알렸다. 미국에 살고 있는 인도 중산층은 높은 교육 수준을 자랑한다. 또한 대부분 영어를 사용하며 서구 지향적 사고방식을 지닌 인도의 상위층과 중산층 또한 이러한 역학 관계에 긍정적 영향을 미친다. 냉전 시기 이후 인도-미국 관계에 새로 성립된 시너지 효과를 가리켜 오바마 대통령은 "우리는 두 강력한 민주주의 국가다. 우리는 인간의 자유와 정의, 평등을 위해 헌신하는 두 강력한 공화국이다. 또한 우리는 두 자유시장 경제다. 그래서 나는 인도와 미국이 현시대의 도전 과제를 해결하는 데 있어 대체 불가능한 파트너라고 믿고 있다(백악관, 2010)"고 말한 바 있다.

: 교류와 문제점들

중국-미국과 인도-미국의 관계 개선을 통해 아시아의 신흥 중심 세력에 대한 미국 지도층의 인식을 유추할 수 있다. 이는 또한 "동맹국과 파트너들과의 긴밀한 협조를 통해 우리는 계속해서 근본적 안정을 도모하는 규칙 기반의 국제 질서를 유지해나갈 것이며 새로운 세력의 평화적인 부상과 경제적 역동성, 건설적인 방위 협력을 장려할 것(국방부, 2012)"이라는 정책에도 반영되어 있다. 앞서 살펴본 바와 같이 이러한 연결성은 국가에 다양한 단기적, 중기적, 장기적 관심사가 있을 뿐만 아니라 이러한 관심사가 다른 요소들과 서로 합쳐지고 또 분리된다는 주장을 근거로 한다. 따라서 상호 간의 이익, 권력 축적, 글로벌 영향력 제고는 인도와 중국이 미국과 교류하는 방법에 막대한 영향을 미친다. 국제 시스템 내 가장 강력한 국가에 대한 인도와 중국의 인식은 극적이고 근본적인 변화를 겪어왔다. 그러나 두 국가의 정체성과 전략적 문화를 구성하는 주요 규범과 가치관은 그대로 유지되었다. 물론 상황에 따라 재배치되거나 상대적인 중요성이 부각되는 경우도 있었다. 따라서 우리는 두 국가가 어떻게 반제국주의와 반식민지주의 정서를 덜 부각하는 동시에 입지와 평등, 평화적 발전, 다양성을 추구했는지를 볼 수 있다. 자국에 미치는 여러 문제점을 해결하기 위해 다양하게 참여하고 교류하는 태도는 이러한 요소들의 중요성을 더욱 강조한다.

인도-미국 관계는 물질적 범위에서 놀라운 성과를 거두었다. 이러한 관계는 양국 간에 명확한 힘의 협력과 상호의존성을 제공했다. 하드 파워로 인한 주로 경제적이고 군사적인 이익은 2008년에 인도와 "미국과의 관계가 오늘날처럼 우호적이었던 적은 없었다. 인도와 미국이 함께 당당하게 어깨를 나란히 하는 것은 우리 정부의 뜻이다(모한, 2008:151)"라고 말한 만모한 싱 총리의 발언에서 잘 알 수 있다. 더욱 강력해진 유대관계를 증명하듯 양국 간의 무역은 급증했으며 소프트웨어, 원석, 섬유, 화학제품, 약물, 비행기, 기계 및 인적 자원을 포함하는 다양한 범위로 확장했다. 1985년 39억 달러였던 무역량은 1995년에는 90억 달러, 2005년에는 267억 달러, 2015년에는 663억 달러로 늘어났다(미국 인구조사국, 2016b). 한 가지 짚고 넘어갈 점은 1985년부터 미국은 인도를 대상으로 항상 무역 적자를 기록하며 수입량이 수출량보다 많았다. 특히 2015년에 전체 무역의 35퍼센트에 달했다(미국 인구조사국, 2016b). 2012년, 미국에서 인도로 유입된 외국인직접투자는 총 284억 달러였고 반대로 인도에서 미국으로 유입된 외국인직접투자는 52억 달러였다(OUSTP, 2016b). 2014년 오바마 대통령과 모디 총리는 상호 간 무역 목표를 5,000억 달러로 정했다(V. 미쉬라, 2014:2). 미국으로 건너가 활동하는 기업과 교우 단체, 정치적 집단은 양국 간 관계를 더욱 돈독하게 하는 데 도움이 되었다. 이와 관련해 클린턴 대통령은 "40년 가까이 지속되어온 인도-미국 간 불신을 뒤바꾸는 중요한 역할을 한다(에이레스&올덴버그, 2005:115)"고 평가했다.

1995년 합의의사록부터 시작해 20년 동안 인도와 미국은 무기 판매를 포함하여 군사적 교류 면에서 많은 변화를 목도해왔다. 미국이 인도로 수출하는 주요 무기로는 수송기 및 대잠초계기, 헬리콥터, 대함미사일, 대전차미사일, 유도폭탄, 레이더 시스템 등이 있다. 이 중 몇몇 부품은 인도에서 생산하고 있다(SIPRI, 2016a). 군사 협력, 반테러 활동, 연구 개발의 전반에 걸쳐 다양한 노력과 합의를 통해 이러한 군사적 관계가 형성되었다. 양국은 또한 수차례에 걸쳐 합동훈련(육군, 해군, 공군), 다국적 작전(인도양 지역 포함), 평화 유지 활동을 펼처왔다. 이러한 노력을 통해 지역 내 안정, 에너지 및 무역 안보를 도모하고 있다. 특히 인도의 풍부한 경험과 전문성은 반테러 활동과 정보 공유에 있어 많은 도움이 되고 있다(제3장 참고). 2015년 6월 인도와 미국은 "공통의 원칙, 민주주의적 전통, 전략적 장기 통합, 공동의 국익을 반영하는 폭넓은 전략적 파트너십(『인디아 스트레트직』, 2015)"을 위해 10년 동안 유효한 '국방 프레임워크 협약'을 두 번째로 체결했다. 애슈턴 카터 미국 국방부 장관은 인도를 지역 내 안보 제공자로 인식하고 양국의 교류를 통해 "모두가 이기고 모두가 부상한다(개러몬, 2015)"는 점을 강조했다.

인도-미국의 관계 개선은 인도의 경제적, 군사적 역량뿐만 아니라 핵 능력과 관련된 정당성에도 영향을 미쳤다. 2004년 발표한 '전략적 파트너십의 다음 단계'는 인도의 민간 핵 프로그램에 초점을 맞췄다. 이는 2005년 '미국-인도 민간 핵 협력' 발표로 이어졌는데, 인도는 민간 핵 시설과 군사 핵 시설을 분리하는 데 동의했다. 이를 통해 "적대감으로 소외시키는 대신 비확산 체제로 유도한다면 인도는 아시아와 전 세계에 많은 기여를 할 수 있다(B. 미쉬라, 2005:95)"고 주장하며 사실상 인도는 핵보유국으로 인정받았고 미국은 폭넓은 전략적 목표를 달성했다. 미국의 전례 없는 로비 활동 덕분에 인도는 핵공급그룹으로부터 의무를 면제받고 국제원자력기구의 승인을 획득했으며 핵확산금지조약에서도 제외되었다. 2008년 미국은 '미국-인도 핵 협력 승인과 비확산 증진법'을 통과시켰다. 1974년 이후 가해졌던 제재를 모두 무효화한 이 법안은 "양국이 의심으로 가득했던 과거를 뒤로한 채 전략적 파트너십을 맺기로 하면서 미국-인도 관계의 전환점을 상징했다(팬트, 2009b:273)." 근대 인도 지도자들 사이에는 "이번 합의는 변화된 양국 관계의 구심점이며 새로운 신뢰를 입증(N. 싱, 2015)"한다는 생각이 존재한다.

이러한 일들은 또한 강대국으로 거듭나기 위한 인도의 계산법에 있어 물질적 그리고 관념적 측면을 효과적으로 결합했다. 이를 통해 인도는 핵 능력을 지켰을 뿐만 아니라 국제 시스템의 패권국으로부터 핵 시설 보유에 대한 인정을 얻어냈다. 미국은 기존의 국제적 비확산 체제를 거스르면서까지 인도의 핵 보유를 허용했다. 미국을 비롯한 강대국만이 이를 가능하게 할 수 있는데, 특히 미국은 인도의 전망을 고려해 앞으로도 인도자 역할을 하면서 그로 인한 이익도 누리고자 했다. 이러한 행동은 인도와 여러 다른 국가 사이의 관계에도 전례를 남겼다. 그중에서도 미국의 주요 동맹국인 일본과 이스라엘을 꼽을 수 있다(오그덴, 2014b:135-138, 163-166). 미국이 사실상 인도의 물질적 제한에 상관없이 미래의 국제적 입지를 보장한 것이다. 이러한 "인정이 인도의 안보만큼이나 중요한 목적(S. 싱, 2014:191)"이라는 점에서 이는 인도가 강대국이라는 야망에 한 발짝 더 다가섰음을 의미한다. 인도-미국 관계는 인도가 바라보는 국제 정세의 기반으로 자리 잡았다.

이러한 긍정적인 교류에도 불구하고 일각에서는 "여전히 남아 있는 과거 편견의 잔해들이 종종 양국이 서로에게 제공해야 할 위대한 서비스를 가로막는 걸림돌로 작용한다(블랙윌 외, 2011:11)"고 설명한다. 이런 문제들은 모든 부분에서 인도의 자급성을 유지하면서 다른 국가로부터 동등한 대우와 존중을 받고자 하는 인도의 뿌리 깊은 규범과 관계있다. 이러한 요소는 "지도층과 관료, 대중의식 속에 지속적으로 스며든다(오그덴, 2014b:156)." 2013년 12월 인도 외교관 데비아니 코브라가데가 비자 사기 혐의로 체포되는 민감한 문제가 발생했다. 이 사건으로 인해 인도-미국 관계는 파탄 직전의 위기에 놓였다. 인도 지도층은 미국이 무례하다고 생각했다. 더욱 중요한 점은 인도는 군사적 원조를 포함해 지속되는 미국-파키스탄의 관계를 경계했다는 것이다. 또한 미국 단기 금리의 변동이 지역 내 부정적 영향을 미친 일과 1980년대 미국이 아프가니스탄에서 소비에트 연방을 철수시키기 위해 개입한 이후 오히려 탈레반과 카슈미르 반란 세력이 급증한 일 또한 인도의 우려를 더욱 심화시켰다. 파키스탄을 향한 미국의 지지는 인도의 지역 내 영향력을 약화시킬 뿐만 아니라 전략적 자주성을 축소시켰다. 그 결과 인도가 강대국으로 부상하는 속도가 더뎌졌다. 인도와 미국은 또한 인도 경제 자유화의 속도에 대한 세계무역기구의 주장과 관련해서도 반대 입장을 표했다. 그러나 2014년 11월 식량 안보 문제에 대해서는 합의점을 도출했다.

　　미국은 유엔 안전보장이사회 가입이라는 인도의 목표를 지지해 왔다. 하지만 이러한 개혁은 미국의 입지가 흔들릴 수 있으므로 현실화되기 어려워 보인다. 반면 인도는 핵확산금지조약과 핵실험금지조약의 가입을 거부하고 있는데, 이는 미국이 탄생시킨 국제 핵 체제의 정당성을 약화시킨다. 이와 같은 예는 각국이 세계 질서를 받아들이는 방법의 근본적인 차이점을 보여준다. 인도 지도층은 인도-미국 관계가 진정으로 상호적인지에 대한 의문을 제기한다. 또한 순수하게 경제적/신시장에 대한 필요성에 바탕을 두고 있는지 또는 더욱 광범위한 체계 내 역학관계의 결과물은 아닌지 자문하고 있다. 특히 중국의 급부상을 저지하기 위해 미국이 인도와의 관계에 초점을 맞춘다는 생각을 가지고 있다. 이와 관련해 미국이 중국을 전략적 경쟁국으로 지정하고 나서야 인도-미국 간 전략적 파트너십이 시작되었다는 다소 냉소적인 해석도 있다. 더욱 근본적으로 인도가 곧 중국과 비슷한 수준으로 성장할 것이라는 미국의 믿음이 "서구식 관점으로 인도의 성장과 국제적 헌신에 대한 기대를 비현실적으로 높인다(밀러, 2013:15)"는 지적이 있다. 이러한 우려가 인도-미국 관계에 역사적으로 뿌리 깊은 불신을 어느 정도 초래하기는 했지만, 최근 교류를 통해 인도가 누리게 된 명확한 이익 덕분에 완화되고 있다.

중국-미국 관계의 경우 인도와 마찬가지로 오랫동안 자리 잡은 불안감이 양국 간 교류에 번번이 끼어들고 있다. 또한 강대국/패권국 경쟁에 대한 관점에 따라 그 영향력이 부각되기도 한다. 일각에서는 "불신과 적대감의 근본적인 원인이 해결되지 않으면 지속적 진전은 달성하기 어려울 것(쉐퍼드, 2013:175-176)"이라고 지적한다. 공식적으로 시진핑 주석은 이러한 "전략적 불신과 계산 착오(『글로벌 타임즈』, 2015)"가 양국 관계에 있어 규모, 무게, 영향력 면에서 점차 중대한 문제가 되고 있다고 말했다. 갈등이 가장 많이 일어나는 분야는 중국 민족주의로, 주로 미국과 일본, 서방국이 주도하는 국제 시스템을 향한 불만이 표출된다. 이러한 갈등을 보여주는 사례는 매우 많다. 1996년에는 미국 항공모함이 대만 해협 인근에서 작전을 수행했고, 1999년 5월에는 미국이 이끄는 북대서양조약기구가 베오그라드의 중국 대사관을 폭격하기도 했다. 또한 2001년 4월 하이난 정찰기 사건도 있다. 최근 들어서는 남중국해를 향한 중국의 확장주의 정책을 미국이 비난하는 가운데(제5장 참고), 양국 모두 서로가 "군국화(BBC, 2016)"를 추진하고 있다고 몰아세웠고 결국 지역 내 긴장이 고조되었다. 대만은 중국-미국 관계에 또 다른 갈등 유발점이다. 미국은 영향력을 유지하기 위해 대만에 계속해서 무기를 수출하고자 하지만, 중국에 대만은 부정적인 제국주의 경험에서 비롯된 해결되지 않은 관념적 문제를 대변하는 동시에 아직 손에 넣지 못한 영토다.

존경, 존중, 인식은 이러한 교류를 강조한다. 주요 차이점 역시 이러한 견해를 뒷받침하는데, 다른 국가에 대한 한 국가의 의도나 다른 권력 원천(특히 군사력)에 대한 의미와 관련 있을 때 더욱 그러하다. 국제 정치학에 대한 서구식 현실주의적 이해의 오래된 영향력을 반영하듯 미국 정부 관계자는 흔히 "중국의 급격한 군대 현대화와 역량 강화는 그 목적과 중국의 투명성 부족에 대한 의문을 제기한다(졸릭, 2015:8)"고 지적한다. 중국의 역량이 미국보다 훨씬 더 뒤처져 있음에도 불구하고 이와 같은 우려는 사라지지 않는다(제3장 참고). 위협으로 얼룩진 과거와 해결되지 않은 트라우마, 아직 달성하지 못한 목적 등 관념적인 원천과 합해질 때 민족주의는 중국-미국 관계에 있어 불확실하고 불안정하며 반동적인 요소로 작용한다. 나아가 일각에서는 "민족주의에 중국의 통합을 외치는 선전이 더해진다면 중국 지도층으로 하여금 중국의 더 큰 전략적 이익에 반하는 행동을 선택하도록 할 수 있다(개럿, 2006:403)"고 지적한다. 지도층은 국민이 정서적으로 원하는 바에 반응하기 때문이다. 이는 극심한 경기 침체와 같은 심각한 수준의 위협이 발생했을 때 중국 공산당을 향한 비난의 화살을 돌리는 용도로 쓰일 수 있다. 그러나 동시에 제어하기 어려울 정도로 강력한 변수이기도 하다. 관념적 차이와 국제 질서에 대한 서로 다른 구상(제6장 참고) 역시 민족주의에 영향을 미친다. 따라서 "중국의 소프트 파워는 서양에 대한 위협(폴라트, 2010)"이라고 볼 수 있다.

국제관계의 다층적 본질을 재확인하듯, 또한 현재 국제 사회에서 가장 중요한 국가라는 점에서, 중국과 미국은 경제적으로 긴밀하게 연결되어 있다. 이는 양국에 대체 불가능한 공생관계로, 전통적으로 값싼 제조상품을 제공하는 중국과 안정적인 수출 시장을 보유한 미국을 바탕으로 한다. 주로 항공기, 기계, 자동차, 가구, 장난감, 신발 판매가 주축을 이룬다. 자유주의적 해석의 경우 이러한 경제적 상호의존성은 "앞으로도 두 국가를 한데 모으며 갈등의 가능성을 제거할 것(프리드버그, 2005:13)"이다. 1985년 양국 간 무역량은 77억 달러였다. 1995년에는 573억 달러, 2005년에는 2,847억 달러, 2015년에는 5,981억 달러로 증가했다(미국 인구조사국, 2016a). 1985년부터 미국은 중국을 대상으로 항상 무역 적자를 기록하며 수입량이 수출량보다 많았다. 특히 2015년에는 전체 무역의 61퍼센트에 달했다(미국 인구조사국, 2016a). 2012년, 미국에서 중국으로 유입된 외국인직접투자는 총 514억 달러였고 반대로 중국에서 미국으로 유입된 외국인직접투자는 52억 달러였다(OUSTP, 2016a). 이러한 상호이익에도 불구하고 중국은 통화의 가치를 의도적으로 떨어뜨려 자국에 유리한 무역 조건을 만들고 있다는 비난을 받고 있다. 또한 무역 규제를 지키지 않고 노동/환경 관련 법규가 취약하다는 지적도 있다. 중국은 또한 미국을 상대로 사이버 전쟁과 사이버 스파이 활동을 벌였다는 의혹을 받고 있다. 중국 정부와 산업이 '하나이자 동일하다'는 점이 이러한 의심을 더욱 증폭시키고 있다. 따라서 미국 지도층은 중국 기업의 미국 기업 매수를 금지한다. 미국의 사이버 역량은 중국의 역량보다 훨씬 더 뛰어나다(린지, 2014/2015). 그러나 2015년 시진핑 주석은 중국 정부가 관리하는 인터넷 네트워크에 대한 '사이버 자주권'을 외치기도 했다(BBC, 2015b).

중국은 중동, 중앙아시아, 아프리카와 비관념적 무역을 계속하면서도 미국 기업의 신제국주의 성향을 비난하고 있다. 특히 에너지 자원 확보에 힘쓰고 있는데(제4장 참고), 이와 관련해 중국과 미국은 소외된 국가와의 관계 형성을 놓고 관념적 경쟁을 벌이고 있다. 중국 정부는 미국의 기후변화 대책이 "중국의 성장을 지체(홀로웨이&레이, 2014:143)"시킨다고 받아들였다. 중국 공산당 지도층이 "미국과 중국은 성패를 함께하는 공생적 경제-전략 관계를 맺고 있다(개럿, 2006:395)"고 말한 바 있지만, 양국 간 상호 경제 및 무역 성공은 외교적 그리고 정치적 힘을 강화했다. 그 결과 미국과 중국은 일부 부분에서 경쟁을 피할 수 없다. 중국은 세계에서 미국 국채를 가장 많이 보유한 국가로 2016년 5월 기준으로 1조 2,400억 달러, 즉 전체의 20퍼센트를 차지했다(USDT, 2016). 또한 엄청난 양의 외화를 보유하고 있기 때문에 미국 관계자들은 "자금줄을 잡고 있는 국가에 어떻게 강경한 입장을 취할 것인가?(커리, 2007)"라는 고민에 빠져 있다. 그러나 두 국가 사이의 밀접한 관계와 위치 중심적 경제를 고려했을 때 국제적 위기는 양국 모두에 영향을 미친다. 따라서 미국은 경제적으로 강력하고 안정적이며 평화로운 중국을 선호한다. 또한 중국은 "아시아 태평양 지역과 전 세계의 평화, 안정, 번영에 이로운(신화사, 2009)" 양국 관계를 바라고 있다. 그러나 중국에 있어 2008년 금융 위기는 "서구식 자유주의적 자본주의(X. 우, 2010)"로 인한 위협이었다. 따라서 비슷한 상황이 반복된다면 중국은 신개발은행과 아시아인프라투자은행(제6장 참고)의 역할과 규범을 행사할 수도 있다. 또한 "개별 국가와 분리되어 있으며 장기적으로 안정성을 유지할 수 있는 초국가적 기축통화(D. 로버츠, 2013)"를 만들 수도 있다.

이러한 갈등의 밑바탕에는 동아시아에서의 입지와 인정, 포지셔닝에 대한 중국과 미국의 목적이 깔려 있는데, 따라서 "미국은 지역적 패권국으로 자리 잡으려는 중국을 인정하지 않고 있다(팬트, 2012:243)." 그러나 이는 중국의 자아상과는 반대되는 입장이다(제5장 참고). 미국의 '아시아 재균형 전략' 또는 2012년의 회귀는 지역 내 영향력을 제고하기 위함이었다. 이에 맞서 중국 지도층은 "특정 국가가 아시아 태평양의 군사적 동맹을 강화했고 지역 내 군사적 영향력을 확장했으며 빈번하게 상황을 악화시켰다(IOSC, 2013)"라고 응수했다. 이러한 중국의 주장은 미국이 대만과 대한민국, 일본에 구축한 전역미사일방어체계를 근거로 한다. 중국의 군대 현대화, 특히 대함탄도미사일(제3장 참고)은 혹시 모를 미국의 위협에 대응하기 위함이다. 이와는 별개로 두 국가는 구조적 중요성을 지니고 있다. 전문가들은 오래전부터 "미국과 중국의 관계가 무너지는 것보다 몇 가지 사건이 연달아 일어나면 아시아에 더 큰 불안정이 발생할 것(콘버그, 1996:14)"이라고 지적해왔다. 궁극적으로 중국-미국 관계에 대한 인식이 결과를 좌우한다. 미국인 전문가의 말을 빌리자면 "우리 앞에 놓인 최대 위험은 중국을 과대평가하는 것이고 나아가 중국이 자국을 과대평가하는 것"이며, "중국은 아직도 미국보다 한참 뒤처져 있다"는 현실을 직시하지 못한다면 불필요한 "미국의 걱정과 중국의 자만심"을 키울 수도 있다(샹보, 2002:311).

: 우월성, 상호작용 그리고 진화

현재 국제 시스템 내 미국의 우월성은 부정할 수 없는 현실이다. 물질적 그리고 관념적 사실이자 국제 정세 자체를 나타내는 중요한 기준점으로서 미국의 패권은 점차 증가하고 있으며 이는 중국과 인도 지도층의 관점과 상충된다. 패권이 "인자함과 강압(스쿠만, 2007:77)"이 결합한다는 점에서 아시아의 신흥 세력이 가지는 의미는 앞선 강대국보다 훨씬 더 크다. 따라서 "지금은 안정적인 국제 질서와 공통의 이익을 추구하는 국제 사회의 틀 안에서 패권국이 권력을 행사(L. R. 리, 2010:157)"하지만, 인도와 중국의 급부상 자체가 미국과의 상대적 힘의 균형을 바꾸어놓는다. 미국-중국 관계와 인도-중국 관계가 오늘날 체계의 자유주의적 자본주의 성향에 따라 단단한 경제 협력을 기반으로 하고 있지만, 이러한 본질적인 차이점은 각자가 원하는 세계 질서를 두고 인도와 중국과 미국 사이의 경쟁을 야기한다. 인도와 중국은 다극성을 추구하는 반면, 미국은 패권주의를 선호한다. 이러한 분열은 세계 경제(그리고 군사비 지출)의 중심이 아시아로 옮겨가면서 더욱 심화된다. 이렇게 되면 세계 정세에 미치는 중국과 인도의 입김이 더 세지기 때문이다(제4장, 제6장 참고). 보다 근본적으로 지도층의 경험, 역사, 기억에서 비롯된 국가적 정체성, 규범, 문화는 "개념을 바탕으로 생성된 세계에 대한 인식은 종종 어떤 쪽의 행동이 지속될 것인지를 결정하는 스위치 역할을 한다(모겐소, 1973:17)"는 점을 보여준다.

이러한 역학관계 속에서 중국-미국 관계는 "미국이 유지하는 가장 중요한 관계이며 국제 안정에 가장 큰 영향을 미치는 관계(팬트, 2012:248)"다. 자국에 대한 인식과 다른 국가의 인식이 가지는 중요성이 이러한 관계의 본질을 좌우한다. 특히 양국의 지도층이 서로를 어떻게 생각하는지와 서로가 가지고 있는 의도를 어떻게 받아들이는지와 관련 있다. 따라서 부정적으로 보자면 중국의 외교 정책은 팽창적이고 강압적인 현실주의적 해석에 따라 경제력과 군사력을 증진하기 위해 물질적 자원을 추구할 것이다. 이는 미국과의 피할 수 없는 경쟁을 예고한다. 그러나 긍정적으로 보자면 중국의 점점 더 늘어나는 정치적, 경제적, 제도적 상호의존성은 공통점을 더욱 확대해 협력으로 이어질 것이다. 이 협력의 밑바탕이 되는 자유주의적 외교 정책은 미국을 비롯한 다른 국가가 중국의 평화적인 부상을 수용한다고 주장한다. 긍정적 해석의 경우 미국 패권주의를 공개적으로 비난하지 않겠지만, 부정적 해석은 그럴 것이다. 모든 것은 미국과 중국의 지도층이 서로 어떻게 교류하는지와 각자의 다른 권력을 어떻게 평가하는지에 달려있다. 이러한 주장은 물질적 그리고 관념적 원천을 토대로 하는 강대국 정치의 상호작용적이고 구성적이며 진화하는 본질을 잘 보여준다. 트라우마와 불신, 의심이 이러한 상호작용에 개입해 틀린 이미지 또는 익숙한 것처럼 느껴지지만 사실은 그 의미가 존재하지 않는 환각을 만들어낼 수 있다.

이는 인도-미국 관계의 분석에도 동일하게 적용된다. 두 국가 간의 관계 역시 부정적인 시기(냉전 시기)와 긍정적인 시기(1990년대 말 이후)를 겪었다. 오늘날 불신과 반제국주의 요소는 무역, 반테러주의, 공통의 정치적 가치관과 같은 상호보완적인 관심사로 인해 그 영향력이 크게 쇠퇴했다. 이는 "강력하고, 활기차며, 점점 더 깊어지는 미국-인도 관계가 양국의 국익을 도모(CFR, 2011:1)"한 결과다. 지속적으로 바뀌는 미국의 관심사와 구조적 역학관계는 이러한 긍정적인 변화에 도움을 주었다. 냉전이 끝난 이후 중국을 향한 미국의 태도가 부정적으로 굳어진 것과 비슷하다고 볼 수 있다. "인도는 다른 권력에 복종하거나 어떠한 연합 내 부수적인 역할을 자처하지 않는다. 대신 신흥 세력으로서 자국의 어젠다를 추진하고 있으며, 현재 인도의 관심사는 미국과 기타 지역적 동맹국과 일치한다(라드위그, 2009:106)"는 해석에 주목할 필요가 있다. 인도-미국 관계는 또한 앞으로 시간이 지남에 따라 상대적인 물질적 그리고 관념적 권력에 맞춰 변화하고 진화할 것으로 보인다. 미래 시점에 각국의 지도자와 지도층이 다양한 권력을 어떻게 상호주관적으로 이해하느냐 역시 양국 간 관계에 영향을 미칠 것이다. 때문에 미국과 인도는 앞으로 경쟁 상대가 될 수도 있는데, 특히 주요 물질적 권력 면에서 인도가 중국을 앞지른다면 미국과 인도 간의 경쟁이 심화될 수 있다(제3장, 제4장 참고). 만약 앞으로 중국-인도의 양극 체제가 탄생한다면 이러한 인식 진화의 영향을 받을 수 있다.

최종 평가와
앞으로의 포지셔닝

강대국은 다면적이다. 물질적 요소와 관념적 요소, 유형의 요소와 무형의 요소, 객관적 요소와 주관적 요소가 모두 뒤섞여 있다. 서론에서 살펴본 것처럼 이 책의 각 장은 이러한 요소들의 상호작용을 잘 보여주기 위해 네이어와 폴이 제안한 '열 가지 미덕' 중 일부를 분석하고 부연했다. 제3장과 제4장에서는 각각 하드 파워로 구분되는 군사력과 핵 능력, 경제력에 집중하는 동시에 기술 발전과 인구의 역할을 살펴봤다. 기타 장에서는 소프트 파워의 특징인 국내 결정 요인(제1장), 전략적 문화(제2장), 다자주의(제6장)를 분석함으로써 규범과 문화, 국제 포럼의 리더십, 국력, 전략과 외교, 국가적 리더십을 다루었다. 나머지 장에서는 이러한 분석적 초점을 더욱 심도 있게 들여다보며 주변국과의 관계(제5장)와 관련된 상황적 그리고 상대적 요소와 패권주의와의 관계(제7장)를 고려했다. 분석을 통해 살펴본 국가들은 우리가 논의하는 요소들에서 모두 우월성 또는 패권을 보유하고 있으므로 강대국으로 분류할 수 있다. 이러한 미덕은 구성적일 뿐만 아니라 국내와 국외 영역을 한데 모으는데, 이는 구성주의의 핵심 전제다. 이 책을 통해 살펴본 바와 같이 이러한 미덕은 역동적인 화학 반응을 일으키는데, "한 분야에서 높은 순위를 차지한 국가가 다른 순위에서도 높은 순위를 차지하는 경향을 보인다(모델스키, 1974:176)"는 점에서 일치성을 보인다.

지속적으로 변화하는 과정 속에서 우리는 이러한 요소들이 어떻게 영향을 미치고 상호작용하는지를 살펴봤다. 또한 냉전이 끝난 후 강대국이라는 개념이 어떻게 자리 잡았는지와 세계화 시대의 도래를 들여다봤다. 국가의 관심사가 점차 비전통적이고 포괄적으로 바뀜에 따라 우리의 분석 또한 한 개의 핵심 요소에 집중하는 대신 광범위해졌다. 따라서 이 책은 권력 분배의 일부 요소가 부각되기도 하고 퇴색하기도 하면서 시간에 따라 끊임없이 변화한다고 주장한다. 이러한 유동성은 볼드윈에 의해 다섯 가지 측면으로 잘 정리되어 있다. 이에는 "국가의 권력이 문제에 따라 달라질 수 있다는 점에서 규모, 다른 국가의 영향력을 받는 국가가 존재한다는 점에서 영역, 한 국가가 다른 국가의 행동에 영향을 미칠 수 있는 가능성을 뜻하는 무게, 한 국가가 다른 국가의 요구에 응하는 대가를 나타내는 비용, 영향력을 행사하는 다양한 방법을 뜻하는 수단(2003:278-279)"이 포함된다. 이는 국제관계는 경험과 국가적 정체성, 다른 국가의 인정을 바탕으로 형성되기 때문에 상호관계적이며 상대적이라는 우리의 주요 분석적 관점과도 일치한다. 나아가 관념적 자유의지와 의사는 자원과 행동 사이의 관계에 막대한 영향력을 행사한다. 자원은 물질적 역량을 외교 정책의 도구, 조치, 행동으로 바꾼다.

이러한 과정은 시간이 지나면서 두드러지는데, 형성기의 상호작용이 곧 세계 역사를 결정짓는다. 또한 국가가 무엇인지에 대한 추론을 정의하고 향후 행동을 미리 가늠할 수 있는 척도가 되기도 한다. 오래된 태도의 형성 또한 이러한 과정의 일부로, 이에 따라 "일련의 사건들이 아니라 그에 대한 다양한 관점으로 구성된(공, 2001:3)" 국가 한정적인 역사가 탄생한다. 이는 중국과 인도의 각기 다른 세계에 대한 인식을 설명한다. 따라서 역사(그리고 그에 대한 기억)는 관념적 지속성과 변화, 그로 인한 가치관, 규범, 정체성을 가능하게 하는 운동적인 힘이라고 할 수 있다. 또한 역사는 "국가적 정체성에 각인되는 변화의 과정(카첸스타인, 1996:23)"을 빚는 역할을 하며 결과적으로 안보 정책에 영향을 미친다. 이러한 공통의 의미와 가치관, 성향을 기록함으로써 역사를 대표하는 정체성의 틀은 사회적 그리고 상호적 성향을 만들어낸다. 인도와 중국의 특정 정체성 또한 이러한 과정을 겪었다. 선례와 경험상의 한계, 이전 상호작용에서 학습한 지식은 이와 관련된 기억과 맞물려 특정 국가와 국가를 이끄는 지도자, 정치 집단이 세계 속 자국의 위치를 어떻게 반복적으로 재해석했는지에 대한 관념적 흔적을 제공한다.

따라서 "물질적 구조의 의미는 궁극적으로 관념에 따라 달라진다(웬트, 1992:394-395)"는 해석은 국제관계(중국과 인도) 속에서 물질적 요소와 관념적 요소 사이의 상호작용을 재확인시켜준다. 자아상, 자부심, 욕망, 야망이 이러한 주장을 뒷받침한다. 강대국은 역할을 주고 도맡고 만드는 데 있어 진취적이다. 또한 입지와 가치관, 존경은 특정 물질적 자원과 연관 있다. 이 책의 각 장에서 이러한 모든 요소를 보다 자세하게 다루고 있다. 다른 국가가 이러한 행동을 어떻게 받아들이는지도 이러한 해석에 상호작용성과 상호주관성을 더한다. 따라서 "항상 함께 묶여 있는 관념과 물질적 역량은 서로를 보완하고 강화하며 하나로 축소시킬 수 없다(페인, 1994:153)." 상호관계적 역학관계는 물질적 요소와 관념적 요소를 하나로 합쳤을 때 볼 수 있는 현상을 설명한다.

: 네 가지 기초적 기둥에 대한 평가

상호연결성

인도와 중국 모두 이 책에서 언급한 요소와 관련해 시너지 효과를 명확하게 살펴볼 수 있다. 강대국에 대한 중국의 욕망은 국제 시스템에서 과거의 영광을 재현하는 것을 뜻한다. 따라서 과거 경험과 오늘날 행동이 밀접하게 연관되어 있다. 주요 태도적 관점은 이러한 야망을 더욱 강화하는데, 반제국주의와 불개입, 다극성의 원칙을 내세우는 중국의 전략적 문화에서 그 예를 살펴볼 수 있다. 이러한 관점은 또한 국내적 맥락에서 집권당인 중국 공산당의 정당성에 매우 중요하다. 이는 국가 밖으로도 표출되어 국제 정책에도 영향을 미친다. 뿐만 아니라 중국의 군사력 사용과도 관련이 있는데, 중국은 종합적 국력을 증강하기 위해 군사력을 공격적(마오쩌둥의 집권하에)으로 활용하기도 했고 방어적(마오쩌둥의 집권 이후에)으로 활용하기도 했다. 지난 수십 년 동안 중국 군대의 현대화는 점차 증가하는 경제력을 바탕으로 가속화되어 왔다. 그 결과 높아지는 무역과 에너지 안보에 대한 수요를 충족시킬 수 있었다. 이러한 요소는 현실주의적(군사적) 방어/무력 사용의 수단 또는 자유주의적(경제적) 상호의존성을 위한 수단으로써 주변국과의 관계에 적용된다. 국제 시스템의 역할과 추구하는 영토적 구성, 일본과의 지역적 경쟁 또한 역사적으로 형성된 관념에 영향을 미친다. 나아가 내부적, 전략적, 군사적, 경제적, 주변적 문제들은 다자 기구 그리고 지역적 기구에 대한 중국의 태도와 이러한 기구와 중국 사이의 관계에 반영된다. 좋아졌다 나빠지기를 반복하며 서로 다른 권력의 상호작용을 강조하는 미국과의 관계에도 이러한 관념적 그리고 물질적 요소는 비슷한 방식으로 영향을 끼쳐왔다.

인도의 강대국 열망 역시 각기 다른 힘의 원천이 한데 뒤섞이는 도가니와 같은 역할을 한다. 인도의 전략적 문화에 따라 입지와 현대화, 발전과 관련한 국내 결정 요인이 인도의 자주성, 추구하는 영토상, 국제적 포지셔닝과 관련한 특정 원칙들과 결합했다. 이러한 요소들은 무력 사용과 관련한 인도의 태도에 영향을 미쳤다. 인도는 초기에는 무력 사용이 불필요하다고 주장했지만(1962년 이전) 다른 국가와의 상호작용을 통해 필수적임을 깨달았다. 따라서 핵 능력을 보유하기에 이르렀다. 중국과 마찬가지로 급성장한 경제력은 인도의 군사력을 더욱 증강시켰다. 또한 1991년 이전에 추구했던 자주성은 1991년 이후 강대국으로 거듭나겠다는 염원으로 대체되었다. 이에

중국 인도

따라 인도는 자유주의적 무역을 적극적으로 수용했다. 상호 간에 자극제 역할을 하는 이러한 두 요소를 바탕으로 인도는 군대를 현대화했고 방대한 양의 무기를 수입했다. 또한 자국의 무역과 에너지 안보를 보호하는 능력을 강화했다. 지역적으로 남아시아에서 가장 강력한 국가라는 인도의 자아상은 상대적으로 규모가 작은 국가들과의 다양한 물질적 관계에 영향을 미쳤다. 그러나 주로 군사력과 상호연결된 관념적 대립으로 인해 파키스탄과의 갈등을 빚게 되었다. 냉전 당시 인도는 다자 기구들과 상당히 높은 관념적 연결성을 확보하고 있었다. 그중 가장 대표적인 것이 비동맹운동이다. 이는 인도 내부의 정체성과 더욱 폭넓은 국제 시스템을 연결했다. 그러나 냉전 이후 더욱 견고한 경제적 연결고리가 이를 대체했다. 인도의 관념적 그리고 물질적 규칙은 인도-미국 관계에 지속적으로 영향을 미쳤다. 중국의 경우 미국과의 관계를 통해 이러한 규칙이 혼합되고 통합되었다.

인식

앞장에서 다른 국가에 대한 인식, 국가 간의 인식, 자국이 강대국이라는 인식은 모두 살펴봤다. 국제 시스템에 대한 인도 지도자들의 해석은 과거 국제적 상호관계를 토대로 형성되었다. 이는 또한 인도의 특정 물질적, 관념적 필요성을 나타낸다. 주목할 점은 다른 국가를 향한 인도의 뿌리 깊은 불신과 의심이다. 이는 부정적인 식민지주의 시절의 경험에서 비롯되었다. 국가적 인식은 국가 밖에서 권력을 행사할 수 있는 상호주관적 토대를 마련하며 자국이 강대국이라는 희망적 자아상을 수반한다. 이러한 인식은 상호관계 전반에 걸쳐 나타난다. 전략적 문화라는 문맥 속에서 세계가 반제국주의, 불개입, 다극성이라는 원직을 바탕으로 전진해야 한다는 생각이 인도 지도층의 머릿속에 자리 잡았다. 그리고 이를 바탕으로 군사력과 경제력 같은 물질적 권력을 어떻게 활용해야 할지를 결정했다. 1962년 중국과의 전쟁 이전까지 인도는 군사력 증강을 반대하며 인자함과 제3세계 리더십, 강대국 경쟁 회피에 초점을 맞췄다. 그러나 전쟁에서 패한 후 이제는 강력한 군사력이 필요하다는 인식이 설득력을 얻기 시작했다. 마찬가지로 1990년대 전까지 인도는 세계 경제 체제가 강압적이며 위협적이라고 판단해 참여를 자제했다. 그러나 1991년 이후 경제적 교류를 통해 이익을 얻을 수 있다는 인식이 퍼져나갔다. 우월성이라는 인식도 남아시아에서 인도가 추구하는 입지에 영향을 주었다. 또한 이익 또는 위협에 대한 인식이 정반대로 바뀌면서 다자간 참여가 늘어났다. 인도-미국 관계도 예외가 아니었다. 인식이 합쳐지고 분리됨에 따라 인식 사이에 상호작용이 일어났다.

중국의 경우 굴욕의 한 세기를 겪으며 국제 시스템이 강압적이고 공격적이라는 인식을 갖게 되었다. 이러한 부정적 경험은 중국의 대내외 정책을 결정짓는 기본 구조에도 상당한 영향을 미쳤다. 인도와 마찬가지로 이러한 인식은 지도층이 세계를 바라보는 기본 원칙을 바꾸는 변수로 작용했다. 이 세계관은 중국의 전략적 문화의 근간이 되었다. 물질적 권력의 활용과 효과 역시 이러한 인식의 직접적인 영향을 받았으며 경험을 통해 입증되었다. 냉전 당시와 이후 모두 중국은 물질적 권력을 필요한 수단이라고 인식했다. 이는 경제학에 대한 중국의 태도에서도 엿볼 수 있다. 1980년대부터 중국은 경제적 위협

요소보다 이익이 훨씬 더 크다고 판단해오고 있다. 이러한 믿음은 주변국과의 외교 정책 기조에도 영향을 미쳤다. 특히 해결되지 않은 주도권 싸움에서 비롯된 뿌리 깊은 부정적 인식은 일본과의 관계에 지속적인 영향을 미쳤다. 이는 인도와 파키스탄 간의 갈등과 비슷하다고 할 수 있다. 관념적 요소가 특정 권력에 대한 태도에 영향을 줄 수 있다는 점을 보여주듯 중국의 다자간 참여는 전반적인 활용도에 대한 지도자의 변화하는 인식에 따라 발달했다. 특히 이는 물질적 힘을 최대한 활용하고자 하는 핵심적 욕망과 맞물려서 작용했다. 인식이 가장 막강한 영향을 미친 곳은 미국과의 관계였다. 두 국가 간 부정적인 인식은 갈등을 야기했고 반면 긍정적인 인식은 평화적 협력의 토대를 다졌다.

진화

변화, 학습 그리고 진전은 아시아에서 가장 큰 두 국가의 부상을 가늠해볼 수 있는 척도들이다. 이러한 요소는 강대국을 정의하는 과정에서 모두 살펴본 것들이다. 중국의 경우 지도층의 세계관은 경계심에서 시작해 참여를 통해 얻을 수 있는 이익을 수용하는 방향으로 변모했다. 마오쩌둥 시대의 관념적 사상은 그의 뒤를 이은 지도자들의 실질주의로 대체되었다. 이는 중국이 모든 분야에서 더욱 적극적으로 참여하기 시작했음을 보여주는 변화다. 중국의 전략적 문화는 이러한 역학관계를 고스란히 반영했다. 무력 사용에 대한 인식 역시 전면전에서 좀 더 지역 기반으로 초점이 바뀌었다. 기본 정책에서도 경제적 요소의 영향을 찾아볼 수 있다. 다른 국가와의 무역관계에 지도층의 인식은 결정적 요소였는데, 이를 뒷받침하는 비용편익 공식이 부정적에서 긍정적으로 바뀌었다. 다양한 종류의 권력 사이에 일어나는 상호연결성과 이러한 이해의 밑바탕이 되는 인식의 변화 역시 이러한 진전을 가능하게 했다. 지역적으로 자국이 신흥 세력이라는 중국의 자아상에 경제적 안정을 추구하기 위해 평화적 환경을 조성해야 한다는 필요성이 더해지면서 초점은 더욱 진화했다. 마찬가지로 중국은 다자간 참여에 있어 초반의 망설임과 경계심이 곧 자신감과 혁신으로 대체되었다. 중국이 상하이협력기구를 직접 설립했다는 점에서 이 같은 변화를 목격할 수 있다. 마지막으로 중국과 미국의 관계 또한 다수의 진화를 반영해왔다. 무역 증진과 다자간 그리고 지역 간 연결고리가 그 예다. 그러나 불신과 경쟁심이 부정적 영향을 미치기도 했다.

인도의 외교 정책 기조 또한 지난 60년 동안 수많은 변화를 겪어왔다. 이를 통해 인도는 국제 시스템과 구성국으로부터 더 많은 것을 배우고 상호관계를 확장해왔다. 자국에 대한 다른 국가의 의도를 여전히 경계하지만, 인도의 지도층은 온전히 이상적인 세계관을 탈피하고 서서히 현실주의적 인식을 수용했다. 특히 주요 상호관계가 큰 영향을 미쳤는데, 1962년 중국과의 전쟁은 인도가 하드 파워인 군사력의 필요성을 인지하는 계기가 되었다. 또한 1971년 동파키스탄전쟁 이전에 인도는 현실정치를 도입했다. 이러한 과정을 겪으면서 핵무기에 대한 인도 지도층의 생각이 바뀌었고, 1998년 인도는 핵무기를 보유하게 되었다. 경제적인 면에서 인도는 1991년 위기를 겪은 후에야 경제적 자유화를 추진하기 시작했고 국제적 교류의 이익을 누리게 되었다. 국제 구조가 냉전 시기의 양극화를 탈피함에 따라 인도도 그 영향을 받아 자국의 경험과 학습을 더욱 진화했다. 이러한 변화와 소비에트 연방의 몰락은 인도의 지역적 전망에 영향을 미쳤고 주변국과의 관계에 있어 강압적보다는 자애로운 태도를 취하게 되었다. 다자 기구에 대한 참여 면에서 인도는 1950년대부터 이미 비동맹운동과 유엔 창설을 지지했기 때문에 진화의 과정이 비교적 덜 뚜렷하다. 대신 인도는 서서히 유엔 안전보장이사회의 상임이사국 자리를 요구하면서 유엔에 대한 참여도에 변화가 있었다. 인도가 겪은 가장 큰 변화는 인도-미국 관계인데, 단단한 유대감이 긴장과 분열로 인해 부서지는 과정을 거치며 인도는 모든 면에서 국제적 영향력을 행사하는 신흥 세력으로 거듭났다.

공통성

이 책은 중국과 인도의 부상 과정을 비교할 뿐만 아니라 두 국가의 성장 과정에 공통점이 있는지를 분석했다. 중국과 인도는 비슷한 시기에 부상하기 시작했다. 두 국가 모두 엄청난 외부 압력과 지배, 침략이 있었던 식민지 시절과 제국주의 시절을 겪었다. 이로 인해 국제 시스템과 자국을 향한 강대국의 의도와 관련해 지속적인 불신이 뿌리 깊게 자리 잡았다. 두 국가는 모두 자립성과 자주성을 목표로 삼았다. 또한 중국과 인도는 초반에는 극심한 빈곤에 허덕였다. 그러나 두 국가는 가난을 동기로 삼아 발전과 현대화를 장기 목표로 설정했다. 공통적으로 엄청난 인구를 자랑하는 국가들이었기에 이러한 목표가 가능했다. 과거의 입지를 다시 회복하는 것 또한 양국의 공통된 야망이었다. 중국과 인도는 다시 한번 강대국으로서 다른 국가의 인정을 받고자 했다. 이는 각국이 국내 정책과 외교 정책을 일관성 있게 추진하는 동력으로 작용했다. 국제 시스템과 관련해 중국과 인도는 공통적인 주요 이상을 따르는데, 바로 1950년대 등장한 '평화공존 5원칙'이다. 영토 보존과 주권의 상호존중, 상호불가침, 내정 불간섭, 평등한 상호이익, 평화 공존을 모색한다는 다섯 가지 원칙은 인도와 중국이 종합적 국력 향상에 힘쓰는 동시에 추구했던 국제관계의 본질을 정의하는 기준이 되었다. 아시아 국가의 입지를 개선하고 비서양 세계를 견인하겠다는 의지는 중국과 인도 지도층에게 매우 중요한 영감을 불어넣었다.

　　군사적으로 두 국가는 역량을 증진시키고 있다. 이는 공통으로 추진하는 현대화의 일환이자 국경을 비롯해 통상로와 에너지 안보 경로를 보호하기 위함이다. 따라서 중국과 인도는 물리적인 범위와 존재감을 확장하고 있다. 이러한 노력은 주변국과의 갈등을 초래하는데, 특히 중국의 경우 더 심각하다. 뿐만 아니라 양국 사이의 긴장 또한 고조되고 있는데, 공통적으로 분리주의자와 반란, 테러라는 내부적 안보 위협을 떠안고 있다. 중국에 비해 인도의 내부 위협이 더 크다. 급성장하고 있는 경제 또한 두 국가의 공통분모라고 할 수 있다. 각국의 지도자와 국민은 경제 성장의 필요성을 받아들였다. 인도와 중국의 무역 전략은 새로운 시장과 투자, 에너지 공급원을 확보하는 데 있어 비관념적 접근법을 기반으로 한다. 두 국가는 함께 중요한 경제 대국으로 변모한 만큼 부패와 불평등 그리고 심각한 환경 오염 등 비슷한 내부 문제를 마주했다. 그러나 아직은 이러한 문제에 대한 뚜렷한 해결책이 없다. 또한 중국과 인도는 각자 지역 내에서 반대 세력의 거센 항의를 받고 있다(각각 일본과 파키스탄). 이는 역사를 통해 각인된 적대감과 상충하는 입지/인정 문제에서 비롯된 것으로 각국이 패권을 장악하는 데 걸림돌이 되고 있다. 또한 중국과 인도는 서로 해결하지 못한 영토 분쟁을 벌이고 있다. 국제 시스템의 근간과 관련하여 인도와 중국은 다극성을 추구하고 글로벌 패권을 지양한다. 또한 기존의 다자 기구를 통하거나 새로운 경쟁 체제를 만들어 개발도상국의 의견을 더욱 적극적으로 수렴해야 한다고 주장한다. 마지막으로 인도와 중국은 미국과의 관념적 그리고 물질적 관계를 개선해왔다. 그러나 두 국가 모두 미국과 동맹관계를 맺지는 않았다. 실제로 오늘날 미국은 공개적으로 중국을 두려움의 대상으로 인정하고 있다.

: 글로벌 전망

이 책은 한 국가를 다른 국가와 비교하는 것이 적절하지 않을 수도 있다고 경고한다. 또한 각국의 지각적 요소가 물질적 수단에 미친 영향을 비교하는 것도 위험할 수 있다. 그럼에도 불구하고 주요 지표에 따른 국가의 분류는 강대국 계층에서 중국과 인도의 현 위치를 가늠해볼 수 있는 중요한 척도다. 경제력은 강대국 입지를 확인할 수 있는 가장 변환 가능하고 입증적인 근거다. 표 2에서 볼 수 있듯이 2015년 중국과 인도는 구매력평가 기준 GDP에서 높은 순위를 차지

표 2. 2015년 구매력평가 GDP

	구매력평가 GDP(미국 달러)			
	전체(조)	%(세계)	순위	1인당
중국	19.51	17.15	1	14,300
프랑스	2.65	2.33	11	41,400
러시아	3.47	3.05	7	23,700
영국	2.66	2.34	10	41,200
미국	17.97	15.80	3	56,300
유럽연합	19.18	16.86	2	37,800
독일	3.84	3.38	6	47,400
인도	8.03	7.06	4	6,300
일본	4.66	4.10	5	38,200
세계	113.77	100.00	−	15,800

출처: CIA, 2016d.

했다. 총 GDP의 비율 또한 높은 수준을 보였는데, 이는 강대국의 공통적인 특징이기도 하다. 유엔 안전보장이사회의 상임이사국을 비롯해 일반적으로 강대국으로 분류되는 독일과 일본, 유럽연합 역시 높은 순위를 기록했다. 전반적으로 인도와 중국은 각각 4위와 1위를 차지했다. 하지만 1인당 GDP를 기준으로 기타 국가에 비해 발전 수준은 낮은 편으로, 특히 인도가 더욱 그러하다.

현재뿐만 아니라 지난 50년 동안의 수치를 살펴봐도 인도와 중국의 연평균 GDP 성장률이 다른 강대국에 비해 지속적으로 상승했음을 알 수 있다(표 3 참고). 중국은 1970년대부터 성장세를 이어왔고, 인도는 1980년대부터 상승을 지속해왔다. 중국의 성장률은 2010년

표 3. 1960~2015년 연평균 GDP 성장률

	연평균 GDP 성장률(%)						
	1960년대	1970년대	1980년대	1990년대	2000년대	2010 ~2015년	2015년
중국	3.38	7.46	9.78	10.01	10.30	8.30	6.90
프랑스	5.55	4.05	2.36	2.01	1.42	1.07	1.20
러시아	–	–	–	-4.91	5.48	1.77	-3.70
영국	2.90	2.63	2.62	2.36	1.85	2.02	2.30
미국	4.65	3.54	3.14	3.23	1.82	2.10	2.40
유럽연합	4.94	3.50	2.34	2.22	1.59	0.85	1.70
독일	–	3.08	1.96	2.22	0.82	1.97	1.70
인도	3.91	2.93	5.69	5.77	6.90	7.32	7.60
일본	10.44	4.11	4.37	1.47	0.56	1.30	0.50
세계	5.48	3.99	3.06	2.70	2.61	2.90	2.50

출처: 세계은행, 2016c.

부터 2015년까지 꾸준히 오른 반면 인도의 성장률을 지난 반세기 동안 점진적으로 증가했다.

이러한 수치는 중국과 인도가 이미 오래전부터 강대국으로 부상하고 있었음을 보여준다. 또한 이러한 부상은 이미 국제 사회의 역학관계 속에 자리매김했다. 뿐만 아니라 이와 같은 수치는 앞으로도 두 국가가 지금과 같은 성장세를 유지한다면 머지않아 강대국의 반열에 오를 것이라는 추측을 가능하게 한다. 부가 부를 축적한다는 점에서 굉장히 높은 연평균 GDP 성장률은 두 국가의 성장세가 앞으로도 더욱 가속화될 것을 의미한다. 이와 같은 상호연결성은 경제력을 확보하는 시기와 다른 권력으로 전환하는 시기 사이에 '시간상의 차

표 4. 2015년 국토 및 인구 규모

	국토 면적(㎢)	순위	인구(백만)	순위
중국	9,596,960	4	1,367.49	1
프랑스	643,801	44	66.55	22
러시아	17,098,242	1	142.42	10
영국	243,610	81	64.09	23
미국	9,826,675	3	321.37	4
유럽연합	4,324,782	7	513.95	3
독일	357,022	64	80.85	18
인도	3,287,263	8	1,251.70	2
일본	377,915	63	126.92	11
세계	510,072,000	–	7,256.49	–

출처: CIA, 2016a, 2016e.

이'가 존재한다는 폴 케네디의 1988년 발언을 뒷받침한다. 전반적으로 중국과 인도는 개발도상국에서 선진국으로 변화하고 있다. 인도가 중국에 비해 10~20년 뒤처져 있다는 점을 감안하면 산업화, 현대화 그리고 인프라 및 생활 수준의 중요성을 확인할 수 있다.

세계에서 가장 많은 인구와 가장 넓은 면적을 보유한 인도와 중국은 이를 바탕으로 경제력 향상에 힘쓰고 있다. 두 국가 모두 인구와 면적 부분에서 높은 순위를 차지했다(표 4 참고). 유럽연합과 러시아, 미국 역시 두 국가와 어깨를 나란히 했다. 이러한 요소는 강대국 입지와는 큰 연관이 없다. 표에 나와 있는 주요 국가들이 모두 높은 순위를 차지한 것은 아니기 때문이다. 대신 이러한 수치는 강대국이 활용할 수 있는 잠재적 자원을 의미한다. 그러나 다른 국가와의 교류가 우선되어야 하는데, 경제 발전이 그 대표적인 예다.

나아가 이론적으로 노동 인구가 많을수록 더 높은 경제 성장을 이룰 수 있다는 점을 고려하면(서론 참고), 중국과 인도의 엄청난 인구를 뒷받침하는 폭넓은 인구학적 트렌드는 두 국가의 전망에 대한 통찰력을 제시한다. 표 5에서 볼 수 있듯이, 중국 인구는 평균 나이가 더 많고 성장 속도가 느리다. 이는 더딘 성장으로 이어지므로 앞으로 생산력이 저하될 가능성이 있다. 반면 인도의 인구는 상대적으로 젊고 더 빨리 성장하고 있다(중국과 미국, 유럽연합과 비교했을 때). 따라서 노동 인구가 늘어날 것이다. 그러나 기대 수명이 낮고 유아 사망률이 훨씬 높아 어느 정도 상쇄 효과가 예상된다. 장기적으로 보자면 중국의 인구는 2030년 14억 1,550만 명에서 2050년 13억 4,810만 명으로, 2100년 10억 440만 명으로 줄어들 전망이다. 반면 인도의 인구는 점점 늘어나 같은 기간 15억 2,770만 명에서 17억 530만 명, 16억 5,980만 명으로 증가할 것으로 예상된다(UN, 2015:18-22). 이처럼 어

표 5. 2015년 인구통계학적 추세

	연간 성장률 (%)	연령별 구성(%)				기대 수명	유아 사망률
		0~14	15~64	65+	중간값		
중국	0.45	17.1	72.9	10.0	36.8	75.4	12.4/1,000
유럽연합	0.25	15.5	65.7	18.8	42.5	80.2	4.0/1,000
인도	1.22	28.1	66.0	5.9	27.3	68.1	41.8/1,000
미국	0.78	19.0	66.1	14.9	37.8	79.7	5.9/1,000
세계	1.08	25.6	65.9	8.5	29.9	68.7	35.4/1,000

출처: CIA, 2015a, 2015b, 2016b, 2016g, 2016h.

마어마한 인구 때문에 중국과 인도는 각각 조만간 그리고 나중에 보건, 교육, 주택, 고용, 연금과 관련한 문제에 부딪히게 될 것이다.

이는 충분히 일어날 가능성이 있는 이야기다. 그러나 GDP가 경제적 성장을 나타내는 가장 효과적인 지표인지에 대한 의문이 제기되기도 한다. 첫째로, 모든 수치가 비교 가능한 것은 아니다. 그렇기 때문에 부정확한 면이 있다. 따라서 세계은행에서 사용하는 현재 미국 달러 GDP(제4장에서 언급된 GDP)를 기준으로 계산한 수치와 구매력평가 GDP를 기준으로 계산한 수치가 일치하지 않는다. 구매력평가 GDP는 국가 대 국가의 비교에 있어서 등가를 올리기 위해 만든 지표다. 2015년 현재 미국 달러 GDP의 경우 중국은 108억 7,000만 달러, 인도는 20억 7,000만 달러, 미국은 179억 5,000만 달러를 기록했다(세계은행, 2016b). 그러나 구매력평가 GDP를 계산하면 중국은 195억 1,000만 달러, 인도는 80억 3,000만 달러, 미국은 179억 7,000만 달러다(CIA, 2016d). 숫자만 보면 이는 굉장히 다른 해석으로 이어진다. 특히 이를 바탕으로 국가의 순위를 매긴다면 무엇을 기준으로 하느냐에 따라 결과가 달라진다. 구매력평가 GDP의 경우 강대국들이 2015년 GDP 성장률을 유지한다면(표 3 참고) 중국과 인도는 2032년 세계 최대 경제와 그다음으로 큰 경제가 될 것이다. 하지만 현재 미국 달러 GDP를 기준으로 한다면 이 시기가 더 늦어진다. 1인당 GDP 역시 비슷한 문제점을 가지고 있다. 2015년 현재 미국 달러를 기준으로 중국은 7,925달러, 인도는 1,582달러, 미국은 5만 5,837달러를 기록했다(세계은행, 2016d). 그러나 구매력평가를 기준으로 같은 시기 수치를 계산하면 중국은 1만 4,100달러, 인도는 6,200달러, 미국은 5만

5,800달러다(CIA, 2016c).

이러한 수치를 통해 국가의 통화가 본위화폐일 때는 어떤 방식으로 계산해도 유리하다는 점을 알 수 있다. 따라서 상대적으로 높은 순위를 차지함으로써 더욱 폭넓은 영향력을 행사할 수 있다. 또한 미국처럼 단호한 입장을 고수할 수도 있다. 상대적인 수준의 투자, 빈곤, 그 외 숫자로 환산할 수 있는 요소들은 모두 이러한 차이점/편견의 문제를 가지고 있다. 이는 국가별 비교의 효율성을 떨어뜨리고 전반적인 신뢰성을 모호하게 만든다. 때문에 표 6에서 볼 수 있듯이 시간을 기준으로 물질적 자원을 나누는 것이 효과적일 수 있다. 이는 현실주의적이면서 자유주의적인 접근법으로, 한 국가가 다른 국가

표 6. 1960~2015년 총 GDP

	총 GDP(미국 달러, 조)						
	1960년대	1970년대	1980년대	1990년대	2000년대	2010 ~2015년	1960 ~2015년
중국	0.63	1.39	2.61	6.84	25.73	52.71	89.91
프랑스	0.99	3.34	7.32	14.39	21.03	16.25	63.33
러시아	–	–	0.51	3.98	7.87	10.71	23.08
영국	0.94	2.36	6.24	12.71	22.10	16.15	60.53
미국	7.42	17.14	41.81	76.00	126.23	98.78	367.40
유럽연합	5.45	18.44	41.77	87.55	136.41	100.56	390.18
독일	–	4.82	9.86	21.78	27.77	21.69	85.93
인도	0.50	1.02	2.41	3.60	8.45	11.36	27.32
일본	0.95	5.49	17.87	42.47	45.00	31.00	142.77
세계	19.24	57.80	141.42	281.70	461.43	439.93	1,401.51

출처: 세계은행, 2016b.

에 비해 물질적 자원의 축적을 얼마나 더 중요하게 생각하는지를 알 수 있다. 다른 요소보다 경제력을 부각시키기는 하지만, 이러한 장기적이고 종합적인 지표를 통해 각국의 잠재적 역량을 가늠해볼 수 있고 특정 시기에 비해 현재의 영향력이 얼마나 더 우세하고 열세한지를 알 수 있다. 따라서 이러한 수치는 오랫동안 지속되어온 현재 미국의 재정적 우월성과 유럽연합의 우월성, 중국의 급성장, 역사적으로 인도가 열세였던 시기 등을 강조한다. 하지만 측정 과정에서의 편향성과 이러한 비교의 분석적 그리고 시간적 범위가 다소 모호하다는 지적을 받는다. 특히 러시아와 독일처럼 일부 국가의 수치가 일정하게 제공되지 않을 때 그러하다.

측정 및 비교, 시간에 따른 평가와 관련된 문제 외에도 중국과 인도가 GDP 수치를 계산하는 방법은 여러 비난을 받아왔다. 이러한 논쟁을 통해 가치관과 인식의 중요성을 알 수 있다. 특히 2015년, 인도는 자국의 연간 GDP를 계산하는 공식을 수정했고, 이를 바탕으로 2014~2015년 수치를 4.7퍼센트에서 7.4퍼센트로 올렸다(BBC, 2015e). 이는 인도의 이전 그리고 앞으로의 GDP 계산에 대한 의문점을 남겼다. 일각에서는 "정부가 지금까지 실수했거나 실제보다 훨씬 더 긍정적인 전망을 내놓은 것(비스워스, 2015)"이라고 주장했다. 중국 또한 GDP 수치를 조작하거나 부풀린다는 의혹을 지속적으로 받고 있다. 2007년 향후 부총리를 역임하는 리커창은 "지역적 GDP 데이터는 사람이 만든 것으로 신뢰할 수 없다(일메르, 2016)"고 말한 바 있다. 때문에 수치의 효율적인 사용과는 상관없이 국가는 다른 국가(개별적 또는 집단적으로)에 의해 부여된 의미와 가치관을 통해 형성한 객관성을 잃게 된다. 이는 오늘날 금과 석유 그리고 17세기의 튤립처럼 역사적으로 중요성이 달라지는 원자재를 보면 쉽게 이해할 수 있다. 경제적 의미는 인식에 의해 결정된다. 예컨대 주식시장과 그와 연관된 집단적 인식은 행동에 영향을 미친다. 서로 밀접한 관계가 있지만, 특정 물질적 자원에 대한 인식이 가장 중요하다. 이는 관념적 또는 물질적 요소 중 하나에만 집중하는 이원론적인 개념에서 벗어나 물질적 요소와 관념적 요소를 하나로 합쳐서 생각하는 것과 연관 있다. 따라서 물질적 수단이 무엇을 대변하는지와 무엇과 동등한지에 대한 믿음을 우선시한다.

이러한 주장은 군사비 지출과 관련한 원시적 데이터뿐만 아니라 그 의미에까지 똑같이 적용되며 국가별로 다르다. 표 7에서는 연평균 군사비 지출을 볼 수 있다. 중국은 2위(2015년과 1990~2015년까지 전

표 7. 1990~2015년 군사비 지출(2014년 고정 미국 달러 기준)

| | 연평균 지출(미국 달러, 10억) | | | | 전체 | % GDP |
	1990년대	2000년대	2010~2015년	2015년	1990~2015년	(2015)
중국	28.18	82.10	177.78	214.49	2,169.42	1.9
프랑스	65.37	63.91	63.16	60.75	1,671.73	2.1
러시아	62.12	42.77	76.03	91.08	1,442.94	5.4
영국	56.63	62.68	63.10	59.73	1,571.74	2.0
미국	455.27	570.56	678.03	595.47	14,326.47	3.3
독일	57.32	48.08	47.67	47.05	1,340.06	1.2
인도	19.99	34.25	49.44	51.12	838.93	2.3
일본	44.96	46.73	46.48	46.35	1,195.70	1.0

출처: SIPRI, 2016b.

체)이고 인도는 6위(2015년)와 8위(1990~2015년까지 전체)다. 이를 통해 중국의 위상이 인도보다 더 높다는 점을 알 수 있다. 2015년 미국은 전 세계 군사비 지출의 34.25퍼센트를 차지했다(SIPRI, 2016b). 만약 미국과 중국이 1990년대와 2000년대와 동일한 속도로 지출을 늘린다면 2030년 중국이 미국을 제치고 1위를 기록할 것이다. 이는 중국의 급부상을 경계하는 미국의 우려를 뒷받침한다. 그러나 1990년부터 2015년까지 미국의 군사비 지출은 중국보다 6배, 인도보다 17배 많았다. 따라서 국가마다 군사력의 활용과 의미가 다르다는 점을 알 수 있다. 높은 GDP 비율 역시 영향을 미쳤다. 보다 광범위하게 보자면 1949년부터 2007년까지 전체 군사비 지출에서 미국은 10조 5,000억 달러를 기록한 반면 중국은 1조 3,500억 달러를 기록했다. 인도는 3,700억 달러를 기록했다(사르키스&웨이먼, 2010). 이는 시간이 지나면서 국가가 축적한 군사력을 의미하며 국가의 발전, 현대화, 인플레이션, 국가 한정적인 비용 등과 함께 고려해야 한다.

군사력 보유에 대한 비교 역시 가능하다. 특히 인도와 중국은 현재 병력, 전차, 포병대, 군용기, 잠수함의 숫자 면에서 세계 4위 안에 포함된다. 그러나 세력 투사 면에서는 미국보다 훨씬 뒤처진다(『밀리터리 밸런스』, 2016:22-23). 아시아의 신흥 세력들은 또한 핵 능력을 보유한 것으로 알려진 8개의 국가(프랑스, 북한, 러시아, 파키스탄, 영국, 미국)에 속하며 러시아와 미국과 함께 핵전략 삼위일체를 달성했다. 중국은 세계에서 다섯 번째로 큰 무기 수출국인 반면 이 부분에서 인도의 활동은 거의 없다(SIPRI, 2016a). 이러한 비교의 가치는 어떤 구성주의적 의미를 부여하는가에 따라 크게 달라진다. 반면 현실주의적 견해는 지수마다 다르게 해석해 무력의 종류가 공격적인지 또는 방어적인지를 결정한다. 이러한 의미는 위협과 두려움, 높은 수준의 군사비 지출이 강대국의 필수 조건이라는 인식에 좌우되기 때문에 근본적으로 상호의존적이다. 전쟁에 대한 직접적 경험도 영향을 미치는데, 특히 군사력의 효율성을 다르게 해석한다. 하지만 결국 군사력의 효율성에 대한 의견은 긍정적과 부정적으로 나뉜다. 따라서 구성주의적이며 가치판단적이라고 할 수 있다(싱어&스몰, 1972:282).

국가의 정치적 기능과 관련해 물질적 영향력과 관념적 영향력의 결합을 살펴볼 수 있다. 지배 체제에 있어 정치적 유사성과 차이점은 국가가 서로 교류하는 방식에 영향을 미칠 수 있다. 그러나 강대국의 경우 정치적 안정과 지도층의 역량이 정부의 실제 유형보다 더 중요하게 작용하며, 그 외 이익(특히 경제적 이익) 역시 상당한 영향을 미친다. 이는 이 책에서 살펴본 인도와 중국의 다양한 국제관계에서 쉽게 목도할 수 있다. 광범위한 수용과 인정은 정당성을 확보하는 보다 의미 있는 토대다. 특히 주요 다자간 집단에서 그러하다. 앞서 심도 있게 다루었듯이, 이러한 인정은 인식의 상호작용에 의해 결정되며 이에는 국내 상황과 지도층의 세계관이 영향을 미친다. 또한 이는 국가마다 원칙과 가치관, 군사적 요소에 부여하는 의미와 상호연결되는데, 그 중요성 또한 시간이 지남에 따라 진화하고 변화한다. 이런 점에서 중국은 현재 프랑스, 러시아, 영국, 미국과 함께 유엔 안전보장이사회의 상임이사국을 맡고 있다. 반면 인도는 아직까지 이러한 주요 제도적 중심지 밖에 있다. 유엔의 국제적 중요성이 지속되는 한, 상임이사국이라는 입지가 가지는 의미 또한 바뀌지 않을 것이다.

그러나 만약 체제가 무너지거나 또 다른 집단에 의해 영향력이 약화된다면 변할 수 있다. 이는 어떠한 요소에 부여하는 의미가 궁극적으로 인식에 따라 좌우된다는 점을 보여준다.

: 연금술, 인식 그리고 저작

하나의 요소로만 강대국을 결정하는 것을 불가능하다. 경제력이나 군사비 지출, 엄청난 인구수, 국제적 영향력, 국가적 믿음 또는 야망이 단독으로 작용하지 않는다. 대신 각기 다른 요소들이 한데 모여 복잡하고 역동적인 강대국의 연금술이 완성된다. 물질적 요소와 관념적 요소는 서로 섞이고 뒤엉킨다. 이에 따라 이러한 평가를 하는 국가 간에 다른 종류의 권력에 부여하는 가치와 의미가 가장 중요하다. 구성적이고 상호의존적인 교류에 있어 자국에 대한 인식과 다른 국가의 인식의 결합은 이러한 공식의 가장 기본적인 근간이다. 인식은 물질적, 관념적, 제도적 권력을 강대국을 의미하는 지표로 바꾸는 데 있어 주요 요소로 작용한다. 인정, 정당성, 수용 또한 이러한 조합의 일부로, 우세한 국가의 우세한 합의와 합쳐져 국제 시스템이 동의한 공통어를 결정한다. 또한 다른 국가와 더불어 자국의 역할을 부여하고 담당하며 창조한다. 이러한 요소들과 계급적 중요성은 시간이 지나면서 물질적 그리고 관념적 균형이 오르내림을 반복하면서 진화함에 따라 함께 변화한다. 이 과정을 통해 특정 요소의 우선순위가 높아졌다가 낮아지고 다시 높아진다. 이러한 역학관계 속에서 중국과 인도는 다른 국가의 본보기로 자리 잡으며 오늘날 아시아의 거인으로 다시 한번 부상하고 있다.

이러한 과정에서 권한을 결정하는 국가의 능력이 매우 중요한데, 이를 통해 강대국의 개념에 영향을 미치거나 통제할 수 있기 때문이다. 이러한 저작 활동은 권력의 종류에 상관없이 최고의 자리에 올라 국제 시스템 내 주요한 구성원으로 자리매김해야 가능하다. 인도와 중국의 경우 세계 최고 수준의 경제력을 가진 국가로 성장했다. 이와 같은 국가는 국제 금융의 실체에서부터 다자 기구의 기능, 국제 시스템의 기초적인 본질에 이르기까지 국제 시스템의 기능과 관련한 주요 기준을 결정할 수 있다. 다른 국가의 동의는 이러한 과정에 정당성을 부여한다. 공통의 규범, 원칙, 가치는 동맹(미국이 유럽연합, 일본, 이스라엘 등의 국가를 상대로 추구한 전략), 전략적 파트너십(중국과 인도가 근대에 추구하는 전략) 또는 기존 강대국의 후원 형태로 이어진다. 이러한 연결고리는 국가가 이러한 과정을 적극적으로 추진하고 지도층의 성향, 목표, 관심사를 투영하고 확장해 영향력을 행사하는 밑바탕이 된다. 이는 단순히 상호작용과 학습의 결과라기보다는 끝나지 않는 구성주의 활동이라고 볼 수 있다. 강대국의 외교 정책뿐만 아니라 국제 시스템 내 기타 행위자/국가/제도의 반응에도 적용되며 더욱 광범위하게 보자면 학자, 분석가, 관찰자, 대중이 이에 대해 어떻게 보고하고, 글을 쓰고, 논의하고, 또 인지하는지에도 영향을 미친다. 본질적으로 이 과정은 지금 이 문장을 쓰고 있는 저자의 행위와 이를 읽고 이해하는 독자의 행위까지 포함한다.

때문에 "진실은 역사가가 선택한 순서와 문맥 안에서만 목소리를 낸다(카르, 1961:11)." 이 책을 통해 살펴본 것처럼 대개 가장 선택적인 형태의 역사는 중국과 인도의 지노층이 가지고 있는 민족주의와 외교 정책을 결정하는 과정에 막대한 영향을 미치는 필수 요소로서 작용했다. 이는 두 국가가 다른 국가와의 상호작용과 그에 대한 기억을 바탕으로 구성되기 때문이다. 인도와 중국은 미래의 주역으로 자리 잡기 위해 과거를 뒤돌아보고 이를 급부상의 수단으로 삼는다. 또한 역사가 국가 간의 관계를 규정하는 개입적 변수라고 간주한다. 강대국의 의미 면에서도 역사는 중대한 자원이다. 과거의 결정과 선례 그리고 성과가 특히 물질적 맥락에서의 미래를 설명하는 수단으로 쓰이기 때문이다. 과거가 미래를 결정한다는 이러한 개념은 중국과 인도가 어떤 강대국으로 성장할 것인지에 대한 논의의 토대가 된다. 현 상황을 유지하는 책임감 있는 국가로 거듭나거나 혹은 자국의 이익에 따라 현 상황을 재구성하는 수정주의적 국가가 될 것이다. 이러한 이분법적 접근은 현재 패권국인 미국에 의해 정해진 것으로, 현실주의적 해석은 미국이 유일한 세계 권력으로 군림하고 있기 때문에 계속해서 새로운 위협을 찾는다고 지적한다(왈츠, 2000:28-29). 이는 새로운 현실에 낡은 측정 기준을 적용하는 데 따른 위험성을 강조할 뿐만 아니라 과거를 비롯해 미래에 대한 전망의 영향을 받는 경쟁 국가의 내러티브가 강대국의 본질과 강대국으로 거듭나는 과정을 결정하는 상호지각적 밀고 당김을 만든다는 것을 보여준다.

나일 퍼거슨이 미국의 외교 정책에 대해 했던 말처럼, 그리고 현실주의 전반에 대한 비평처럼, 이러한 해석은 "주요 의사 결정자가 다른 국가의 과거뿐만 아니라 자국의 과거에 대해서 거의 모르고, 그들의 무지가 왜 잘못되었는지조차 모른다는 점에서 역사의 적자(앨리슨, 2015)"라는 문제점을 가지고 있다. 이 책은 이러한 단점을 극복하기 위해 중국과 인도의 개별적인 성향에 주목했다. 또한 국내 상황을 고려한 종단적인 렌즈를 통해 살펴봄으로써 동시에 강대국으로 부상하고 있는 두 국가의 최근 행보를 더욱 잘 이해하고자 했다. 환경오염, 경제 과열/부정 경영, 불평등, 부패, 인구학적 이슈, 내부 안정 문제, 국제 시스템으로부터 부당한 대우를 받았던 과거 인식의 극복 등 여러 문제가 두 국가의 전진에 걸림돌이 되고 있다. 그러나 이와는 별개로 세계는 국가에 의해 지속적으로 다시 쓰여지고 있다. 과거는 미래와 동일할 수 없다. 예상치 못한 경제 쇼크, 무력 충돌 또는 대내 타당성 문제 등이 강대국으로 거듭나고자 하는 두 국가의 발목을 잡을 수 있다. 동시에 이러한 문제들은 국제 시스템을 재조정할 배경이 되기도 한다. 이를 통해 내러티브의 주도권을 잡을 수 있고 자국의 비전을 전 세계에 투영할 수 있다. 중국과 인도의 경우 식민지 시기 이후 아시아의 세계 질서를 실현하겠다는 공동의 비전은 평등, 상호발전, 불개입 그리고 다극성의 개념의 영향을 받는다. "관념적 권력이 약해지면 그 대안을 꿈꿀 수 있다(클레멘스&쿡, 1999:458)"는 원칙에 따라 2008년 금융 위기와 비슷한 규모의 위기가 다시 한번 닥친다면 서방 국가가 주도했던 세계 경제는 하락세에 접어들고 아시아가 꿈꾸는 금융 인프라가 대두할 것이다. 9·11 테러와 비슷한 사건 역시 동일한 결과를 가져올 수 있다. 이러한 사건의 영향력이 "강대국 권한을 행사할 기회이자 배경을 제공(모델스키, 1974:152)"하기 때문이다.

와이트는 이러한 점들을 고려해 "강대국의 가장 진실된 정의는 역사직인 것으로, 강대국이 이러이러한 일을 했다는 것을 실명하는 과학적 정의다. 강대국이 가져야 하는 특징을 설명하는 것은 오늘날 복잡하고 다루기 어려운 정치적 상황과 동떨어진 다소 추상적인 개념일 것(1979:48)"이라는 적절한 주장을 내놓았다. 이의 연장선이자 이 책에서 살펴본 바와 같이, 중국과 인도가 경제적, 군사적, 제도적, 관념적 측면에서 급부상하고 있다는 점은 부정할 수 없는 사실이다. 나아가 잠재적 역량을 고려한다면 중국은 이미 강력한 국가다. 반면 인도는 이제 막 초기 단계를 지나고 있다. 지난 60년 동안 특히 경제적, 군사적 힘을 축적하기 위한 중국의 노력이 훨씬 더 컸고 지속적이었다. 이러한 트렌드가 계속되고 엄청난 인구를 활용한다면 앞서 설명한 문제점에도 불구하고 2035년쯤 인도 역시 강대국 반열에 당당히 올라설 것이다. 이는 강대국으로 거듭나려면 장악력 또한 필요하다는 것을 보여주는데, 강대국이 어떤 시기에도 보유한 힘을 바탕으로 막강한 영향력을 행사하는 능력을 의미한다. 이에는 침략, 전쟁, 경제학, 외교 등이 포함된다. 부활하고 있는 새로운 세계적 국가로서 인도의 장악력이 부족하다는 사실은 놀랍지 않다. 하지만 시간이 지나면서 경험과 상호작용, 학습 그리고 세계적 저작 활동을 통해 개선할 수 있다.

이 책에서 다루고 있듯이, 근본적으로 인식은 과거만큼이나 미래와 관련이 있으며 실현 가능하고 자기만족적인 경향이 있다. 다른 종류의 힘과 행동에 부여한 의미가 여러 국가와 충분히 공유되어야만 '진짜'가 되는 것처럼 강대국의 입지 또한 마찬가지다. 따라서 충분

중국 인도

한 행위자(국가, 제도, 언론, 전문가 등)가 특정 국가가 강대국이라는 믿음을 가지고 있다면 눈에 보이는 물질적(객관적) 또는 관념적(주관적) 부족함에도 불구하고 강대국으로 거듭날 수 있다. 국내 또는 해외에서 파생된 이러한 내러티브가 널리 퍼져 충분히 수용된다면(대개 기존 강대국·패권국의 도움을 받아) 정당성을 확보하게 된다. 또한 해당 국가는 국제 시스템 내 규범의 균형을 재형성할 수 있는 권한을 갖는다. 근대 인도는 이러한 과정을 거치고 있다고 볼 수 있는데, 1998년 핵실험 이후 국제사회에서 소외되었던 인도를 미국과 그 외 강국들이 다시 세계 무대로 합류시켰다. 이제 미국을 비롯한 전 세계 지도층은 물질적인 약점에도 불구하고 인도를 강대국이라고 여기고 있다. 인도 지도층 역시 오래전부터 자국이 강대국이라는 주장을 펼쳐왔으며, 앞으로 경제적, 군사적, 외교적인 측면에서 인도의 중요성이 커질 것이라고 믿고 있다. 이러한 관념적 해석을 근거로, 강대국이란 어쩌면 형성된 과정과 관계없이 강력한 인식에 지나지 않을지도 모른다.

참고

Adeney, Katharine & Wyatt, Andrew (2010) Contemporary India. Basingstoke: Palgrave Macmillan.

Adler, Emmanuel & Barnett, Michael (1998) Security Communities. Cambridge: Cambridge University Press.

AIIB (2016) Asian Infrastructure Investment Bank. Available at http://www.aiib.org/.

Alagappa, Muthiah (1998a) 'Asian Practice of Security: Key Features and Explanations', in Muthiah Alagappa (ed.), Asian Security Practice: Material and Ideational Influences. Stanford: Stanford University Press, pp. 611–76.

Alagappa, Muthiah (1998b) 'International Politics in Asia: The Historical Context', in Muthiah Alagappa (ed.), Asian Security Practice: Material and Ideational Influences. Stanford: Stanford University Press, pp. 65–114.

Allison, Graham (2015) 'The Key to Henry Kissinger's Success'. The Atlantic, 27 November. Available at http://www.theatlantic.com/international/archive/2015/11/kissinger-ferguson-applied-history/417846/.

Anderson, Benedict (1991) Imagined Communities: Reflections on the Origin and Spread of Nationalism. London: Verso.

Anderson, Walter (2001) 'Recent Trends in Indian Foreign Policy'. Asian Survey 41(5): 765–76.

Appadorai, A. (1981) The Domestic Roots of Indian Foreign Policy: 1947–1972. Delhi: Oxford University Press.

Ayoob, M. (1999) 'From Regional System to Regional Society: Exploring Key Variables in the Construction of Regional Order'. Australian Journal of International Affairs 53(3): 247–60.

Ayres, Alyssa & Oldenburg, Phillip (2005) India Briefing: Takeoff at Last? Armonk, NY: M.E. Sharpe.

Bajpai, Kanti (1998) 'India: Modified Structuralism', in Muthiah Alagappa (ed.), Asian Security Practice: Material and Ideational Influences. Stanford: Stanford University Press, pp. 157–97.

Balachandran, Manu & Dutta, Saptarishi (2015) 'Here's How the BJP Surpassed China's Communists to Become the Largest Political Party in the World'. Quartz India, 31 March. Available at http://qz.com/372466/heres-how-the-bjp-surpassed-chinas-communists-to-become-the-largest-political-party-in-the-world/.

Baldwin, David A. (2003) 'Power and International Relations', in Walter Carlsnaes, Thomas Risse & Beth Simmons (eds), Handbook of International Relations. Thousand Oaks, CA: Sage Publications, pp. 273–97.

Barabantseva, Elena (2012) 'Nationalism', in Chris Ogden (ed.), Handbook of China's Governance and Domestic Politics. London: Routledge pp. 153–64.

Baral, Lok Raj (2006) 'Cooperation with Realism: The Future of South Asian Regionalism'. South Asian Survey 13(2): 265–75.

Barnett, Michael & Duvall, Raymond (2005) 'Power in International Politics'. International Organization 59(1): 39–75.

Basrur, Rajesh M. (2001) 'Nuclear Weapons and Indian Strategic Culture'. Journal of Peace Research 38(2): 181–98.

BBC (2011) 'China Communist Party "Exceeds 80 Million Members"'. BBC News Online, 24 June. Available at http://www.bbc.co.uk/news/world-asiapacific-13901509.

BBC (2012a) 'CCP Confirms Leadership Change'. BBC News Online, 15 November. Available at http://www.bbc.co.uk/news/world-asia-china-20338586.

BBC (2012b) 'China Party Congress Wraps up Ahead of Leadership Unveiling'. BBC News Online, 14 November. Available at http://www.bbc.co.uk/news/world-asia-china-20321386.

BBC (2015a) 'Are India's Plans to Celebrate the 1965 War "Victory" in "Bad Taste"?' BBC News Online, 13 August. Available at http://www.bbc.com/news/world-asia-india-33815204.

BBC (2015b) 'China Internet: Xi Jinping Calls for "Cyber Sovereignty"'. BBC News Online, 16 December. Available at http://www.bbc.co.uk/news/world-asia-china-35109453.

BBC (2015c) 'China Market Slump: Central Bank Cuts Interest Rates'. BBC News Online, 25 August. Available at http://www.bbc.co.uk/news/uk-34052618.

BBC (2015d) 'China Military Parade Commemorates WW2 Victory Over Japan'. BBC News Online, 3 September. Available at http://www.bbc.co.uk/news/world-asia-china-34125418.

BBC (2015e) 'India Growth Figures Baffle Economists'. BBC News Online, 9 February. Available at http://www.bbc.co.uk/news/world-asia-india-31294508.

BBC (2016) 'South China Sea: Beijing Accuses US of Militarisation'. BBC News Online, 15 February. Available at http://www.bbc.com/news/world-asia-35610809.

Beckley, Michael (2011) 'China's Century? Why America's Edge Will Endure'. International Security 36(3): 41–78.

Beeson, Mark & Li, Fujian (2012) 'Charmed or Alarmed? Reading China's Regional Relations'. Journal of Contemporary China 21(73): 35–51.

Benner, Jeffrey (1984) Structure of Decision: The Indian Foreign Policy Bureaucracy. New Delhi: South Asia Publishers.

Bisley, Nick (2012) Great Powers in the Changing International Order. Boulder, CO: Lynne Rienner.

Biswas, Soutik (2015) 'Is India's Growth Exaggerated?' BBC News Online, 1 June. Available at http://www.bbc.co.uk/news/world-asia-india-32955124.

Blackwill, Robert D., Chandra, Naresh & Clary, Christopher (2011) The United States and India: A Shared Strategic Future. Aspen Institute India/Council on Foreign Relations. Available at http://www.cfr.org/india/united-states-india-shared-strategic-future/p25740.

Blanchard, Ben & Ruwitch, John (2013) 'China Hikes Defense Budget, to Spend More on Internal Security'. Reuters, 5 March. Available at http://www.reuters.com/article/2013/03/05/us-china-parliament-defence-idUSBRE92403620130305.

Blasko, Dennis J. (2012) The Chinese Army Today: Tradition and Transformation for the 21st Century. London: Routledge.

Blasko, Dennis J. (2013) 'The Role of the PLA', in Chris Ogden (ed.), Handbook of China's Governance and Domestic Politics. London: Routledge, pp. 27–38.

Bo, Zhiyue (2013) 'State Power and Governance Structures', in Chris Ogden (ed.), Handbook of China's Governance and Domestic Politics. London: Routledge, pp. 12–26.

Boesche, Roger (2002) The First Great Political Realist: Kautilya and His Arthashastra. Lanham, MD: Lexington Books.

Braumoeller, Bear F. (2012) The Great Powers and the International System: Systemic Theory in Empirical Perspective. Cambridge: Cambridge University Press.

Braumoeller, Bear F., & Carson, Austin (2011) 'Political Irrelevance, Democracy, and the Limits of Militarized Conflict'. Journal of Conflict Resolution 55(2): 292–320.

Brecher, M. (1968) India and World Politics: Krishna Menon's View of the World. New Delhi: Praeger.

Breslin, Shaun (2009) 'Understanding China's Regional Rise: Interpretations, Identities and Implications'. International Affairs 85(4): 817–35.

Brewster, David (2011) 'Indian Strategic Thinking about East Asia'. Journal of Strategic Studies 34(6): 825–52.

Brown, Kerry (2013) 'The CCP and the One-Party State', in Chris Ogden (ed.), Handbook of China's Governance and Domestic Politics. London: Routledge, pp. 3–11.

Bull, Hedley (1977) The Anarchical Society. New York: Palgrave Macmillan.

Bush, George W. (2002) The National Security Strategy of the United States of America. Washington, DC: The White House. Available at http://www.au.af.mil/au/awc/awcgate/nss/nss_sep2002.pdf.

Buzan, Barry (2004) The United States and the Great Powers. Cambridge: Polity.

Calder, Kent & Ye, Min (2010) The Making of Northeast Asia. Stanford: Stanford University Press.

Callahan, William A. (2006) 'History, Identity and Security: Producing and Consuming Nationalism in China'. Critical Asian Studies 38(2): 179–208.

Campbell, David (1992) Writing Security: United States Foreign Policy and the Politics of Identity. Minneapolis: University of Minnesota Press.

Carey, Roger (2008) 'Power', in Mark Imber & Trevor Salmon (eds), Issues in International Relations. London: Routledge, pp. 61–73.

Carr, E.H. (1961) What Is History? London: Penguin.

CDIAC (2015) 'Ranking of the World's Countries by 2011 Total CO2 Emissions'. Carbon Dioxide Information Analysis Center (CDIAC). Available at http://cdiac.ornl.gov/trends/emis/top2011.tot.

Census of India (2011) 'Distribution of Population by Religions'. Drop-in-Article on Census, 4. New Delhi: Census of India, Ministry of Home Affairs. Available at http://censusindia.gov.in/Ad_Campaign/drop_in_articles/04-Distribution_by_Religion.pdf.

CFR (2011) The United States and India: A Shared Strategic Future. New York: Council on Foreign Relations.

Chan, Steve (2004) 'Exploring Puzzles in Power-Transition Theory: Implications for Sino-American Relations'. Security Studies 13(3): 103–41.

Chaturvedi, Sanjay (2000) 'Representing Post-Colonial India: Inclusive/Exclusive Geopolitical Imaginations', in Klaus Dodds and David Atkinson (eds), Geopolitical Traditions: A Century of Geopolitical Thought. London: Routledge, pp. 210–24.

Chaudhuri, Joyotpaul (1993) 'Federalism and the Siamese Twins: Diversity and Entropy in India's Domestic and Foreign Policy'. International Journal 48(3): 419–84.

Chaudhuri, Rudra (2012) 'The Limits of Executive Power: Domestic Politics and Alliance Behavior in Nehru's India'. India Review 11(2): 95–115.

Chaulia, Sreeram (2002) 'The BJP, India's Foreign Policy and the "Realist Alternative" to the Nehruvian Tradition'. International Politics 39: 215–34.

Chaulia, Sreeram (2011a) 'India and the United Nations', in David Scott (ed.), Handbook of India's International Relations. London: Routledge, pp. 277–88.

Chaulia, Sreeram (2011b) 'India's "Power" Attributes', in David Scott (ed.), Handbook of India's International Relations. London: Routledge, pp. 23–34.

Chen, Dongxiao (2003) 'Constructivist Challenge to Debate on East Asian Security in the New Century', in David W. Lovell (ed.), Asia-Pacific Security: Policy Challenges. Singapore: Institute of Southeast Asian Studies, pp. 165–76.

Chen, Meina (2014) 'CASS Issues China's First Report on National Security'. Chinanews.com, 12 May. Available at http://english.cssn.cn/research/politics/201405/t20140512_1156064.shtml.

Chidambaram, P. (2007) A View from the Outside: Why Good Economics Works for Everyone. New Delhi: Penguin Books.

Chin, Gregory (2010) 'China's Rising Institutional Influence', in Alan S. Alexandroff & Andrew F. Cooper (eds), Rising States, Rising Institutions: Challenges for Global Governance. Waterloo, Ont.: The Centre for International Governance Innovation, pp. 83–104.

China Gov (2005) 'China Pledges to Pursue Peaceful Development Road'. Chinese Government's Official Web Portal, 22 December. Available at http://www.gov.cn/english/2005-12/22/content_134226.htm.

China's National Defense (2004) 'China's National Defense'. Embassy of China, Vienna, 13 May. Available at http://www.chinaembassy.at/det/js/t104684.htm.

China's National Defense (2010) 'Full Text: China's National Defense in 2010'. Information Office of the State Council, Beijing, 31 March. Available at http://news.xinhuanet.com/english2010/china/2011-03/31/c_13806851.htm,.

Chiriyankandath, James (2004) 'Realigning India: Indian Foreign Policy after the Cold War'. The Round Table 93(374): 199–211.

Christensen, Thomas (1996) 'Chinese Realpolitik: Reading Beijing's Worldview'. Foreign Affairs 75(5): 37–52.

CIA (2015a) 'China', CIA World Factbook. Available at https://www.cia.gov/library/publications/the-world-factbook/geos/ch.html.

CIA (2015b) 'India', CIA World Factbook. Available at https://www.cia.gov/library/publications/the-world-factbook/geos/in.html.

CIA (2016a) 'Area', CIA World Factbook. Available at https://www.cia.gov/library/publications/the-world-factbook/rankorder/2147rank.html.

CIA (2016b) 'European Union', CIA World Factbook. Available at https://www.cia.gov/library/publications/the-world-factbook/geos/ee.html.

CIA (2016c) 'GDP Per Capita (Purchasing Power Parity)', CIA World Factbook. Available at https://www.cia.gov/library/publications/the-world-factbook/rankorder/2004rank.html.

CIA (2016d) 'GDP (Purchasing Power Parity)', CIA World Factbook. Available at https://www.cia.gov/library/publications/the-world-factbook/rankorder/2001rank.html.

CIA (2016e) 'Population', CIA World Factbook. Available at https://www.cia.gov/library/publications/the-world-factbook/rankorder/2119rank.html.

CIA (2016f) 'Reserves of Foreign Exchange and Gold', CIA World Factbook. Available at https://www.cia.gov/library/publications/the-world-factbook/rankorder/2188rank.html.

CIA (2016g) 'United States', CIA World Factbook. Available at https://www.cia.gov/library/publications/the-world-factbook/geos/us.html.

CIA (2016h) 'World', CIA World Factbook. Available at https://www.cia.gov/library/publications/the-world-factbook/geos/xx.html.

Ciorciari, John D. (2011) 'India's Approach to Great-Power Status'. The Fletcher Forum of World Affairs 35(1): 61–89.

Clark, Ian (2011) 'China and the United States: A Succession of Hegemonies?' International Affairs 87(1): 13–28.

Clarke, Michael E. (2013) 'Separatism', in Chris Ogden (ed.), Handbook of China's Governance and Domestic Politics. London: Routledge, pp. 221–32.

Clemens, Elisabeth S. & Cook, James M. (1999) 'Politics and Institutionalism: Explaining Durability and Change'. Annual Review of Sociology 25: 441–66.

Cohen, Jerome A. (1973) 'China and Intervention: Theory and Practice'. Harvard Law School: Studies in East Asian Law (China) 21(X): 471–505.

Cohen, Stephen P. (2002) India: Emergent Power. Oxford: Oxford University Press.

Contessi, Nicola P. (2010) 'Multilateralism, Intervention and Norm Contestation: China's Stance on Darfur in the UN Security Council'. Security Dialogue 41(3): 323–44.

Copeland, Dale C. (2006) 'The Constructivist Challenge to Structural Realism: A Review Essay', in Stefano Guzzini & Anna Leander (eds), Constructivism and International Relations: Wendt and His Critics. London: Routledge, pp. 1–20.

Corbridge, Stuart, Harriss, John & Jeffrey, Craig (2012) India Today: Economy, Politics and Society. Cambridge: Polity.

CPDA (2015) 'Introduction'. China Public Diplomacy Association. Accessible at http://www.chinapda.org.cn/eng/xhgk/xhjj/.

Curry, Tom (2007) 'Clinton Sounds the China Alarm as '08 Issue'. NBC News, 2 March. Available at http://www.nbcnews.com/id/17403964/ns/politicsdecision_08/t/clinton-sounds-china-alarm-issue/#.VtQ_bhyQEy4.

Danilovic, Vesna (2002) When the Stakes Are High: Deterrence and Conflict Among Major Powers. Ann Arbor: University of Michigan Press.

Dash, Kishore (2001) 'The Challenge of Regionalism in South Asia'. International Politics 38(2):

201–28.

Datta, A. (2005) Indian Non-Alignment and National Interest: From Jawaharlal Nehru to Indira Gandhi. Kolkata: Sujan.

Deng, Yong (2008) China's Struggle for Status: The Realignment of International Relations. New York: Cambridge University Press.

Deng, Yong & Wang, Fei-Ling (1999) 'Introduction: Toward an Understanding of China's Worldview', in Yong Deng & Fei-Ling Wang (eds), In the Eyes of the Dragon: China Views the World. Lanham, MD: Rowman & Littlefield Publishers, pp. 1–20.

Department of Defense (2010) Quadrennial Defense Review (QDR). Washington, DC: Department of Defense.

Department of Defense (2012) Sustaining US Global Leadership: Priorities for 21st Century Defense. Washington, DC: Department of Defense. Available at http://www.defense.gov/news/defense_strategic_guidance.pdf.

Destradi, Sandra (2012) Indian Foreign and Security Policy in South Asia: Regional Power Strategies. London: Routledge.

Devotta, Neil (2003) 'Is India Over-Extended? When Domestic Disorder Precludes Regional Intervention'. Contemporary South Asia 12(3): 365–80.

Dittmer, Lowell (2004) 'Taiwan and the Issue of National Identity'. Asian Survey 44(4): 475–83.

Dixit, J.N. (2004) Makers of India's Foreign Policy: From Raja Ram Mohun Roy to Yashwant Sinha. New Delhi: HarperCollins.

Dombrowski, Peter & Demchak, Chris C. (2014) 'Cyber War, Cybered Conflict, and the Maritime Domain'. Naval War College Review 67(2): 71–97.

Domke, William K. (1989) 'Power, Political Capacity, and Security in the International System', in Richard J. Stoll & Michael D. Ward (eds), Power in World Politics. Boulder, CO: Lynne Rienner, pp. 159–74.

Doniger, Wendy (2009) The Hindus: An Alternative History. Oxford: Oxford University Press.

ECI (2015) 'Election Results – Full Statistical Results'. Electoral Commission of India. Available at http://eci.nic.in/eci_main1/ElectionStatistics.aspx.

Fair, Christine (2012) 'Prospects for Effective Internal Security Reforms in India'. Commonwealth & Comparative Politics 50(2): 145–70.

Farnham, Barbara (2004) 'Impact of the Political Context on Foreign Policy Decision Making'. Political Psychology 25(3): 441–63.

Ferguson, Niall (2004) Colossus: The Price of America's Empire. New York: Penguin Press.

Fierke, Karin (2007) Critical Approaches to International Security. Cambridge: Polity.

Finnemore, Martha & Sikkink, Kathryn (1998) 'International Norm Dynamics and Political Change'. International Organization 52(4): 887–917.

FMPRC (1996) 'China's Position Paper on the New Security Concept'. Ministry of Foreign Affairs of the People's Republic of China. Available at http://www.fmprc.gov.cn/ce/ceun/eng/xw/t27742.htm.

Follath, Erich (2010) 'The Dragon's Embrace: China's Soft Power Is a Threat to the West'. Spiegel

Online, 28 July. Available at http://www.spiegel.de/international/world/the-dragon-s-embrace-china-s-soft-power-is-a-threat-to-the-west-a-708645.html.

FP (2016) 'Foreign Policy Fragile States Index'. Foreign Policy. Available at http://foreignpolicy.com/fragile-states-index-2016-brexit-syria-refugee-europe-anti-migrant-boko-haram/.

Fravel, M. Taylor (2008) 'China's Search for Military Power'. The Washington Quarterly 31(3): 125–41.

Fravel, M. Taylor & Medeiros, Evan (2010) 'China's Search for Assured Retaliation: The Evolution of Chinese Nuclear Strategy and Force Structure'. International Security 35(2): 48–87.

Friedburg, Aaron L. (2005) 'The Future of US–China Relations: Is Conflict Inevitable?' International Security 30(2): 7–45.

Friedburg, Aaron L. (2006) 'Going Out': China's Pursuit of Natural Resources and Implications for the PRC's Grand Strategy. Washington, DC: NBR Analysis.

Gandhi, Indira (1975) India: The Speeches and Reminiscences of Indira Gandhi. New Delhi: Rupa.

Gandhi, Rajiv (1985) Seventh Five Year Plan (Volume 1). Delhi: Government of India, Planning Commission.

Ganguly, Sumit (2010) 'Structure and Agency in the Making of Indian Foreign Policy'. ISAS Working Paper (Singapore) 116 (21 November).

Ganguly, Sumit & Pardesi, Manjeet S. (2009) 'Explaining Sixty Years of India's Foreign Policy'. India Review 8(1): 4–19.

Gao, Helen (2013) 'With Friends Like These . . .'. Foreign Policy, 9 April. Available at http://www.foreignpolicy.com/articles/2013/04/09/with_friends_like_these_china_north_korea.

Garamone, Jim (2015) 'US, India Sign 10-Year Defense Framework Agreement'. US Department of Defense, 4 June. Available at http://www.defense.gov/News-Article-View/Article/604775.

Garofalo, Pat (2012) 'China's Richest 1 Percent Hold 70 Percent of Their Nation's Private Wealth'. Think Progress, 17 August. Available at http://thinkprogress.org/economy/2012/08/17/708521/china-1-percent/.

Garrett, Banning (2006) 'US–China Relations in the Era of Globalization and Terror: A Framework for Analysis'. Journal of Contemporary China 15(48): 389–415.

Garver, John (1992) Foreign Relations of the People's Republic of China. Englewood Cliffs, NJ: Prentice Hall.

Gautam, P.K. (2013) 'Relevance of Kautilya's Arthasastra'. Strategic Analysis 37(1): 21–8.

Geller, Daniel S. & Singer, J. David (1998) Nations at War: A Scientific Study of International Conflict. Cambridge: Cambridge University Press.

Genest, Marc A. (2004) Conflict and Cooperation: Evolving Theories of International Relations. Belmont, CA: Thomson/Wadsworth.

Gilboy, George & Heginbotham, Eric (2012) Chinese and Indian Strategic Behaviour: Growing Power and Alarm. Cambridge: Cambridge University Press.

Gill, Stephen (1997) 'Global Structural Change and Multilateralism', in Stephen Gill (ed.), Globalization, Democratization and Multilateralism. Tokyo: United Nations University Press, 1–17.

Gilpin, Robert (1981) War and Change in World Politics. Cambridge: Cambridge University Press.

Giridharadas, Anand (2008) 'Land of Gandhi Asserts Itself as Global Military Power'. The New York Times, 21 September.

Glaser, Bonnie S. (2012) 'Armed Clash in the South China Sea'. Contingency Planning Memorandum, 14, April (Washington: Council on Foreign Relations). Available at http://www.cfr.org/world/armed-clash-south-china-sea/p27883.

Glaser, Bonnie S. & Medeiros, Evan S. (2007) 'The Changing Ecology of Foreign Policy Making in China: The Ascension and Demise of the Theory of "Peaceful Rise"'. The China Quarterly 190: 291–310.

Glaser, Bonnie S. & Saunders, Philip (2012) 'Chinese Civilian Foreign Policy Research Institutes: Evolving Roles and Increasing Influence'. The China Quarterly 171: 597–616.

Global Times (2015) 'Xi–Obama Meet Can Set Template for Future'. Global Times, 24 September. Available at http://www.globaltimes.cn/content/944137.shtml.

Godwin, Paul H. (2004) 'China as Regional Hegemon?', in Jim Rolfe (ed.), The Asia-Pacific: A Region in Transition. Honolulu: Asia-Pacific Center for Security Studies, pp. 81–101.

Goldstein, Avery (2001) 'The Diplomatic Face of China's Grand Strategy: A Rising Power's Emerging Choice'. The China Quarterly 168: 835–64.

Goldstein, Avery (2005) Rising to the Challenge: China's Grand Strategy and International Security. Stanford: Stanford University Press.

Golwalkar, M.S. (2000) Bunch of Thoughts. Bangalore: Jagarana Prakashana.

Gong, Gerrit W. (2001) Memory and History in East and Southeast Asia: Issues of Identity in International Relations. Washington, DC: CSIS Press.

Gordon, Sandy (2014) India's Rise as an Asian Power: Nation, Neighborhood, and Region. Washington, DC: Georgetown University Press.

Government of India (1973) The Years of Challenge: Selected Speeches of Indira Gandhi, January 1966–August 1969. New Delhi: Ministry of Information and Broadcasting.

Gowen, Annie & Lakshmi, Rama (2014) 'Modi Promises a "Shining India" in Victory Speech'. The Washington Post, 16 May. Available at https://www.washingtonpost.com/world/hindu-nationalist-narendra-modis-party-heads-to-victory-in-indian-polls/2014/05/16/c6eccaea-4b20-46db-8ca9-af4ddb286ce7_story.html.

Gramsci, Antonio (1971) Selections from the Prison Notebooks of Antonio Gramsci. New York: International Publishers.

Gray, Colin S. (1999) 'Strategic Culture as Context: The First Generation of Theory Strikes Back'. Review of International Studies 25(1): 49–69.

Gupta, Amit Kumar (2006) 'An Exciting Second Innings: Bush and India', in Amit Gupta & Cherian Samuel (eds), The Second Bush Presidency: Global Perspectives. New Delhi: Dorling Kindersley, pp. 65–78.

Gupta, Amit Kumar (2008) 'Commentary on India's Soft Power and Diaspora'. International Journal on World Peace 25(3): 61–8.

Gupta, Anirudha (1990) 'A Brahmanic Framework of Power in South Asia?' Economic and Political Weekly 25(14): 711–14.

Gupta, K.R. & Shukla, Vatsala (2009) Foreign Policy of India. New Delhi: Atlantic Publisher and Distributors.

Hagerty, Devin T. (1991) 'India's Regional Security Doctrine'. Asian Survey 31(4): 351–63.

Hardgrave, Robert L., Jr & Kochanek, Stanley A. (2008) India, Government and Politics in a Developing Nation. Boston: Thomson Learning.

Hawksworth, John & Cookson, Gordon (2008) The World in 2050. London: PricewaterhouseCoopers. Available at https://www.pwc.ch/user_content/editor/files/publ_tls/pwc_the_world_in_2050_e.pdf.

He, Kai (2009) 'Dynamic Balancing: China's Balancing Strategies towards the United States, 1949–2005'. Journal of Contemporary China 18(58): 113–36.

Held, David & McGrew, Anthony (2003) Global Transformations Reader: An Introduction to the Globalization Debate. Cambridge: Polity.

Hemmer, Christopher & Katzenstein, Peter (2002) 'Why is There No NATO in Asia? Collective Identity, Regionalism, and the Origins of Multilateralism'. International Organization 56(3): 575–607.

Hempson-Jones, J.S. (2005) 'The Evolution of China's Engagement with International Governmental Organizations: Toward a Liberal Foreign Policy?' Asian Survey 45(5): 702–21.

Hill, Christopher R. (2007) Remarks at 'North Korea: The February 13th Agreement'. Washington, DC: US Government Printing Office.

The Hindu (2014) 'India's Staggering Wealth Gap in Five Charts', The Hindu, 8 December. Available at http://www.thehindu.com/data/indias-staggering-wealth-gap-in-five-charts/article6672115.ece.

Hobsbawm, Eric (1991) The Age Of Empire: 1875–1914. London: Abacus.

Holloway, David & Lei, Cui (2014) 'US–China Relations in the Shadow of the Future'. Dynamics of Asymmetric Conflict 7(2–3): 137–49.

Hook, Steven W. & Pu, Xiaoyu (2006) 'Framing Sino-American Relations under Stress: A Reexamination of News Coverage of the 2001 Spy Plane Crisis'. Asian Affairs 33(3): 167–83.

Hopf, Ted (1998) 'The Promise of Constructivism in International Relations Theory'. International Security 23(1): 171–200.

Horner, Charles (2009) Rising China and Its Postmodern Fate: Memories of Empire in a New Global Context. Athens: University of Georgia Press.

Hoshiyama, Takashi (2008) 'New Japan–China Relations and the Corresponding Positioning of the United States: History, Values, Realism in a Changing World'. Asia-Pacific Review 15(2): 68–101.

Huang, Yanzhong (2011) 'The Sick Man of Asia: China's Health Crisis'. Foreign Affairs, November: 119–36.

Hurrell, Andrew (2006) 'Hegemony, Liberalism and Global Order: What Space for Would-Be Great Powers?' International Affairs 82(1): 1–19.

ICCR (2015) 'Constitution', Indian Council for Cultural Relations. Available at http://iccr.gov.in/content/constitution.

Ikenberry, G. John (2000) After Victory: Institutions, Strategic Restraint, and the Rebuilding of Order after Major Wars. Princeton: Princeton University Press.

Ikenberry, G. John & Kupchan, Charles A. (1990) 'Socialization and Hegemonic Power'. International Organization 44(3): 283–315.

Illmer, Andreas (2016) 'China's Growth Data – Can You Trust It?' BBC News Online, 19 January. Available at http://www.bbc.co.uk/news/business-35341869.

IMF (2015) 'GDP Based on PPP Share of World Total (%)'. International Monetary Fund, Google Public Data. Available at http://www.google.com/publicdata/explore?ds=k3s92bru78li6_&ctype=l&met_y=pppsh.

IMF (2016) 'IMF Members' Quotas and Voting Power, and IMF Board of Governors'. International Monetary Fund, 16 February. Available at https://www.imf.org/external/np/sec/memdir/members.aspx.

India Strategic (2015) 'Text of Indo-US Defense Framework Agreement 2015'. India Strategic, June. Available at http://www.indiastrategic.in/topstories 3823_Text_of_Indo_US_Defense_Framework_Agreement_2015.htm.

Indian Express (2014) 'India, 20 Others Set up Asian Infrastructure Investment Bank'. Indian Express, 24 October. Available at http://indianexpress.com/article/business/economy/india-20-others-set-up-asian-infrastructure-investment-bank/.

IOSC (2009) 'China's National Defense in 2008'. Information Office of the State Council, Beijing, January. Available at http://carnegieendowment.org/files/2008DefenseWhitePaper_Jan2009.pdf.

IOSC (2013) The Diversified Employment of China's Armed Forces. Beijing: Information Office of the State Council. Available at http://news.xinhuanet.com/english/china/2013-04/16/c_132312681.htm.

Iriye, Akira (1979) 'Culture and Power: International Relations as Intercultural Relations'. Diplomatic History 3(2): 115–28.

Jabeen, Mussarat (2010) 'Indian Aspiration of Permanent Membership in the UN Security Council and American Stance'. South Asian Studies 25(2): 237–53.

Jacques, Martin (2009) When China Rules the World: The Rise of the Middle Kingdom and the End of the Western World. London: Penguin Books.

Jain, B.M. (2009) Global Power: India's Foreign Policy, 1947–2006. Lanham, MD: Lexington Books.

Jayakar, Pupul (1992) Indira Gandhi: A Biography. New Delhi: Viking.

Jenkins, Rob (2000) Democratic Politics and Economic Reform in India. Cambridge: Cambridge University Press.

Jervis, Robert (1969) 'Hypotheses on Misperception'. World Politics 20(3): 454–79.

Johnston, Alastair Iain (1995) 'Thinking about Strategic Culture'. International Security 19(4): 32–64.

Johnston, Alastair Iain (1996) 'Cultural Realism and Strategy in Maoist China', in Peter Katzenstein (ed.), The Culture of National Security: Norms and Identity in World Politics. New York: Columbia University Press, pp. 216–68.

Johnston, Alastair Iain (2008) Social States: China in International Institutions, 1980–2000. Princeton: Princeton University Press.

Johnston, Alastair Iain & Evans, Paul (1999) 'China's Engagement with Multilateral Security Institutions', in Alastair Iain Johnston & Robert S. Ross (eds), Engaging China: The Management of an Emerging Power. New York: Routledge, pp. 235–72.

Johnston, Alastair Iain & Ross, Robert S. (2006) New Directions in the Study of China's Foreign Policy. Stanford: Stanford University Press.

Johri, Devika & Miller, Mark (2002) 'Devaluation of the Rupee: Tale of Two Years, 1966 and 1991'. Centre for Civil Society Working Paper, 28.

Jones, Catherine (2014) 'Constructing Great Powers: China's Status in a Socially Constructed Plurality'. International Politics 51: 597–618.

Jones, Rodney W. (2006) India's Strategic Culture. Washington, DC: Defense Threat Reduction Agency.

Kamphausen, Roy D. & Liang, Justin (2007) 'PLA Power Projection: Current Realities and Emerging Trends', in Michael D. Swaine, Andrew N.D. Yang, Evan D. Medeiros & Oriana Skylar Mastro (eds), Assessing the Threat: China's Military and Taiwan's Security. Washington, DC: Carnegie, pp. 111–50.

Kang, David C. (2007) China Rising: Power and Order in East Asia. New York: Columbia University Press.

Kapur, Devesh (2009) 'Public Opinion in Indian Foreign Policy'. India Review 8(3): 286–305.

Katzenstein, Peter J. (1996) Cultural Norms and National Security: Police and Military in Post-War Japan. Ithaca, NY: Cornell University Press.

Kennedy, Paul (1988) The Rise and Fall of the Great Powers. London: Unwin Hyman.

Kennedy, Scott (2010) 'The Myth of the Beijing Consensus'. Journal of Contemporary China 19(65): 461–77.

Keohane, Robert O. & Nye, Joseph (1977) Power and Interdependence: World Politics in Transition. Boston: Little, Brown.

Keohane, Robert O. & Nye, Joseph S. (2008) 'Power and Interdependence in the Information Age'. Foreign Affairs 77(5): 81–94.

Khilnani, Sunil (1997) The Idea of India. London: Hamish Hamilton.

Khilnani, Sunil et al. (2012) Nonalignment 2.0: A Foreign and Strategic Policy for India in the 21st Century. New Delhi: Centre for Policy Research.

Kim, Samuel S. (1999) 'Introduction: China Joins the World', in Elizabeth Economy, Michael Oksenberg & Lawrence J. Korb (eds), China Joins the World: Progress and Prospects. New York: Council on Foreign Relations Press, pp. 42–53.

Kim, Samuel S. & Lee, T.H. (2002) 'Chinese–North Korean Relations: Managing Asymmetrical Independence', in Samuel S. Kim and T.H. Lee (eds), North Korea and Northeast Asia. Oxford: Rowman & Littlefield Publishers, pp. 130–45.

Kinnvall, Catarina (2002) 'Nationalism, Religion and the Search for Chosen Traumas: Comparing Sikh and Hindu Identity Constructions'. Ethnicities 2(1): 79–106.

Kirby, William C. (1998) 'Traditions of Centrality, Authority and Management in Modern China's

Foreign Relations', in Thomas W. Robinson & David Shambaugh (eds), Chinese Foreign Policy: Theory and Practice. Oxford: Clarendon Press, pp. 13–29.

Kirshner, Jonathan (2010) 'The Tragedy of Offensive Realism: Classical Realism and the Rise of China'. European Journal of International Relations 18(1): 53–75.

Kissinger, Henry (2012) On China. New York: Penguin.

Kornberg, Judith F. (1996) 'Comprehensive Engagement: New Frameworks for Sino-American Relations'. The Journal of East Asian Affairs 10(1): 13–44.

Krasner, Stephen D. (1992) 'Realism, Imperialism and Democracy'. Political Theory 20(1): 38–52.

Krishna, S. (1994) 'Cartographic Anxiety: Mapping the Body Politic in India'. Alternatives: Global, Local, Political 19(4): 507–21.

Krishnappa, V. & George, Princy (2012) Grand Strategy for India: 2020 and Beyond. New Delhi: Institute for Defence Studies & Analyses.

Kristensen, Hans M. & Robert S. Norris (2015a) 'China's Nuclear Forces, 2015'. Bulletin of the Atomic Scientists 71(4): 77–84.

Kristensen, Hans M. & Robert S. Norris (2015b) 'Indian Nuclear Forces, 2015'. Bulletin of the Atomic Scientists 71(5): 77–83.

Kronstadt, K.A., Kerr, P.K., Martin, M.F. & Vaughn, B. (2011) India: Domestic Issues, Strategic Dynamics, and US Relations. Washington, DC: Congressional Research Service.

Kugiel, Patryk (2012) 'India's Soft Power in South Asia'. International Studies 49(3–4): 351–76.

Kuik, Cheng-Chwee (2005) 'Multilateralism in China's ASEAN Policy: Its Evolution, Characteristics and Aspirations'. Contemporary Southeast Asia 27(1): 102–22.

Ladwig, Walter C. (2009) 'Delhi's Pacific Ambition: Naval Power, "Look East" and India's Emerging Influence in the Asia-Pacific'. Asian Security 5(2): 87–113.

Ladwig, Walter C. (2015) 'Indian Military Modernization and Conventional Deterrence in South Asia'. Journal of Strategic Studies 38(5): 1–44.

Lampton, David M. (2001) The Making of Chinese Foreign and Security Policy in the Era of Reform. Stanford: Stanford University Press.

Lampton, David M. (2008) The Three Faces of Chinese Power: Might, Money and Minds. Berkeley: University of California Press.

Lansdown, Helen & Wu, Guoguang (2008) China Turns to Multilateralism: Foreign Policy and Regional Security. New York: Routledge.

Lanteigne, Marc (2005) China and International Institutions: Alternate Paths to Global Power. New York: Routledge.

Lanteigne, Marc (2007) 'The Developmentalism/Globalization Conundrum in Chinese Governance', in André Laliberté & Marc Lanteigne (eds), The Chinese Party-State in the 21st Century: Adaptation and the Reinvention of Legitimacy. London: Routledge, pp. 162–84.

Lanteigne, Marc (2008) 'China's Maritime Security and the "Malacca Dilemma"'. Asian Security 4(2): 143–61.

Lanteigne, Marc (2013) Chinese Foreign Policy: An Introduction. London: Routledge.

Lary, Diana (2007) 'The Uses of the Past: History and Legitimacy', in André Laliberté & Marc Lanteigne (eds), The Chinese Party-State in the 21st Century. London: Routledge, pp. 129–39.

Lasmar, Jorge (2012) 'Managing Great Powers in the Post-Cold War World: Old Rules New Game? The Case of the Global War on Terror'. Cambridge Review of International Affairs 28(3): 396–423.

Lee, Lavina Rajendram (2010) US Hegemony and International Legitimacy: Norms, Power and Followership in the Wars on Iraq. London: Routledge.

Lee, Pal K., Chan, Gerald & Chan, Lai-Ha (2010) 'China in Darfur: Humanitarian Rule-Maker or Rule-Taker?' Review of International Studies 38(2): 1–22.

Legro, Jeffrey W. (2009) 'The Plasticity of Identity under Anarchy'. European Journal of International Relations 15(1): 37–65.

Legro, Jeffrey W. & Moravcsik, Andrew (1999) 'Is Anybody Still a Realist?' International Security 24(2): 5–55.

L'Etang, Jacquie (2009) 'Public Relations and Diplomacy in a Globalized World: An Issue of Public Communication'. American Behavioral Scientist 53(4): 607–26.

Levy, Jack S. (1983) War in the Modern Great Power System, 1495–1975. Lexington: University Press of Kentucky.

Levy, Jack S. (1994) 'Learning and Foreign Policy: Sweeping a Conceptual Minefield'. International Organization 48(2): 279–312.

Lewis, John Wilson (1963) Leadership in Communist China. Ithaca, NY: Cornell University Press.

Li, Xiaoting (2013) 'The Taming of The Red Dragon: The Militarized Worldview and China's Use of Force, 1949–2001'. Foreign Policy Analysis 9(4): 387–407.

Lieberthal, Kenneth (2004) Governing China: Revolution through Reform. London: W.W. Norton & Co.

Lieberthal, Kenneth & Wang Jisi (2012) 'Addressing US–China Strategic Distrust'. John L. Thornton China Center Monograph Series 4, March.

Lindsay, Jon (2014/15) 'The Impact of China on Cybersecurity: Fiction and Friction'. International Security 39(3): 7–47.

Luttwak, Edward N. (1996) 'Where Are the Great Powers? At Home with the Kids'. Foreign Affairs (July/August): 23–8.

McKirdy, Euan (2015) 'China's Online Users More Than Double Entire US Population'. CNN, 4 February. Available at http://edition.cnn.com/2015/02/03/world/china-internet-growth-2014/index.html.

McSpadden, Kevin (2015) 'China Has Become the World's Biggest Crude Oil Importer for the First Time,' Time, 11 May. Available at http://time.com/3853451/china-crude-oil-top-importer/.

Maddison Project (2013). Available at http://www.ggdc.net/maddison/maddisonproject/home.htm.

Maddison, Angus (2003) The World Economy: Historical Statistics. Paris: OECD Publishing.

Mahnken, Thomas G. (2011) Secrecy and Stratagem: Understanding Chinese Strategic Culture. Sydney: Lowy Institute for International Peace.

Malone, David M. (2012) Does the Elephant Dance? Contemporary Indian Foreign Policy. Oxford:

Oxford University Press.

Mao Zedong (1998) On Diplomacy. Beijing: Foreign Language Press.

MarEx (2014) 'India's Oil Supply and Demand Gap Widening'. Maritime Executive, 1 July. Available at http://www.maritime-executive.com/article/Indias-Oil-Supply-and-Demand-Gap-Widening-2014-07-01.

Markey, Daniel (2009) 'Developing India's Foreign Policy "Software"'. Asia Policy 8: 73–96.

MEA (2012) 'Fourth BRICS Summit – Delhi Declaration'. Ministry of External Affairs, 29 March. Available at http://mea.gov.in/bilateral-documents.htm?dtl/19158/Fourth+BRICS+Summit++Delhi+Declaration.

Mearsheimer, John J. (2001) The Tragedy of Great Power Politics. New York: W.W. Norton & Co.

Menon, Raja & Kumar, Rajiv (2010) The Long View from Delhi: To Define the Indian Grand Strategy for Foreign Policy. New Delhi: Academic Foundation.

Meredith, Robyn (2007) The Elephant and the Dragon: The Rise of India and China. London: Norton & Co.

Military Balance (2016) 'Chapter Two: Comparative Defence Statistics'. The Military Balance 116(1): 19–26.

Miller, Manjari Chatterjee (2013) 'India's Feeble Foreign Policy: A Would-Be Great Power Resists Its Own Rise'. Foreign Affairs 92(3): 14–19.

Mishra, Bhabani (2005) 'India–US Relations: A Paradigm Shift'. Strategic Analysis 29(1): 79–100.

Mishra, Vivek (2014) 'Indo-US Relations: After Narendra Modi's Visit'. Institute of Peace and Conflict Studies Issue Brief 257 (November).

Mochizuki, Mike M. (2007) 'Japan's Shifting Strategy toward the Rise of China'. Journal of Strategic Studies 30(4–5): 739–76.

Modelski, George (1972) Principles of World Politics. New York: Free Press.

Modelski, George (1974) World Power Concentrations: Typology, Data, Explanatory Framework. Morristown, NJ: General Learning Press.

MoHA (2016) 'Banned Organisations'. Ministry of Home Affairs, Government of India. Available at http://mha.nic.in/BO.

Mohan, C. Raja (2004) Crossing the Rubicon: The Shaping of India's New Foreign Policy. New York: Palgrave Macmillan.

Mohan, C. Raja (2006) 'India and the Balance of Power'. Foreign Affairs 85(4): 17–32.

Mohan, C. Raja (2008) 'India's Quest for Continuity in the Face of Change'. The Washington Quarterly 31(4): 143–53.

Mohan, C. Raja (2013) 'Uncertain Trumpet? India's Role in Southeast Asian Security'. India Review 12(3): 134–50.

Moore, Gregory J. (2010) 'Less Beautiful, Still Somewhat Imperialist: Beijing Eyes Sino-US Relations', in Shaun Breslin (ed.), Handbook of China's International Relations. London: Routledge, pp. 129–37.

Morgenthau, Hans (1973) Politics among Nations: The Struggles for Power and Peace. Boston: McGraw-Hill.

Morrison, Michael (2012) 'China's Foreign Policy Research Institutes: Influence on Decision-Making and the Fifth Generation Communist Party Leadership'. Yale Journal of International Affairs 7(2): 77–86.

Morrison, Wayne M. (2015) China's Economic Rise: History, Trends, Challenges, and Implications for the United States. Washington, DC: Congressional Research Service.

Mukherjee, Pranab (2007) 'Aerospace Power in Tomorrow's World'. Embassy of India, Washington. Available at https://www.indianembassy.org/archives_details.php?nid=928.

Muni, S.D. & Mohan, C. Raja (2004) 'Emerging Asia: India's Options'. International Studies 41(3): 313–33.

Narang, Vipin & Staniland, Paul (2012) 'Institutions and Worldviews in Indian Foreign Security Policy'. India Review 11(2): 76–94.

Narlikar, Amrita (2006) 'Peculiar Chauvinism or Strategic Calculation? Explaining the Negotiating Strategy of a Rising India'. International Affairs 82(1): 59–76.

Narlikar, Amrita (2007) 'All That Glitters Is Not Gold: India's Rise to Power'. Third World Quarterly 28(5): 983–96.

Nathan, Andrew & Ross, Robert J. (1997) The Great Wall and the Empty Fortress: China's Search for Security. London: W.W. Norton.

Nayar, Baldev Raj & Paul, T.V. (2003) India in the World Order: Searching for Major-Power Status. Cambridge: Cambridge University Press.

Nehru, Jawaharlal (1946) The Discovery of India. New York: John Day.

Nehru, Jawaharlal (1961) 'We Lead Ourselves': India's Foreign Policy, Selected Speeches of Jawaharlal Nehru, September 1946–April 1961. Delhi: Publications Division, Ministry of Information and Broadcasting.

Nehru, Jawaharlal (1963) 'Changing India'. Foreign Affairs 41(3): 453–65.

Nehru, Jawaharlal (2007) 'A Tryst with Destiny – Great Speeches of the 20th Century'. Guardian, 1 May. Available at http://www.theguardian.com/theguardian/2007/may/01/greatspeeches.

Nixon, Richard (1967) 'Asia after Viet Nam'. Foreign Affairs 46(1): 111–25.

Noronha, Ligia & Sudarshan, Anant (2011) 'Contextualizing India's Energy Security', in Ligia Noronha & Anant Sudarshan (eds), India's Energy Security. London: Routledge, pp. 3–18.

Nye, Joseph S. (1990) 'Soft Power'. Foreign Policy 80: 153–71.

Nye, Joseph S. (2004) Soft Power: The Means to Success in World Politics. New York: Public Affairs.

Ogden, Chris (2013) 'A Normalized Dragon: Constructing China's Security Identity'. Pacific Focus 28(2): 243–68.

Ogden, Chris (2014a) Hindu Nationalism and the Evolution of Contemporary Indian Security: Portents of Power. New Delhi: Oxford University Press.

Ogden, Chris (2014b) Indian Foreign Policy: Ambition and Transition. Cambridge: Polity.

Ollapally, Deepa & Rajagopalan, Rajesh (2013) 'India: Foreign Policy Perspectives of an Ambiguous Power', in Henry R. Nau & Deepa Ollapally (eds), Worldviews of Aspiring Powers: Domestic Foreign Policy Debates in China, India, Iran, Japan and Russia. Oxford: Oxford University

Press, pp. 73–113.

Onuf, Nicholas (1998) 'Constructivism: A User's Manual', in Vendulka Kubálková, Nicholas Onuf & Paul Kowert (eds), International Relations in a Constructed World. London: M.E. Sharpe, pp. 58–78.

Organski, Abramo F.K. & Kugler, Jack (1980) The War Ledger. Chicago: University of Chicago Press.

OUSTP (2016a) 'US–China Bilateral Trade and Investment'. Office of the United States Trade Representative. Available at http://ustr.gov/countries-regions/china-mongolia-taiwan/peoples-republic-china.

OUSTP (2016b) 'US–India Bilateral Trade and Investment'. Office of the United States Trade Representative. Available at http://www.ustr.gov/countries-regions/south-central-asia/india.

Pan, Zhenqiang (2010) 'China's Nuclear Strategy in a Changing World Strategic Situation', in Barry M. Blechman and Alex K. Bollfrass (eds), National Perspectives on Nuclear Disarmament: Unblocking the Road to Zero. Washington, DC: The Stimson Center, pp. 121–45.

Panagariya, Arvind (2004) 'India in the 1980s and 1990s: A Triumph of Reforms'. IMF Working Papers 4(43): 1–37.

Panagariya, Arvind (2008) India: The Emerging Giant. New York: Oxford University Press.

Panda, Rajaram (2012) 'Japan and China: Negotiating a Perilous Course'. India Quarterly: A Journal of International Affairs 68(2): 135–54.

Pant, Harsh V. (2009a) 'Indian Foreign Policy Challenges: Substantive Uncertainties and Institutional Infirmities'. Asian Affairs 40(1): 90–101.

Pant, Harsh V. (2009b) 'The US–India Nuclear Pact: Policy, Process, and Great Power Politics'. Asian Security 5(3): 273–95.

Pant, Harsh V. (2011a) 'India's Relations with China', in David Scott (ed.), Handbook of India's International Relations. London: Routledge, pp. 233–42.

Pant, Harsh V. (2011b) 'India's Strategic Culture: The Debate and Its Consequences', in David Scott (ed.), Handbook of India's International Relations. London: Routledge, pp. 14–22.

Pant, Harsh V. (2012) 'Great Power Politics in East Asia: The US and China Competition'. China Report 48(3): 237–51.

Pant, Harsh V. (2013) 'India–Russia Ties and India's Strategic Culture: Dominance of a Realist Worldview'. India Review 12(1): 1–19.

Payne, Anthony (1994) 'Hegemony and the Reconfiguration of the Caribbean'. Review of International Studies 20(2): 149–68.

Peng Guangqian & Yao Youzhi (2005) 'Determinants of Strategy', in Peng Guangqian & Yao Youzhi (eds), The Science of Military Strategy. Beijing: Military Science Publishing House, pp. 29–45.

Perkovich, George (2004) 'Is India a Major Power?' The Washington Quarterly 27(1): 129–44.

Pham, J. Peter (2007) 'India's Expanding Relations with Africa and Their Implications for US Interests'. American Foreign Policy Interests 29: 341–52.

Phillips, Tom (2015) '"Old-School Tub-Thumping": 12,000 Chinese Troops Prepare for WW2 Parade'. Guardian, 15 August. Available at http://www.theguardian.com/world/2015/aug/21/chinese-second-world-war-parade-xi-jinping,.

Phukan, Sandeep (2015) 'Here's How Manmohan Singh Will Renew His Congress Membership Today'. NDTV, 30 March. Available at http://www.ndtv.com/india-news/heres-how-manmohan-singh-will-renew-his-congress-membership-tomorrow-750585.

Piao, Lin (2005) Quotations from Chairman Mao Tse-Tung. Sacramento: University Press of the Pacific.

Pillai, Mohanan B. & Premashekhara, L. (2010) Foreign Policy of India: Continuity and Change. New Delhi: New Century Publications.

Pocha, Jehangir (2003) 'The Rising "Soft Power" of India and China'. NPQ, Winter. Available at http://www.digitalnpq.org/archive/2003_winter/pocha.html.

Power, Paul F. (1964) 'Indian Foreign Policy: The Age of Nehru'. The Review of Politics 26(2): 257–86.

Prys, Miriam (2008) 'Developing a Contextually Relevant Concept of Regional Hegemony: The Case of South Africa, Zimbabwe and "Quiet Diplomacy"'. GIGA Research Programme 77.

Prys, Miriam (2013) 'India and South Asia in the World: On Embeddedness of Regions in the International System and Its Consequences for Regional Powers'. International Relations of the Asia-Pacific 13(2): 267–99.

Qiao, Guangyu (2014) 'Competition Gives Way to Cooperation: Rethinking Sino-Indian Relations in Climate Change Negotiations'. Chinese Journal of Population Resources and Environment 12(4): 324–29.

Qin, Y. (2007) 'Why is There No Chinese International Relations Theory?' International Relations of the Asia-Pacific 7(3): 313–40.

Ralhan, O.P. (1983) Jawaharlal Nehru Abroad: A Chronological Study. Delhi: S.S. Publishers.

Ramachandran, Sudha (2013) 'The Indian Foreign Service: Worthy of an Emerging Power?' The Diplomat, July: 1–3.

Rao, Nirupama (2010) 'Address by Foreign Secretary on Inaugural Session of Conference on Public Diplomacy in the Information Age'. Ministry of External Affairs, 10 December. Available at http://www.mea.gov.in/Speeches-Statements.htm?dtl/844/.

Reed, Ananya Mukherjee (1997) 'Regionalization in South Asia: Theory and Praxis'. Pacific Affairs 70(2): 235–51.

Reny, Marie-Eve & William Hurst (2013) 'Social Unrest', in Chris Ogden (ed.), Handbook of China's Governance and Domestic Politics. London: Routledge, pp. 210–20.

Ringmar, Erik (2002) 'The Recognition Game: Soviet Russia Against the West'. Cooperation and Conflict 37(2): 115–36.

Roberts, Brad, Manning, Robert A. & Montaperto, Ronald N. (2000) 'China: The Forgotten Nuclear Power'. Foreign Affairs 79(4): 53–63.

Roberts, Dexter (2013) 'China's State Press Calls for "Building a De-Americanized World"'. Bloomberg BusinessWeek, October. Available at http://www.businessweek.com/articles/2013-10-14/chinas-state-press-calls-for-building-a-de-americanized-world.

Robinson, Thomas W. & Shambaugh, David (eds) (2004) Chinese Foreign Policy: Theory and Practice. Oxford: Clarendon Press.

Rose, Charlie (2006) 'Charlie Rose Interviews Indian PM Manmohan Singh'. Council on Foreign Relations, 16 February.

Ross, Madelyn C. (1998) 'China's International Economic Behaviour', in Thomas W. Robinson & David Shambaugh (eds), Chinese Foreign Policy: Theory and Practice. Oxford: Clarendon Press, pp. 435–52.

Rothstein, Robert (1968) Alliances and Small Powers. New York: Columbia University Press.

Roy, Denny (1996) 'The "China Threat" Issue: Major Arguments'. Asian Survey 36(8): 758–71.

Roy, Denny (1998) China's Foreign Relations. London: Macmillan.

Ruggie, John Gerard (1993) 'Multilateralism: The Anatomy of an Institution', in John Gerard Ruggie (ed.), Multilateralism Matters: The Theory and Praxis of an Institutional Form. New York: Columbia University Press, pp. 3–47.

Ruggie, John Gerard (1998) 'What Makes the World Hang Together? Neo-Utilitarianism, and the Social Constructivist Challenge'. International Organization 52(4): 855–86.

Sahni, Varun (2007) 'India's Foreign Policy: Key Drivers'. South African Journal of International Affairs 14(2): 21–35.

Saksena, K.P. (1996) 'India's Foreign Policy: The Decisionmaking Process'. International Studies 33(4): 391–405.

Sarkees, M.R. & Wayman, Frank (2010) Resort to War: 1816–2007. Washington, DC: CQ Press.

SATP (2016a) 'Fatalities in Left-Wing Extremism: 2005–2016'. South Asia Terrorism Portal. Available at http://www.satp.org/satporgtp/countries/india/maoist/data_sheets/fatalitiesnaxal05-11.htm.

SATP (2016b) 'Indian Fatalities 1994–2016'. South Asia Terrorism Portal. Available at http://www.satp.org/satporgtp/countries/india/database/indiafatalities.htm.

SATP (2016c) 'India – Terrorist, Insurgent and Extremist Groups'. South Asia Terrorism Portal. Available at http://www.satp.org/satporgtp/countries/india/terroristoutfits/index.html.

Schoeman, M. (2007) 'China in Africa: The Rise of Hegemony?' Strategic Review for Southern Africa 29(2): 74–97.

Scott, David (2007) China Stands Up: The PRC and the International System. New York: Routledge.

Scott, David (2008) 'The Great Power "Great Game" between India and China: The "Logic of Geography"'. Geopolitics 13(1): 1–26.

Scott, David (2011) 'India and Regional Integration', in David Scott (ed.), Handbook of India's International Relations. London: Routledge, pp. 118–27.

Scott, James & Wilkinson, Rorden (2011) 'China and the WTO.' Indiana University Research Center for Chinese Politics and Business Working Paper 5: 1–26.

Shah, M.A. Zafar (1983) India and the Superpowers: India's Political Relations with the Superpowers in the 1970s. Dhaka: Dhaka University Press.

Shambaugh, David (2002) Modernizing China's Military: Progress, Problems and Prospects. Berkeley: University of California Press.

Shambaugh, David (2004) 'China Engages Asia: Reshaping the Regional Order'. International Security 29(3): 64–99.

Shambaugh, David (2009) 'The Evolving Security Order in Asia: Implications for US–India Relations', in Alyssa Ayres & C. Raja Mohan (eds), Power Realignments in Asia: China, India, and the United States. London: Sage Publications, pp. 137–47.

Shen, Simon (2004) 'Nationalism or Nationalist Foreign Policy? Chinese Nationalism and Its Role in Shaping Chinese Foreign Policy in Response to the Belgrade Embassy Bombing'. Politics 24(2): 122–30.

Shen, Wei (2008) 'In The Mood For Multilateralism? China's Evolving Worldview'. Centre Asie IFRI, Working Paper.

Shepperd, Taryn (2013) Sino-US Relations and the Role of Emotion in State Action. London: Palgrave Macmillan.

Shih, Chih-yu (2005) 'Breeding a Reluctant Dragon: Can China Rise into Partnership and Away from Antagonism?' Review of International Studies 31(4): 755–74.

Shirk, Susan (1993) The Political Logic of Economic Reform in China. Berkeley: University of California Press.

Shirk, Susan (2007) China: Fragile Superpower. Oxford: Oxford University Press.

Shukla, Saurabh (2006) 'Soft Power'. India Today, 30 October: 24–5.

Singer, J. David & Small, Melvin (1972) The Wages of War, 1816–1965: A Statistical Handbook. New York: John Wiley & Sons.

Singh, Jaswant (2000) 'Interview: Diplomat Minister'. The Times of India, 24 July.

Singh, Manmohan (1991) 'Budget 1991–92 Speech of Shri Manmohan Singh, Minister of Finance'. Ministry of Finance (Union Budget), 24 July. Available at http://indiabudget.nic.in/bspeech/bs199192.pdf.

Singh, Neha (2015) 'India, US Announce Civil Nuclear Deal during Joint Press Conference by Obama, Modi'. International Business Times, 25 January.

Singh, Sandeep (2014) 'From a Sub-Continental Power to an Asia-Pacific Player: India's Changing Identity'. India Review 13(3): 187–211.

Sinha, Radha (2003) Sino-American Relations: Mutual Paranoia. New York: Palgrave Macmillan.

SIPRI (2016a) 'SIPRI Arms Transfers Database'. Stockholm International Peace Research Institute. Available at http://www.sipri.org/databases/armstransfers.

SIPRI (2016b) 'SIPRI Military Expenditure Database'. Stockholm International Peace Research Institute. Available at http://www.sipri.org/research/armaments/milex/milex_database.

Snyder, Jack (1977) The Soviet Strategic Culture: Implications for Limited Nuclear Operations. Washington, DC: Defense Technical Information Center.

Sohn, Injoo (2012) 'After Renaissance: China's Multilateral Offensive in the Developing World'. European Journal of International Relations 18(1): 77–101.

Srinivasan, T.N. & Tendulkar, Suresh D. (2003) Reintegrating India with the World Economy. Washington, DC: Institute for International Economics.

Srivastava, Moulishree (2015) 'Mobile Internet Users in India to Double by 2017, Says Study'. Live Mint, 20 July. Available at http://www.livemint.com/Industry/VThUq5I4BivpTDZd-Qb5sNN/Mobile-Internet-users-in-India-to-double-by-2017-says-study.html.

Srivastava, Renu (1995) India and the Nonaligned Summits: Belgrade to Jakarta. New Delhi: Northern Rock Centre.

Steans, Jill & Pettiford, Lloyd (2001) International Relations: Perspectives and Themes. Harlow: Pearson Education.

Strange, Susan (1987) 'The Persistent Myth of Lost Hegemony'. International Organization 41(4): 551–74.

Sun, Jiazheng (2004) 'Culture Minister on China's Foreign Exchange'. People's Daily, 21 December. Available at http://en.people.cn/200412/21/print20041221_168135.html.

Suzuki, Shogo (2008) 'Seeking "Legitimate" Great Power Status in Post-Cold War International Society: China's and Japan's Participation in UNPKO'. International Relations 22(45): 45–63.

Suzuki, Shogo (2014) 'Journey to the West: China Debates Its "Great Power" Identity'. Millennium – Journal of International Studies 42: 632–50.

Swaine, Michael D. (2005) 'China's Regional Military Posture', in David Shambaugh (ed.), Power Shift: China and Asia's New Dynamics. Berkeley: University of California Press, pp. 23–47.

Swaine, Michael D. & Tellis, Ashley J. (2000) Interpreting China's Grand Strategy: Past, Present, and Future. Santa Monica: RAND.

Tanham, George K. (1992) 'Indian Strategic Culture'. The Washington Quarterly 15(1): 129–42.

Tanner, Murray Scot (2013) 'Internal Security', in Chris Ogden (ed.), Handbook of China's Governance and Domestic Politics. London: Routledge, pp. 88–96.

Taylor, A.J.P. (1952) Rumours of Wars. London: Hamish Hamilton.

Taylor, Ian (2012) 'India's Rise in Africa'. International Affairs 88(4): 779–98.

Thakur, Ramesh (1997) 'India in the World: Neither Rich, Powerful, nor Principled'. Foreign Affairs 76(4): 15–22.

Tharoor, Shashi (2012) Pax Indica: India and the World of the 21st Century. New Delhi: Allen Lane.

Thottam, Jyoti (2010) 'India's Scourge'. TIME Magazine, 24 October.

TI (2014) '2014 Corruption Perceptions Index'. Transparency International. Available at http://www.transparency.org/cpi2014.

Times of India (2015) 'India Has Right to Demand Permanent Seat in UN Security Council: Narendra Modi'. Times of India, 11 April. Available at http://timesofindia.indiatimes.com/india/India-has-right-to-demand-permanent-seat-in-UN-security-council-Narendra-Modi/articleshow/46891874.cms.

TPF (1978) 'Treaty of Peace and Friendship between Japan and the People's Republic of China, Article 2'. Taiwan Documents. Available at http://www.taiwandocuments.org/beijing.htm.

TRAI (2014) 'Highlights of Telecom Subscription Data'. Telecom Regulatory Authority of India, 30 September. Available at http://www.trai.gov.in/WriteReadData/WhatsNew/Documents/PR-TSD-Sep-14.pdf.

Twomey, Christopher (2008) 'Explaining Chinese Foreign Policy toward North Korea: Navigating between the Scylla and Charybdis of Proliferation and Instability'. Journal of Contemporary China 17(56): 401–23.

UN (2015) '2015 Revision of World Population Prospects'. United Nations Department of Economic and Social Affairs Working Paper ESA/P/WP.241. Available at http://esa.un.org/unpd/wpp/Publications/Files/Key_Findings_WPP_2015.pdf.

UN (2016a) 'Fatalities by Nationality and Mission'. United Nations Peacekeeping, 31 May. Available at http://www.un.org/en/peacekeeping/fatalities/documents/stats_2.pdf.

UN (2016b) 'Ranking of Military and Police Contributions to UN Operations'. United Nations, 30 June. Available at http://www.un.org/en/peacekeeping/contributors/2016/jun16_1.pdf.

UN (2016c) 'Security Council – Veto List'. United Nations Dag Hammarskjöld Library. Available at http://research.un.org/en/docs/sc/quick/veto.

UNCTAD (2016) 'Inward and Outward Foreign Direct Investment Flows, Annual, 1970–2014'. United Nations Conference on Trade and Development. Available at http://unctadstat.unctad.org/wds/.

US Census Board (2016a) 'Trade in Goods with China'. US Census Board. Available at https://www.census.gov/foreign-trade/balance/c5700.html.

US Census Board (2016b) 'Trade in Goods with India'. US Census Board. Available at http://www.census.gov/foreign-trade/balance/c5330.html.

USDT (2016) 'Major Foreign Holders of Treasury Securities'. United States Department of the Treasury. Available at http://ticdata.treasury.gov/Publish/mfh.txt.

USEIA (2013) 'Country Analysis: China'. US Energy Information Administration, Washington, DC. Available at http://www.eia.gov/countries/country-data.cfm?fips=ch#pet.

USEIA (2016a) 'China – International Energy Data and Analysis'. US Energy Information Administration, Washington, DC. Available at http://www.eia.gov/beta/international/analysis.cfm?iso=CHN.

USEIA (2016b) 'India – International Energy Data and Analysis'. US Energy Information Administration, Washington, DC. Available at http://www.eia.gov/beta/international/analysis.cfm?iso=IND.

Uz Zaman, R. (2006) 'Kautilya: The Indian Strategic Thinker and Indian Strategic Culture'. Comparative Strategy 25(3): 231–47.

Varkey, K.T. (2002) Krishna Menon and India's Foreign Policy. New Delhi: Indian Publishers Distributors.

Vezirgiannidou, Sevasti-Eleni (2013) 'The United States and Rising Powers in a Post-Hegemonic Global Order'. International Affairs 89(3): 635–51.

Volodzko, David (2015) 'China's Confucius Institutes and the Soft War'. The Diplomat, 8 July. Available at http://thediplomat.com/2015/07/chinas-confucius-institutes-and-the-soft-war/.

Wadha, Anil (2015) 'Keynote address by Secretary (East) on "ASEAN-India Cultural Links: Historical and Contemporary Dimensions"'. Ministry of External Affairs, 23 July. Available at http://mea.gov.in/aseanindia/Speeches-Statements.htm?dtl/22588/.

Wagner, Christian (2005) 'From Hard Power to Soft Power? Ideas, Interactions, Institutions, and Images in India's South Asia Policy'. Heidelberg Papers in South Asian and Comparative Politics Working Paper 26: 1–16.

Walker, William (1998) 'International Nuclear Relations after Indian and Pakistani Test Explosions'. International Affairs 74(3): 505–28.

Walt, Stephen M. (1990) The Origins of Alliances. Ithaca, NY: Cornell University Press.

Walton, C. Dale (2012) Grand Strategy and the Presidency: Foreign Policy, War and the American Role in the World. London: Routledge.

Waltz, Kenneth (1959) Man, the State and War: A Theoretical Analysis. New York: Columbia University Press.

Waltz, Kenneth (1979) Theories of International Politics. Reading, MA: Addison-Wesley Publishing Company.

Waltz, Kenneth (1981) 'The Spread of Nuclear Weapons: More May Be Better'. Adelphi Papers 171.

Waltz, Kenneth (2000) 'Structural Realism after the Cold War'. International Security 25(1): 5–41.

Wang, Hongying (2000) 'Multilateralism in Chinese Foreign Policy: The Limits of Socialization'. Asian Survey 40(3): 475–91.

Wang, Hongying (2015) 'The Asian Infrastructure Investment Bank: A New Bretton Woods Moment? A Total Chinese Triumph?' Centre for International Governance Innovation Policy Brief 59.

Wang, Jianwei (2005) 'China's Multilateral Diplomacy in the New Millennium', in Yong Deng & Fei-Ling Wang (eds), China Rising: Power and Motivation in Chinese Foreign Policy. Lanham, MD: Rowman & Littlefield Publishers, pp. 159–200.

Wang Jisi (2011) 'China's Search for a Grand Strategy – A Rising Great Power Finds Its Way'. Foreign Affairs 90(2): 68–79.

Wang, Yi (2013) 'Embark on a New Journey of China's Diplomacy'. Foreign Ministry of the PRC, 16 December. Available at http://www.fmprc.gov.cn/mfa_eng/wjb_663304/wjbz_663308/2461_663310/t1109943.shtml.

Wendt, Alexander (1992) 'Anarchy is What States Make of It: The Social Construction of Power Politics'. International Organisation 46(2): 391–425.

Wendt, Alexander (1995) 'Constructing International Politics'. International Security 20(1): 71–81.

Wendt, Alexander (1999) Social Theory of International Politics. Cambridge: Cambridge University Press.

White House (2010) 'Remarks by the President to the Joint Session of the Indian Parliament in New Delhi, India'. The White House Office of the Press Secretary, 8 November. Available at http://www.whitehouse.gov/the-press-office/2010/11/08/remarks-president-joint-session-indian-parliament-new-delhi-india.

White House (2013) 'Remarks by President Obama and President Xi Jinping of the People's Republic of China before Bilateral Meeting'. The White House. Available at http://www.whitehouse.gov/the-press-office/2013/06/07/remarks-president-obama-and-president-xi-jinping-peoples-republic-china-.

Whiting, Allen S. (1995) 'Chinese Nationalism and Foreign Policy after Deng'. The China Quarterly

142: 295–316.

Wight, Martin (1979) Power Politics. London: Pelican Books.

Williams, Michael (2005) The Realist Tradition and the Limits of International Relations. Cambridge: Cambridge University Press.

Wolpert, Stanley (1996) Nehru: A Tryst with Destiny. Oxford: Oxford University Press.

Womack, Brantley (2013) 'Beyond Win-Win: Rethinking China's International Relationships in an Era of Economic Uncertainty'. International Affairs 89(4): 911–28.

World Bank (2016a) 'Foreign Direct Investment, Net Inflows (BoP, current US$)'. World Bank Data. Available at http://databank.worldbank.org/data/.

World Bank (2016b) 'GDP (Current US$)'. World Bank Data. Available at http://databank.worldbank.org/data/.

World Bank (2016c) 'GDP Growth (Annual %)'. World Bank Data. Available at http://databank.worldbank.org/data/.

World Bank (2016d) 'GDP Per Capita (Current US$)'. World Bank Data. Available at http://databank.worldbank.org/data/.

World Bank (2016e) 'IBRD Voting Shares'. The World Bank, 16 February. Available at https://finances.worldbank.org/Shareholder-Equity/IBRD-Voting-Shares-Column-Chart/wf2k-zkn9.

World Bank (2016f) 'Life Expectancy at Birth, Total (Years)'. World Bank Data. Available at http://databank.worldbank.org/data/.

World Bank (2016g) 'Poverty Headcount Ratio at $1.90 a Day (2011 PPP) (% of Population)'. World Bank Data. Available at http://databank.worldbank.org/data/.

WTO (2001) 'WTO Successfully Concludes Negotiations on China's Entry'. World Trade Organization, 17 September. Available at https://www.wto.org/english/news_e/pres01_e/pr243_e.htm.

WTO (2003) World Trade Report 2003: Trade and Development. Washington, DC: World Trade Organization.

Wu, Baiyi (2001) 'The Chinese Security Concept and its Historical Evolution'. Journal of Contemporary China 10(27): 275–83.

Wu, Xinbo (1998) 'China: Security Practice of a Modernizing and Ascending Power', in Muthiah Alagappa (ed.), Asian Security Practice: Material and Ideational Influences. Stanford: Stanford University Press, pp. 115–56.

Wu, Xinbo (2010) 'Understanding the Geopolitical Implications of the Global Financial Crisis'. The Washington Quarterly 33(4): 155–63.

Wulbers, Shazia Aziz (2011) The Paradox of EU–India Relations: Missed Opportunities in Politics, Economics, Development Cooperation and Culture. Lanham, MD: Lexington Books.

Wyatt, Andrew (2005) '(Re)imagining the Indian (Inter)national Economy'. New Political Economy 10(2): 163–79.

Xi Jinping (2012) 'Transcript: Xi Jinping's Speech at the Unveiling of the New Chinese Leadership'. South China Morning Post, 15 December. Available at http://www.scmp.com/news/18th-party-congress/article/1083153/transcript-xi-jinpings-speech-unveiling-new-chinese.

Xi Jinping (2014a) 'Address (Central Conference on Work Relating to Foreign Affairs)'. Foreign

Ministry of the PRC, 29 November. Available at http://www.fmprc.gov.cn/mfa_eng/zxxx_662805/t1215680.shtml.

Xi Jinping (2014b) 'Carry Forward the Five Principles of Peaceful Coexistence to Build a Better World through Win-Win Cooperation'. Meeting Marking the 60th Anniversary of the Initiation of the Five Principles of Peaceful Coexistence, 28 June. Beijing: Foreign Ministry of PRC. Available at http://www.fmprc.gov.cn/mfa_eng/zxxx_662805/t1170143.shtml.

Xiang, Lanxin (2012) 'The Bo Xilai Affair and China's Future', Survival 54(3): 59–68.

Xinhua (2009) 'China, US to Build Positive, Cooperative and Comprehensive Relationship in 21st Century'. Xinhua, 2 April. Available at http://news.xin-huanet.com/english/2009-04/02/content_11116139.htm.

Xinhua (2013) 'Public Diplomacy Adds Soft Touch for China'. Xinhua, 29 March. Available at http://news.xinhuanet.com/english/china/2013-03/29/c_132272053.htm.

Yee, Herbert & Feng, Zhu (2002) 'Chinese Perspectives of the China Threat: Myth or Reality?' in Herbert Yee & Ian Storey (eds), The China Threat: Perceptions, Myths, and Reality. London: RoutledgeCurzon, pp. 21–42.

Yong, Deng (2008) China's Struggle for Status: The Realignment of International Relations. New York: Cambridge University Press.

Yu, Bin (1999) 'China and Its Asian Neighbours: Implications for Sino-US Relations', in Yong Deng & Fei-Ling Wang (eds), In the Eyes of the Dragon: China Views the World. Lanham, MD: Rowman & Littlefield Publishers, pp. 183–210.

Yuan, Jing-Dong (2010) 'China's Role in Establishing and Building the Shanghai Cooperation Organization (SCO)'. Journal of Contemporary China, 19(67): 855–69.

Yuan, Jing-Dong (2013) 'Defence and Foreign Policy', in Chris Ogden (ed.), Handbook of China's Governance and Domestic Politics. London: Routledge, pp. 97–106.

Yunling, Zhang & Tang Shiping (2005) 'China's Regional Strategy', in David Shambaugh (ed.), Power Shift: China and Asia's New Dynamics. Berkeley: University of California Press, pp. 48–70.

Zakaria, Fareed (2009) 'Interview with Manmohan Singh'. CNN Transcripts, 22 November.

Zhao, Hong (2007) 'India and China: Rivals or Partners in Southeast Asia?' Contemporary Southeast Asia 29(1): 121–42.

Zhao, Hong (2012) China and India: The Quest for Energy Resources in the Twenty-First Century. London: Routledge.

Zhao, Suisheng (2004) Chinese Foreign Policy: Pragmatism and Strategic Behavior. Armonk, NY: M.E. Sharpe.

Zheng Bijian (2004) 'China's Peaceful Rise and Opportunities for the Asia-Pacific Region'. Roundtable Meeting between the Bo'ao Forum for Asia and the China Reform Forum, 18 April.

Zoellick, Robert B. (2005) 'Whither China: From Membership to Responsibility? Remarks to the National Committee on US–China Relations'. NBR Analysis 16(4): 5–14.